U0088685

臺灣歷史與文化_{研究輯刊}

研究
輯刊

九　編

第 8 冊

日治時期大溪社頭與彩牌之研究

林 柑 萍 著

花木蘭文化出版社

國家圖書館出版品預行編目資料

日治時期大溪社頭與彩牌之研究／林柑萍 著 — 初版 — 新北：
花木蘭文化出版社，2016〔民 105〕
目 6+236 面：19×26 公分
（臺灣歷史與文化研究輯刊 九編：第 8 冊）
ISBN 978-986-404-476-4（精裝）
1. 民間信仰 2. 日據時期 3. 桃園縣大溪鎮

733.08   105001806

ISBN-978-986-404-476-4

9 789864 044764

臺灣歷史與文化研究輯刊
九 編 第 八 冊   ISBN：978-986-404-476-4

日治時期大溪社頭與彩牌之研究

作　　者　林柑萍
總 編 輯　杜潔祥
副總編輯　楊嘉樂
編　　輯　許郁翎
出　　版　花木蘭文化出版社
社　　長　高小娟
聯絡地址　235 新北市中和區中安街七二號十三樓
　　　　　電話：02-2923-1455／傳真：02-2923-1452
網　　址　http://www.huamulan.tw 信箱 hml 810518@gmail.com
印　　刷　普羅文化出版廣告事業
初　　版　2016 年 3 月
全書字數　168720 字
定　　價　九編 24 冊（精裝）台幣 50,000 元
版權所有·請勿翻印

日治時期大溪社頭與彩牌之研究

林柑萍　著

作者簡介

林柑萍，出生於雲林縣小農村，自小對繪畫充滿興趣，後轉為金屬工藝創作，現為桃園市國小教師，近年來指導學生參加花燈製作比賽，屢創佳績。西元 2009 年，進入臺北大學民俗藝術研究所深造，努力深耕大溪民俗，鍾情於大溪地區日治時期文物，對於紋飾意涵亦小有研究，曾發表大溪彩牌中的日治時期紋飾，及日治時期天使紋飾。因深感日治時期文物正隨時代洪流消失中，保存之舉刻不容緩，故將大溪現存日治時期彩牌拍照記錄，希望能為文化保存盡綿薄之力。

提　　要

　　大溪社頭及彩牌之發生，正是大溪過往繁華史的最佳見證，隨時間遞嬗，造就大溪人文、產業、交通的發展，日治時期大正、昭和年間正是大溪的繁榮年代，而在繁榮的背後，支撐著人民為大溪打拼的動力實是信仰的力量，因而有社頭之發聲，加上此時期台灣廟會祭典頻繁，廟會的審查制及各社頭間互相較勁的心態，促使各社頭在其文物上力求精美細緻，彩牌因此得以大量流行。

　　究其功能性與藝術性，彩牌，是一面信仰與美學結合之木雕作品，代表的是社頭與社頭所祀奉之神明，為出陣時的開路牌，其上所雕飾之戲齣及吉祥紋飾，更是社頭精神的體現，可謂是社頭的門面，於是各社頭為表示對神明的敬意及展現社頭的財力、凝聚力，經濟力豐沛的社頭無不雕造精雕細琢的彩牌，也因所處時代之背景為漢和共存之年代，其彩牌具漢文化與東洋文化之質素。

　　日治時期成立之社頭，至今尚存 15 社，當時有 12 社曾雕有彩牌，但目前僅存 8 舖，已有 4 舖毀損，如不加以文化保存，彩牌勢必將消失於時代洪流之中，筆者冀能借此論文，將現存 8 舖做一記錄與分析，期冀能將這份日治時期的木雕精品成為大溪人共同的文化印記。

謝　辭

　　本篇論文的研究動機起因於碩一之田野調查，因筆者先生訪談烏塗窟同義社，筆者才得以見到如此精雕細琢的木雕精品——彩牌、花瓶鼓架、大鑼槌……，驚艷之餘，便決心投入大溪社頭與彩牌之研究，歷時三年的時間，終於完成此論文，這三年裡，要感謝的人真的很多很多。

　　首先，我要感謝我的指導教授——俞美霞博士，在田調的過程中，陪著我們，還不時的叮嚀我們該注意的小細節，在論文寫作的過程中，不厭其煩的給予我建議，適時的指正我寫作的盲點，感謝老師的智慧、包容及耐心的指導。另外也感謝林保堯教授及張勝彥教授的寶貴意見，讓此論文更臻完備。

　　其次，我要感謝田調過程中幫助我的人，同人社社長簡來發、總務游三郎先生；共義團蕭金龍先生；興安社社長江鳳兒先生；大有社社長江敏捷先生；協義社耆老林宜賢先生；慶義社社長李後田先生、前社長詹德訓先生、總務簡文鐘先生；慶安社主委簡勝輝先生；仁安社總務簡善得先生、耆老江石通先生；新勝社李今吉先生；農作團社長簡進祿先生、李後同先生、黃文全先生；永安社社長簡邦傑先生；同義社社長朱明川先生、耆老徐德旺先生；北管老師王建民先生；傳練堂綜藝團團長陳慶宗先生等，你們的熱情，是我完成此論文最大的動力。另外，也很感謝大溪的文史工作者邱垂正先生與黃文秀小姐，感謝你們毫不藏私的帶我們鑽遍大溪的大街小巷，讓我能更深切的認識大溪。

　　最後，我要感謝我的家人，尤其是我的先生——中二，我們一起進入民藝所，一起修課，一起田調，因你的陪伴與鼓勵，讓我得以順利完成此論文，謝謝你！

目次

表目錄

第一章　序　論

第一節　研究動機與目的

　　大姑崁位於大嵙崁溪上游，早期藉由舟楫之便，早已使大姑崁地區成為桃、竹、苗內山產物的集散地，也因河運之便吸引了拓墾者、農耕團來此拓墾及名家望族來此定居，促使了大溪產業的開發。拓墾之初因與原住民爭地，而時有漢原衝突，但隨著漢人移入越來越多，原住民不是與漢人融合，就是被趕到更內山。整個大溪的發展史更隨著先民們胼手胝足的拓墾，及水陸交通的便利，造就大溪茶業、樟腦業、木器業、礦業之發展，且在產業發展的同時，大溪商紳一一崛起，商紳們善用社會資源來提高聲望，利用參與地方事務來提昇社會地位，且不忘回饋地方，並藉由信仰凝聚了行會及宗族，行會及宗族亦藉社頭組成來展現對信仰的虔誠，而彩牌更是社頭門面的代表，遶境時更代表著信奉的神明，緣於此，引起個人對大溪社頭及彩牌的研究念頭。

　　筆者有幸參與大溪文衡帝君聖誕遶境，並親眼目睹大溪日治時期成立社頭之彩牌，深深的感受到社員們虔誠的信仰及大溪社頭的活力，並對大溪精湛的木雕工藝讚嘆不已，此外，大溪木器素來有名，而彩牌是日治時期大溪木雕重要工藝代表，故大溪彩牌亦不容小覷，一般認為，大溪彩牌雖不似宜蘭、基隆等地豪華繁密，但其形制與他地彩牌差別頗大，樣式也較他地豐富，整體之質感亦較他地樸素耐看，且各社均有其特色，通常由多片雕花入堵，製作技法材質及雕工均有一定考究，其內容紋飾更是繁複，且各有其代表意涵及祈願，更因彩牌是日治時期作品，有其時代風格，是否如此，筆者

將就彩牌與溪街屋立面及日治時期神轎做一紋飾之比較，以了解究竟。

　　因此，本人希望能藉己棉薄之力，爲大溪日治時期成立之社頭及其彩牌，做完整的紀錄與分析。具體而言，本研究之目的首先在於探討大溪社頭的緣起與變遷，其次在於了解大溪彩牌的源起及分析其形制和紋飾的內容與樣貌，再由彩牌中所雕繪之戲齣，借由內容分析探究其文化內涵，並找出與社頭奉祀神明象徵精神之相關性。

第二節　研究範圍

　　本論文之研究主題爲有關日治時期大溪社頭與彩牌之研究，於茲就本主題研究的時空範圍敘述如下：

一、時間範圍

　　大溪社頭形成的背景，可溯源至清代之漳州籍移民所帶入之原鄉休閒文化——習練什音及北管，續有大正、昭和時代社頭之成立發展與衰頹，二次大戰後又再現繁榮景象，而彩牌之使用則風行於大正初年至昭和十年左右，日治後期式微，二次大戰後雖曾曇花一現，再現繁榮，但民國六十年後鮮再流行，因此本研究之時期爲日治時期。

　　社頭與彩牌在其間成因時間不同，或有不同的現象，爲此本研究將再分前期（大正元年，1911 年以前）、中期（大正至昭和末年，1911～1937 年）、後期（日治末期，皇民化運動以後至戰後，1937～1945 年）來做深入的探討，俾能了解社頭與彩牌在日治時期的全段面貌。

二、空間範圍

　　大溪於明治時期分三區〔註 1〕，指的是大嵙崁區（包括大溪街、田心仔

─────────────

〔註 1〕 黃斌璋，《大溪鎮誌》（桃園：黃斌璋，1958 年），頁 32。大溪之被稱制爲街，是在民前十一年，台灣分設爲二十個廳而治的時候開始的。廳以下設支廳，支廳以下設區，區以下設街和庄漸漸演變而成。那時大溪是在大嵙崁支廳管轄下，所隸屬的六個區之一，這六個區是二十七區、二十八區、二十九區、卅四區、卅五區和卅六區。大溪即屬於二十七區。二十七區包括大溪街、田心仔庄、月眉庄、石墩庄。二十八區包括三層庄與鳥塗窟庄。二十九區包括內柵庄、新溪洲庄、舊溪洲庄。到了民前九前，以大溪街（原名大嵙崁街）爲主的二十七區改爲二十一區，以三層庄爲主的二十九區，則分併二十區與二十一區。另外再以員樹林庄爲主，設爲二十二區，包括缺子、中庄、埔頂、員

庄、月眉庄、石墩庄）、三層區（包括三層庄與烏塗窟庄、內柵庄、新溪洲庄、舊溪洲庄）、員樹林區（包括缺子、中庄、埔頂、員樹林、南興、番子寮等六庄）。而這三區鼎立，各有其特色，大料崁區爲商部、員樹林爲農部、三層爲工部，〔註2〕前二區位於河東，第三區位於河西，筆者之研究空間範圍以河東地區爲主，故筆者之研究範圍則限於前二區之大料崁區以及三層區，和現今行政區域圖對照，大料崁區即現今之一心里、田心里、一德里及月眉里；三層區即現今之永福里、美華里、福安里、新峰里和復興里，其三區位置及街庄分佈如圖 1-1。

第三節　研究方法

　　以往對大溪社頭之研究，其重點均著重於大溪普濟堂之關聖帝君信仰及參與遶境社頭研究，而這些社頭隨著時代潮流趨勢，視聽娛樂方式改變，北管子弟戲隨之沒落，使得出陣型態改變，日治時的社頭活動情形有些已不可考，有些僅剩口傳歷史可供參考，而參與遶境之陣頭文物，亦隨著時代更迭而消失或更新，其中有社頭門面之稱的彩牌，亦隨著歷史的過往而損壞或遺失，保存記錄之舉已刻不容緩，故筆者此研究之目的在於盡量還原日治時期的大溪盛況，同時探討當時社頭之成立與演變，並將其所屬彩牌做一記錄並加以形制及紋飾分析，筆者爲達成本研究目的所採研究方法如下：

一、文獻分析法

　　大溪社頭之形成是否與日治時期之宗教信仰、迎神風氣、宗族遷移、產業發展、及士紳推動等因素息息相關，故本研究將收集有關大溪日治時期之相關文獻，並以此文獻爲據，探究大溪日治時期之時空背景，以還原當時大溪盛況，再探究是何種因素帶動了大溪社頭的發展，以及是何種因素帶動了彩牌之流行，而文獻分析面向則有大溪的歷史、大溪的產業、大溪的人文及大溪的信仰等，如是才能宏觀大溪社頭成立的緣起及變遷。

　　　樹林、南興、番子寮等六庄。民國七年，原以數字編號的區番號撤銷，全改以地區之名爲區名，屬於大溪地區內的三個區，分爲大料崁區、三層區、員樹林區。……民國九年十月開始，大料崁支廳改制爲大溪郡，郡署所在地仍爲大料崁街，而原來的大料崁區、三層區與員樹林區，全部併爲大溪街。

〔註2〕不著撰者，〈三區狀況〉，《臺灣日日新報》第 4 版，臺北：臺灣日日新報，1905年 7 月 28 日。

圖1-1 日治時期大溪三區及社頭分布的五個街庄位置圖示

資料來源：筆者擷取自《台灣日日新報》五萬分之一蕃地地形圖桃園一號，臺灣總督府民政部警察本署，石原幸作 1923.5.30。筆者加以上色分區並標註部分文字。圖中藍色部分為淡水河（大漢溪），橙色部分為員樹林區；黃色為大料崁區；綠色部分為三層區。

二、田野調查法

　　本研究除大量蒐集文獻資料外，將透過田調蒐集統整資料，以補文獻資料之不足，為此筆者將透過訪談各社之耆老、社長或社員，將其口述資料加以統整，試圖重新建構出各社日治時期運作情形。

三、風格分析法

風格分析是西方藝術史上常用的分析法，是針對藝術品本身之形式加以分析的方法。韓瑞區・沃夫林（Heinrich Wölfflin）在《藝術史的原則》〔註3〕提到：

> 如何區分其作品與其手法，完全要依靠我們對這些個人創作類型的瞭解。品味趨於相同的作品，線條方面有的比較有稜角，有的比較渾圓；線條的動勢有的頗爲猶豫而徐緩，有的卻流暢而急切。就比例而言，有的比較細長，有的比較寬闊。

對於一件作品，我們可以依其創作手法、線條、比例等來做分類，將相同屬性的作品歸於同一類型作品，亦即同一風格。而此方法於本研究之運用，在於找出大溪彩牌之風格、形制，並加以歸納分析以定名。

第四節　研究成果與文獻回顧

大溪乃人文薈萃之地，關於大溪之研究頗多，如陳世榮，〈近代大料崁的菁英家族與地方公廟——以李家與福仁宮爲中心〉2002，說明了月眉李家由地方頭人轉型爲地方仕紳的過程；張朝博，《1945年以前大溪舊街區聚落空間之構成與發展》1999，以建築學的角度來論述大溪的歷史發展；李文良，《日治時期台灣林野整理事業之研究》1995，說明了日治時期臺灣總督府在大溪地區的林野經營政策；陳建宏，《公廟與地方社會——以大溪普濟堂爲例（1902～2001）》2004，從自然環境、土地拓墾、祖籍分布、產業交通等，探討普濟堂的興起與發展的時空背景與社會概況，並呈現當地宗教活動的地域特色等。其他尚有諸多面向的議題可供研究，但綜觀有關大溪的諸多論著，其結論的背後其實包涵了整個大溪的歷史、地理、人文……等相互影響，才得以發展出如此豐富的文化特色。筆者此研究亦然，題名雖爲大溪社頭與彩牌之研究，但社頭實是族群分布、產業交通、仕紳提倡……等多面向的衝擊下所產生，而社頭所屬彩牌更是大溪社頭過往繁華的最佳見證。

但關於日治時期成立社頭之調查研究起步較晚，肇始於1995年，距最早成立之社頭已有80年（大正五年1916年樂安社成立），其中很多社頭的成立

〔註3〕 韓瑞區，沃夫林（Heinrich Wölffflin）著，曾雅雲譯，《藝術史的原則（PRINCIPLES OF ART HISTORY）》（臺北：雄獅圖書，2002年），頁26。

原因及社員屬性已產生變化，只能藉由耆老的口述來還原日治時的狀況，故大溪的文史工作室「大嵙崁文化促進委員會」及縣政府文化局，委請學者進行調查並做保存記錄。之後續有學者陸續研究大溪社頭相關議題，故此研究成果與文獻回顧，筆者分別以調查計畫書、專書、博碩士論文來說明相關研究成果。

一、調查計畫書部分

（一）徐亞湘，《大溪鎮參與廟宇慶典活動之社頭調查計畫報告書》，大嵙崁文化促進委員會，1995 年。

1995 年由大嵙崁文化促進委員會委託徐亞湘老師主持之《大溪鎮參與廟宇慶典活動之社頭調查計畫報告書》開啓了大溪社頭調查先聲，徐亞湘老師及大嵙崁文化促進委員會於此年針對大溪參與繞境的 26 個社頭做了詳實記錄，包含各社沿革、幹部社員名錄均詳實載錄，其中多爲口傳歷史之記錄，是彌足珍貴之調查資料，也提供了日後研究者諸多參考。

此調查是大溪地區第一本針對大溪社頭完整的調查報告，具有開創性價值，其中最大之價值在於徐老師對於各社頭戲曲方面的調查很詳實，關於社頭之教曲先生及演奏曲目均有詳細記錄，因社頭運作至戰後，各社出陣形態紛紛轉型，本來重鼓樂、重北管、重子弟戲的出陣型態，改爲壯觀氣派的神將出陣型態，因此戲曲部份漸次式微，僅存幾個社有練習北管，而戲曲曲目部份亦簡化頗多，子弟戲部份已不復見，故此調查書透過田調，記錄了此一珍貴記憶，另外對於社頭之幹部、社員均留有聯絡電話及住址，方便後來的研究者聯絡各社頭之重要幹部。

不過此調查資料多爲口傳歷史之記錄，筆者覺得可再參考當時之第一手資料，如《臺灣日日新報》等，其中大有社沿革，書中記載成立時間爲大正十一年（1922），但《臺灣日日新報》早在大正八年（1919）即已出現大有社名稱，可見當時如有參閱《臺灣日日新報》必能更接近日治時期的情況，而關於更多《臺灣日日新報》中有關大溪社頭之報導，可參見附錄一〈與大溪社頭、北管、普濟堂遶境及酬神演戲相關之報刊資料〉，筆者也將於第三章第三節再次介紹日治時期成立，至今乃有運作之十五個社頭。總而言之，此調查系大溪調查社頭的第一本調查報告，不但開啓了大溪社頭研究先河，也是研究大溪社頭之重要參考資料，本研究亦受惠良多。

（二）吳敏惠，《大溪普濟堂關聖帝君聖誕　無形文化資產調查與保存計畫成果報告書》，財團法人綠色旅行文教基金會，2009年。

桃園縣政府文化局，於 2009 年委託財團法人綠色旅行文教基金會對於大溪普濟堂關聖帝君聖誕遶境做一記錄《大溪普濟堂關聖帝君聖誕　無形文化資產調查與保存計畫》，其中對於普濟堂關聖帝君聖誕慶典儀式著墨甚為詳實，且針對 2009 年繞境參與陣頭做了一次詳實之記錄，從慶典籌備會議到繞境參與社頭之結構與順序均有詳實記錄。

此計畫書為大溪社頭研究較近期之作，相較於以往之研究，增加了慶典儀式之記錄，慶典儀式為包含遶境前的準備，到遶境後的請神入廟及卜筶選爐主等，是一個活動之完整記錄，以往之研究均著重於遶境時之社頭出陣情形，對於慶典儀式均無記錄，此調查包括慶典籌備會議、契孫聯誼參拜大會、貼封標儀式、洗廟、請神、三獻大禮、夜巡暨請神入廟、賀壽禮、遶境、卜筶選爐主、送客神返駕等，可謂一完整普濟堂聖誕活動記錄，另外此計畫書有關社頭部份，參閱了一些日治時期的第一手資料，亦詳實記載了這些第一手相關報導，不過，關於日治時期大溪社頭之相關報導尚有些重要篇幅未引用，且對於社頭所屬之木雕文物著墨甚少，本論文將對於此不足處於第四章再加以深入探討，以期能更完整的記錄日治時期成立的社頭及其彩牌。

二、專書部分

黃淑芬，《2001 年大溪文化節「神恩・豆香・木器馨」～深度報導系列～》，桃園縣政府，2001 年。

大溪鎮歷史街坊再造協會多年在地耕耘，終於在 2001 年獲得桃園縣文化局委辦「大溪文化節」活動，又欣逢普濟堂一百週年慶，故以「神恩・豆香・木器馨」為活動主軸，且在黃淑芬博士、藍植詮老師的指導下完成此書。本書把大溪的特色──普濟堂遶境、大溪豆干產業、大溪的木器業分別介紹，此書之完成可謂文化大溪之集成，其對於社頭之貢獻在於此書完整記錄 2001 年社頭繞境之形式與結構，並對於陣頭的組成及各社頭之民俗文物加以記錄，可謂大溪社頭繞境活動調查的第一部，且其中關於各社頭早期發展與組成，有較合理的解釋，在此部份深具參考價值。

三、博碩士論文部分

陳建宏,《公廟與地方社會——以大溪普濟堂為例（1902～2001）》,
國立中央大學歷史研究所碩士論文,2003 年。

此研究論文,為大溪社頭研究的第一本論文,其重點著重於大溪普濟堂
與地方社會之關係,其中對於普濟堂的第一手資料掌握得很深入,對於普濟
堂發起人及經濟人之資料,充份利用族譜及大溪地區日治時期的戶籍資料,
並參佐日人所編之《台灣列紳傳》、《臺灣人物誌》、《臺灣實業家名鑑》、《臺
灣官民職員錄》、《臺灣商工人名錄》、《新竹州下官民職員錄》等,對於當時
地方菁英之家世背景與生平事業有較完整之呈現。此完整資料之蒐集呈現,
提供了日後有關大溪紳商之研究者相當有利之資料。

關於普濟堂發起建廟之相關資料則以民間說法及官方說法互相比較,並
找出其中之疑點再加以求證,如普濟堂之三恩聖主、關聖帝君之分靈疑點。
另外,陳氏此論文亦等於一部大溪宗教簡史,因其對於寺廟與祭祀活動均有
參佐《寺廟臺帳》、碑文、匾額及訪談記錄來簡述其創建緣起、發展過程與祭
祀活動,為大溪早期宗教活動之記錄。而針對此論文,筆者以為陳氏實是盡
蒐集資料之能事,蒐羅了許多關於大溪之資料,亦為往後之研究者提供了相
當多之參考資料。

第二章　大溪墾殖的發展與特色

第一節　大溪的自然環境與運用

> 「新竹州下佔東方，東西南北七方里，十五村落是鄰居，聚成街訪，
> 大溪街。山明水秀好故鄉，角板大溪原一家，香樟香茶香魚香，十
> 二勝地，世人知。」

此大溪街街歌為昔時末代大溪郡守新田定雄填詞作曲，流行於昭和十六
年（民國三十年間）。〔註1〕此大溪街街歌正是大溪日治時期地理位置與產業
發展的最佳寫照，大溪因其特殊之地理環境得以發展產業，開發山區使大溪
地區經濟力提昇及信仰力量形成，因而造成大溪社頭之成立及社頭文物之雕
置，本章節筆者將由大溪之地理環境之特色來分析其因應而發展之產業，而
這些產業之從業人員正是參與大溪社頭之組成人員。

一、大溪的地理環境特色

大溪的地理位置，廣義而言系指位於桃園台地的東南邊緣上，與三峽、
鶯歌、八德、中壢、平鎮、龍潭、復興等鄉鎮市相鄰接，淡水河第一大支流
大漢溪流經之區域，本區域東南方則與雪山山脈山麓相鄰。〔註2〕而本研究之
區域範圍則是位於大漢溪之東岸，又稱為河東地區（如圖2-1，其中淡水河處
即為大漢溪流經之處），北與三峽、鶯歌相鄰接，東南與復興鄉相鄰接，西與

〔註1〕 劉慶茂，《崁津五十一》（著者未出版，2001年），頁7。
〔註2〕 張朝博，《1945年以前大溪舊街區聚落空間之構成與發展》，中原大學建築學
　　　系碩士論文，1999年，頁19。

西南則有大漢溪為界。由圖 2-1，另可見河東地區有著明顯之河階地形，而此
為河東地區最顯著之地理特色，其形成原因為古石門沖積扇與河川作用所
致，以下分別介紹河東地區河階形成的原因及地理特色：

圖 2-1　大溪地區河階地形剖面圖

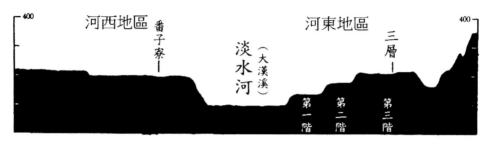

資料來源：參考自陳正祥，《臺灣地誌下冊》，臺北市：南天，1993 年，頁 1105。筆者加註部
　　　　　分文字。

（一）古石門沖積扇及河川作用，造就河階地形

　　大溪屬古石門沖積扇，大溪地區本應屬桃園台地，但因河川作用使得大
溪地區地形不同於桃園台地，加上地盤不斷隆起，大漢溪地區層巒疊嶂，山
勢巍峨，河道穿行於群山之中，直至大溪一帶，加上臺北盆地陷落、搶水作
用、侵蝕基準面下移，河流侵蝕復活，形成大規模數段的河階群，在大溪稱
為大溪河階群，〔註3〕而此河階地形中分布著大小不同之階地。如圖 2-1，第
一階為大嵙崁區之月眉庄、第二階為大嵙崁區之大溪街及三層區之內柵庄、
第三階為三層區之三層庄、烏塗窟庄。

（二）不同河階呈現不同的土壤特色

　　大溪地區除上述之河階地形特色外，其地質上亦受古石門沖積扇之影
響，較高位之河階，是古石門沖積扇的扇面，受古石門溪切割所產生；較低
的河階，乃臺北盆地陷落之後，溪流改道，河蝕回春，再將原地形面下切而
成，〔註4〕故第一階為河川沖積作用所形成之沖積土，土壤較肥沃，適合種
稻；第二、三階之土壤質性除受河川作用力影響外，處於暖熱濕潤的氣候
下，長期經雨水沖淋，早已使得這個古老地層之土壤失去了原有肥力，土壤

〔註3〕　王國璠，《臺北市發展史（一）》（臺北市：臺北市文獻委員會，1981 年），頁
　　　　351。
〔註4〕　陳正祥，《臺灣地誌下冊》（臺北市：南天，1993 年），頁 1106。

呈現帶或深或淺之紅色，故以土質而言，本區所呈現之土類為紅棕色紅壤或黃棕色紅壤，以土地首選原則，其土壤特性適宜栽種茶樹，但如能施以水利溉灌，亦能種植水稻，故此區之水利設施早在陳集成墾號入墾時即已施設，之後更續而發展成為溜池（埤塘）型態；另因第三階與角板山相鄰，是栽植樟樹、相思林之地，其廣大原始森林，亦是日後大溪發展木器業之主因。由此可知，土質差異除影響地表利用外，亦形成不同之產業文化，清末更因礦脈出頭而帶動此區經濟發展，而這些產業之從業人員，為祈求工作平安順利及財源廣進，信奉有武財神之稱的關聖帝君，為報答神恩遂於關帝聖誕慶典組社頭參與遶境，由同人社帶動其他社頭之參與，也造就了河東地區社頭蓬勃發展之契機。

二、地理資源的運用

大溪因河階地形而造就大溪有不同樣貌的地理特徵。依不同的地理特徵，又發展出不同的產業，筆者依本研究之研究範圍之二區的五個街庄來說明：

（一）大嵙崁區

大嵙崁區包含大溪街、田心仔庄、月眉庄及石墩庄，月眉庄及石墩庄因位於低位河階，屬於低位河階的平原地區，土質屬沖積土壤，土壤肥沃，適合種植作物，是大溪之農業重地，且取水容易，灌溉便利，素有大溪米倉之美譽，故此區居民多以農業為主。

大溪街及田心仔庄則位於第二階河階，因遠離河道不受河水氾濫之苦，故成為聚落所在，林平侯在拓墾大溪時即擇此建其居所——通議第，而大嵙崁區於日治時期被歸類為大溪之商部，其主因與淡水河運相關，早在晚清，大溪街即為大溪地區茶葉、樟腦、稻米之主要運銷地，外商入駐，為了屯積貨物及讓碼頭搬運工人休息及住宿，在大溪街蓋了數百家茅屋以供堆貨，一時之間，大溪街成了大溪地區之物產銷售中心，船運業因應而生，而包括船東、船夫、修船師匠、碼頭搬運工等，日治時期這些船夫、苦力等從業人員有近千人。〔註5〕而這群舟運從業人員，據當地文史工作者言，普濟堂未擴大遶境時即是這群從業人員抬神轎巡狩。〔註6〕

〔註5〕　富永君，《大溪誌》（大溪郡役所發行，1944年），頁136。
〔註6〕　〈劉清剋先生訪問記錄〉，2010年7月28日，於劉清剋先生宅。

另大溪街亦為發展木器業最佳地點，大料崁是山多平原少的山城，角板山與大料崁是異體相連，有共存共榮的密接關係，清末靠山區之樟樹熬腦，靠森林原木供應彫刻、建房、傢俱用材。角板山在日據時代為山地林木鬱蒼，雲霧繚繞，有千年古木，還有伐不盡的原木，昔日伐木者，鋸完原木再用木馬拖到河邊，由漂木工運到平地，〔註7〕再加工製成木器或製成木料由大料崁出口，無論是伐木工、木馬工或是漂木看顧工均屬危險行業，稍有不慎即有性命危險之虞，故此時之宗教信仰是必然存在的，故木器業尊以巧聖先師為行業神信仰。除伐木外，木料加工可成木器，大溪的木器生產可溯源自清末，隨著漢人逐漸移入本區拓墾及定居，鄉紳豪族相繼興建宅第，敦聘原鄉唐山師父來臺監造建築主體大木結構、小木裝修及後續的家具製作，〔註8〕這些成就大溪木器產業之始的「唐山師父」，在豪族的宅地、寺廟中工作，此時並沒有自己的木器店，工作逐漸穩定之後便定居在大溪，逐漸以河港為中心，撒播下今天大溪木器老街的種子。除了唐山師父外，原本在此地的木工師傅們，亦因傳統師徒制度培育了相當多優秀的匠師。〔註9〕

（二）三層區

位於河階第三階之三層區包含了烏塗窟庄、內柵庄、新溪洲庄及舊溪洲庄，此區之烏塗窟庄，為河谷地形，「窟」意為低窪處，也就是河谷地形中之谷地，亦即閩語之「坑」，因此烏塗窟地區之地名常以「坑」來命名，如虎豹坑、娘仔坑、金瓜坑等，而這些坑為河谷地形，近水且因沖積土壤肥沃，適合農耕，吸引漢人入墾，早期以栽植茶樹或種植柑橘為主。內柵庄位於大溪第二階河階，早期亦以農業為主。三層庄早期開發之目的亦為種稻，後因市場上對茶需求日增，改為栽種茶株，於是乎三層庄茶園遍布，但三層區之產業型態在清末因礦脈出頭有了重大改變，以下先介紹三層區之樟腦業及林業，再介紹三層區之礦業。

三層區早期為天然林的分佈區與埔地，其所比鄰之角板山為蒼鬱之原始林，其主要木種有樟木、內地杉、檜木、肖楠、雜木等，清末即已開始採樟製腦，光緒十三年（1887）劉銘傳於大料崁設撫墾總局，其目的亦是在振興

〔註7〕 劉慶茂，《崁津五十一》（著者未發行，2001年），頁97。

〔註8〕 賴明珠，〈原型與變異——試論戰前大溪木器產業的源起與開展〉，《民俗曲藝》第152期，2006（6），頁9。

〔註9〕 黃淑芬，《2001年大溪文化節「神恩‧豆香‧木器馨」～深度報導系列～》（桃園：大溪鎮歷史街坊再造協會，2001年），頁158。

腦業，但清季只開採不施人工栽植。砍伐完之地因排水方便，且茶所需水量較稻作少，可做爲植茶之地〔註 10〕，直至日治時期，日政府才開始補植，使樟腦資源永續。三層區山地區除樟腦開發，當時大料崁有不少人從事林業，如種苗業、造林業、伐木造林業、製材業、製炭業，另有伐木業的發展，伐木後之木材可順大料崁溪流而下，運至大料崁街製成木器，且已有以電氣爲動力之製材工場出現，如大榮製材工場，〔註 11〕其木料供給在地木器使用或運至臺北以木料出售。

三層區除林業發展外，清末因煤礦的發現而使得三層區爲桃園縣煤礦產區，原因乃是大溪之古老地質所致，第三層河階及鄰近之山地，因位處於地殼變動之斷層帶，其地質層屬第三紀〔註 12〕中新世之上部夾炭層、中部夾炭層及下部夾炭層，此地層帶即爲大溪地區礦脈所在（如圖 2-2），此炭脈由新北市三峽五寮山，經過烏塗窟、尾寮、三層、南仔溝到溪洲形成煤礦環帶，礦區星佈成爲本街日據經濟動脈，〔註 13〕此區之居民平日除農務外，亦會至礦區工作增加收入，以下筆者就三層區礦產部分詳細說明。

大溪發現煤炭時間並無歷史文獻正式紀錄，一般傳說取用煤炭最早者，爲三層、頭寮一帶，據《大溪煤礦誌》所云，大溪煤炭層之發現與劉銘傳在大料崁設撫墾總局有關，當時之三層、頭寮地區仍屬原住民居住，當撫墾局成立後，漢人逐漸進入山區開墾，發現煤層露頭，遂進行開採取用的可能性比較大。日本據台後，頒佈礦業規則，接受人民申請礦區，明治三十四年（1901）邱明福取得大溪第一個礦權，至明治時期，呂建邦、江健臣、簡阿牛、王式璋等紳商陸續取得礦權。

大正五年至七年（1916～1918），煤礦業持續好景氣，吸引台灣北部煤礦業人士及日本人士紛紛前來大溪申請礦權，大正五年至十年（1916～1921）礦區分佈從烏塗窟的阿厝坑、金瓜坑、三層、頭寮至新溪州。〔註 14〕礦田櫛

〔註10〕 林滿紅，《茶、糖、樟腦業與臺灣之社會經濟變遷》（台北市：聯經出版事業股份有限公司，1997 年），頁 67。茶與樟腦的分佈略有重疊，是因若干地區，早期乃樟腦產地，樟木砍伐以後轉爲茶產地。

〔註11〕 顏昌晶，《大溪鎮誌──社會經濟篇》（桃園：大溪鎮公所，2003 年），頁 225。

〔註12〕 關於第三紀之介紹，中華百科全書典藏版有道：第三紀，系地質時代新生代兩個世紀中較早的一紀，它上接中生代，約從六千五百萬年前開始，至約二百五十萬年前止，以後爲第四紀，而迄今日。

〔註13〕 劉慶茂，《崁津五十一》（著者未出版，2001 年），頁 34。

〔註14〕 詹德筠，《大溪煤礦誌》（桃園縣大溪鎮：詹德筠，1997 年），頁 115～169。

圖2-2　大溪三層區礦脈圖

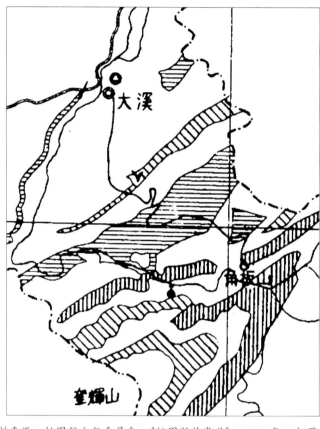

資料來源：桃園縣文獻委員會，《桃園縣誌卷首》，1962年，無頁碼。

鄰，可知烏塗窟庄早已因煤礦的開採，與三層庄甚或大溪街一脈相連，而八結、水流東地區煤礦的開發雖在明治末年至大正初年即有，但因煤層變化較大而不穩定，時做時休，產量不多。

　　大正十年（1921），煤礦面臨生產過剩，煤價滑落。民國二十年，水平坑以上淺部煤礦開採殆盡，需投入巨資，開鑿斜坑，並裝設各項機械及蒸汽設

大溪煤田的分布如下，以位於三層庄者佔多數，如義和興煤礦、順和煤礦服份有限公司、海山煤礦股份有限公司正山坑、三美煤礦、謙記煤礦大溪礦業所、福安煤礦服份有限公司、新溪洲煤礦、大溪煤礦股份有限公司、越國煤礦股份有限公司、元昌煤礦、金成煤礦、壽豐煤礦、石龜坑煤礦、大元煤礦、平順煤礦等；位於烏塗窟庄者有台陽礦業股份有限公司海山礦業所、正福煤礦股份有限公司、大溪炭礦株式會社等；位於新溪洲者有新溪洲煤礦、大溪煤礦股份有限公司等。

備，大溪煤礦進入資本密集的時代，而產量日增，昭和六年（1931）年產量達到 94000 噸之高峰，〔註15〕二次大戰後，大溪持續生產。至民國五十四年，台電、台糖、台鐵等公營單位對煤的需求減少，大溪煤礦逐收坑。〔註16〕

　　而大溪普濟堂之遶境與社頭之成立實與大溪礦業之投資者與從業人員相關，請見第三章第一節之論述。

三、大溪地區的交通特色

　　大溪為大嵙崁溪所貫穿，早期即以大嵙崁溪為命脈之河，藉由舟楫之便，再搭配當時所闢之古道，結合水、陸運，使得大溪得以和鄰近之山區互通有無，遂將大溪與鄰近地區形成一個廣大的交通網。而此交通網之形態最後亦隨著河運沒落而改變。河運沒落後，取而代之的是輕便鐵及省道的興築。無論是水運或陸運，其最終目的，均是物產的運輸及觀光用途，也是當時商紳的致富之途，而這個交通網，亦可說是大溪的產業觀光網。

（一）水運

　　大嵙崁溪在清代為擺接溪之一河段，據《淡水廳志》〔註17〕記載：

> 擺接溪，其源出三坑仔、大姑嵌、尖山，北至三角湧，經二甲九。
> 復北受咬狗蓁尖橫溪之水，南與新莊溪、龜崙海山之水，會流入
> 海。

　　大嵙崁溪（今名大漢溪）是淡水河三大支流的主流，發源於新竹縣，流經角板（復興）、大嵙崁後繼續往東北流，至二甲九、三峽鳶山麓分為二支：一支流經鶯歌進入台北盆地，另一支流經新莊、萬華匯入新店溪後，稱為淡水河，全長有 135 公里，流域面積廣達 1163 平方公里。〔註18〕而大嵙崁溪流域，除大嵙崁外，另有樹林、鶯歌、新莊、板橋、三角湧街（三峽）〔註19〕等市鎮（如圖 2-3），且大嵙崁位於淡水河系支流大嵙崁溪的上游，是當時最深入內地的河港，掌控著桃、竹、苗山區的樟腦、茶業、木材等地域物產之

〔註15〕 詹德筠，《大溪煤礦誌》（桃園縣大溪鎮：詹德筠，1997 年），頁 102～103。

〔註16〕 顏昌晶，《大溪鎮誌經濟篇》（桃園：桃縣大溪鎮公所，2003 年），頁 247～249。

〔註17〕 陳培桂，《淡水廳志》（臺中市：臺灣省文獻委員會，1977 年），頁 19。

〔註18〕 王世慶，《淡水河流域河港水運史》（北市：中央研究院中山人文社會科學研究所，1998 年），頁 3。

〔註19〕 戴寶村，《清季淡水開港之研究》（臺北：師大歷史研究所，1984 年），頁 16～17。

交換。〔註 20〕為清末至日治初期最主要的交通運輸網絡，也是日後大溪經濟繁榮的最大功臣。

圖 2-3　淡水河流域平面圖

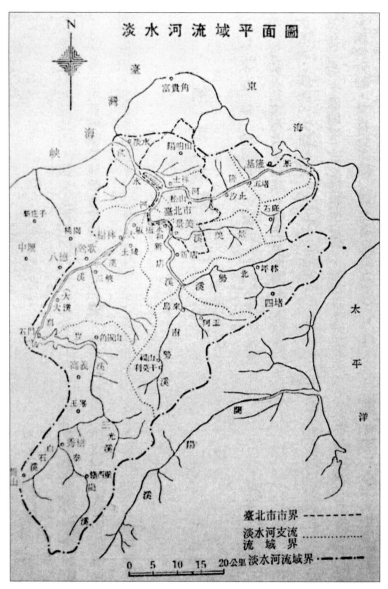

資料來源：王國璠《臺北市發展史（一）》，臺北市文獻委員會，1981 年，頁 350。

〔註20〕林玉茹，《清代台灣港口的空間結構》（臺北縣：知書房出版，1996 年），頁 165。

除大嵙崁溪河運外，設於大嵙崁溪岸的渡船亦是當時重要的交通工具，並由一則《台灣日日新報》〔註 21〕可知其成立緣起，而日治時期之「崁津義渡」即是為方便大嵙崁溪兩岸商旅之往來，其所得渡資則可用為公學校之校資。而此崁津義渡實與普濟堂有關，因發起人為呂建邦，捐金者以普濟堂經理江序益為最大宗。〔註 22〕

大嵙崁水運之沒落始於明治三十六年（1903）十二月，桃崁輕便鐵道之鋪設，至明治四十五年（1912）大嵙崁河港之舟輯水運漸次被輕便軌道之貨運取代一部分，水運漸減。大正八年（1919）開鑿桃園大圳，在石門建造攔水堰，大正十三年（1924）完成通水，引大嵙崁溪水灌溉桃園臺地田園，河水激減，影響舟運更大，對大嵙崁是很大的打擊，昭和十五年（1940）前後，大溪仍有河舟十數隻，往來臺北大稻埕、新店溪芎蕉腳、基隆河北勢湖等河港，載運貨品磚瓦等。大溪港之河船，大多購自臺北大稻埕大橋造船廠（寮），惟大溪河港津頭也有造船修理船匠，在造船或修理船隻。第一次世界大戰，經濟大變動，大嵙崁之商行富豪亦受股票、地價暴落之影響，倒閉者亦不少。因此產業商業不振，舟運亦日減，終至沒落。〔註 23〕

（二）陸運

大嵙崁之陸運，筆者按其開鑿順序，將其分成以下四種來說明：

1、清代大溪對外的聯絡道路

清代在漢人開發北桃園的過程中，對外聯絡道路依序出現了三條主要的

〔註21〕 不著撰者，〈崁津義渡〉，《臺灣日日新報》第 4 版，臺北：臺灣日日新報，1905 年 7 月 23 日。崁津義渡大嵙崁溪兩岸隔離，約有數十丈，設有渡舟以資往來，明治三十四年，該舟充為公學校用欵，由原舟子蔡昆籐由學校承贌，每月稅金四十五圓。每客渡資六文。往來之人，苦於不便，因舟子蔡某，素稱無狀，路人小欠分文，隨身之物，強以為質，一日適賽會，滿儎過客，渡資未收，不即依岸，一時頓覆，死於水者五六命，對岸村庄，咸有戒心，一時之商務，為之減色，崁民目擊時難，爰集義舉，任人自量義捐，毫無強派，街庄之民，咸皆踴躍，或捐現金，或抽租額，共立經理，向校長認贌，每年四百五十圓。茲年校費不敷，加至六百五十圓。悉為街庄作善者，共相分擔，經於桃園廳稟明在案，際此業產登記之時，諸君必能實行善願，至於永久焉。

〔註22〕 《臺灣文獻叢刊：臺灣私法物權編第 150 種》（臺北：臺灣銀行經濟研究室，1963 年），頁 1510～1511。

〔註23〕 王世慶，《淡水河流域河港水運史》（北市：中央研究院中山人文社會科學研究所，1998 年），頁 55。

陸路交通路線，其中和大料崁相關者爲「內港道」，根據《諸羅縣志》〔註24〕
所載：

> 擺接附近，內山野番出沒，東由海山至霄裏，通鳳山崎大路，海山
> 舊爲人所不到，地平曠；近始有漢人耕作，而內港之路通矣。

而繪製於乾隆十七年的〈乾隆臺灣輿圖〉中所標示之內港道，其路線是
由縱貫線上的的大溪墘沿月眉山東南山麓經霄裡社抵達尖山，再沿大料崁溪
上溯，經南靖厝、公館、海山口以達新庄。〔註25〕而這條「內港道」的位置
比較接近河西地區，對於大溪河西地區早期移民的入墾與開發而言，是極爲
重要的交通路線。〔註26〕除了「內港道」外，清代亦有幾條對外通道，根據
《桃園廳志》所載，乾隆十八年（1753）蕭朝宣等聚集佃丁開鑿缺子庄到橋
仔頭，乾隆二十四年（1759）由橋仔頭延長至三角湧；乾隆五十三年（1788
年）墾首林本源、李金興、黃新興、黃明漢、衛阿貴等人合資開闢大料崁到
龍潭陂（員樹林到粟仔園）；嘉慶九年（1804）墾首蕭鳴皋、衛阿貴合資開鑿
大料崁經番仔寮、牛欄河到咸菜硼（關西）；咸豐七年（1857）陳大川、陳明
月等召集墾丁人民開鑿大料崁經烏塗窟至三角湧，同治六年（1867）隘首黃
安邦監督隘丁人民重修大料崁到烏塗窟的十清里。〔註27〕以上爲清代大溪地
區聯外道路發展概況，其中可知這些道路多由當地墾首或隘首出資，召集佃
丁、隘丁開闢而成，可想而知，除了最基本的交通往來需求，其最大成份應
是物資的運送。

2、大溪的古道網

除了以上對外聯絡道路之外，各街庄聚落之間也有小路相通，但現今大
多已經拓寬或路線更改，仍保留部分原貌的「古道」則大多以石階鋪設，並

〔註24〕 周鍾瑄，《諸羅縣志》，臺灣文獻叢刊第 141 種，（臺灣銀行經濟研究室編印，
1958 年），頁 288。

〔註25〕 黃智偉，《統治之道——清代臺灣的縱貫線》，國立臺灣大學歷史學研究所碩
士論文，1999 年，頁 161。

〔註26〕 陳建宏，《公廟與地方社會——以大溪鎮普濟堂爲例 1902～2001》，國立中央
大學歷史研究所碩士論文，2004 年，頁 49～50。張素玢、陳世榮、陳亮州，
《北桃園區域發展史》（桃園市：桃園縣立文化中心，1998 年），頁 47。康熙
末年，由竹塹北上除了原有的舊官道以外，增闢兩條新路：一由鳳山崎（新
竹縣湖口鄉鳳山村）經大湖口（新竹縣湖口鄉）、三湖（楊梅鎮三湖里）、至
霄裡社，再沿大科崁溪西岸，經海山（鶯歌、山仔腳、樹林）抵達新莊，這
條稱爲「內港道」。

〔註27〕 桃園廳編纂，《桃園廳志》（台北市：成文出版社，1985 年），頁 97～98。

集中於山區或地勢落差較大之處。楊南郡有言：一般的概念總以為台灣古道是使用年代悠久，距離很長的舊道。其實古道本身是遺留在地表上的歷史陳跡，沿線有許多族群文化的遺跡，並非單純的舊道而已，它是台灣重要的開拓史，可說是台灣史的縮影。且台灣的古道有兩種，其一：某個族群為了某種目的而經常走出來的道路，銜接它自己的文化區域，或銜接不同的文化區域的通道，是自然形成的。其二：統治者為了政治或經濟上的目的而開鑿的道路。〔註 28〕而大溪因臨近角板山，早期為原住民棲地，清廷及日政府為取得山區資源不得不為招撫或征討原住民而闢道路，故大溪之古道除街庄間的往來及產業之運送用途外，有一部分是清廷或日政府所築，除可討伐招撫原住民，亦可將山區資源藉由此道輸出，故古道在有清及日政府時期佔有交通要位，以下介紹大溪較重要之古道，其位置如圖 2-4。

(1) 御成古道：又稱九號崎，建於乾隆五十三年（1788 年）是大溪街經粟園往員樹林之路，為清末日用品及舶來品在大料崁街卸貨後挑往牛攔河（龍潭）、咸菜硼（關西）、竹塹（新竹）等地所必經之路。日治時期地方人士為迎日本皇太子來台，而加以整修並取名御成路。

(2) 蟠龍崎古道：為大溪街經粟子園往埔頂之路，亦為當地居民抬棺掃墓之道。

(3) 月眉通道：建於清末，為一「壓艙石」鋪設成的古道，是李騰芳為使建於月眉的大厝與街上的李金興店舖往來方便起見，在今和平老街留一店面為通路（36 到 40 號之間），大溪街全盛期，此通路成為月眉庄往大溪街的要道。早期更為三峽鳶山及烏塗窟經石墩至月眉再往大溪街之通商便道。〔註 29〕

(4) 田心子古道（尾寮崎古道）：距今有一百多年歷史，是尾寮庄經田心子庄到大溪街的要道，尾寮位於三層，因臨近山區，林木茂盛，有薪柴可拾，且尾寮有產煤，故昔日為挑柴、挑炭之路，另一用途則為抬棺之道。

(5) 齋明寺古道：建於清道光末年，是早期大溪街及粟子園到齋明寺朝山禮拜的步道。

〔註 28〕楊南郡主講，〈台灣古道的性質與近況〉，《臺灣風物》第 44 卷第 4 期，1994（12），頁 182～183。

〔註 29〕黃文秀，《大溪城上的月光》（桃園縣大溪鎮：黃文秀，2010 年），頁 82。

圖 2-4　大溪休閒園區旅遊導覽圖（古道標示圖）

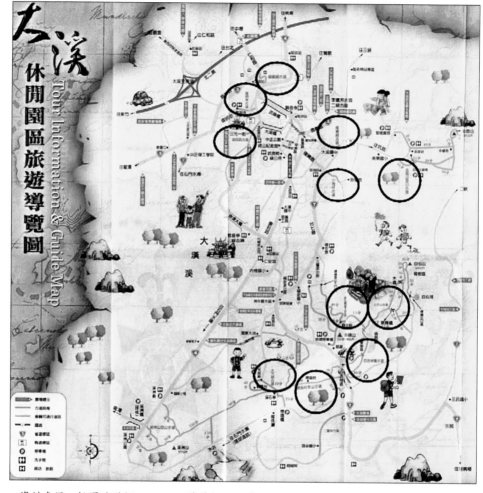

資料來源：桃園旅遊網 emmm.tw 美美網，大溪鎮公所提供。圖中圈選處即為古道所在。

（6）小角仔古道：建於日治時期，是小角庄（美華里）到大料崁的通路，也是三層地區到大溪街的捷徑。

（7）打鐵寮古道：原名東興古道，在今福安里，因古道中途有橋建於大正十五年（1926年），推論可能建於日治大正年間，由三層往水流東古道，經三層、坑底往白石山、石壁腳到水流東接角板古道，昔時三層、坑底、白石山一帶腦寮星佈，是運輸樟腦通道，亦是往角板山捷徑，可省二、三個小時，是早期三層通往角板山的山徑小路，為山區物產往大料崁街運送的重要道路。

(8) 大芎苃古道：自頭寮竹篙厝往竹頭角小路古道，建造時間不詳，是昔時八結、頭寮、內柵往山地竹頭角古道，爲連接今之福安里及復興里的小山路，主要供山區採茶或採筍的農民，挑農產品到街上販賣之道，另一用途爲福安礦坑之煤炭輸出通道，途中經頭寮林家之「梅鶴山莊」。

(9) 角板山古道：爲清末劉銘傳在台時，設隘勇新制以防生番之便道，爲後營水流東（三民）至中營甘指坪（復興）的山路。

(10) 石板斜坡古道：建於清末，又稱應王公仔崎，今之入口在普濟路上普濟堂旁，是大料崁街往船運碼頭必經之路，日治初期水運興盛時，當地商家爲方便碼頭工人搬運貨物而舖設之石板階梯，石階平緩，用以減輕挑夫們的負擔，不必辛苦地抬腳使力爲其特色。早期爲大溪物產——茶葉、樟腦、米穀運出之港口，並借此古道輸入雜糧、布匹、南北貨等。〔註30〕

另外大溪著名古道尙有總督府步道、金面山古道、白石山古道、崙頂古道及十一指古道等，而大溪地區尙有多條古道未被重新整理而埋於荒草之中，足見大溪早期以古道爲交通便道，並成爲一古道交通網，其中有多條古道位於大漢溪畔（如圖 2-4），如御成古道、齋明寺古道、蟠龍崎古道、小角仔古道、田心子古道、角板山古道、大芎苃古道、打鐵寮古道等，可知這些古道亦與大料崁河運有些關聯，是山區往街區到河運的便道，其存在實爲貨物輸送之商業用途爲主，大溪的物產——稻米、茶葉、樟腦、木料、煤礦、山產等均是靠這些古道輸送至街區甚或他地販售，再由大溪街備生活用品返回，古道在當時擔任了鄉村與城鎮間的陸運交通要位。

3、大溪的公路網

大溪地區在清治時期所建對外聯絡道路，主要是往台北及龍潭、關西一帶。日治以後才有較完整之交通網路線建設，明治三十六年（1903 年）因要與縱貫鐵路連繫，台灣總督府徵調沿途居民服勞役，開始興建桃園至大料崁之道路，明治三十年至四十年（1906～1907）之間又陸續以同樣方式或由地方士紳集資建造，闢建大料崁至鶯歌及大料崁至龍潭陂道路。至昭和五年

〔註30〕以上資料整理自盧秀華，《大溪鎮志歷史地理政治篇》（桃園：大溪鎮公所，2003 年），頁 29～33。第十一屆台灣網界博覽會網站：大溪國小——古道尋幽。劉慶茂，《崁津五十一》（著者未發行，2001 年），頁 200～202。

（1930）政府計畫建築各州廳指定道路（今之縣道），在大溪郡內分別興建大料崁經頭寮至角板山道路（原角板山古道，今台7線）；員樹林至龍潭（今台3線）及桃園至大料崁（今台4線）之道路。至於大溪郡內之街庄道路，則多依昔日舊道分別在昭和六～十八年（1931～1943）間陸續拓建而成。〔註31〕而這些公路網在淡水河漸淤不利航運時，逐漸取代淡水河水運，使大溪地區之經濟運輸得以延續，持續大溪經濟繁榮。

4、大溪的輕便鐵

在總督府發動居民修建桃園至大料崁段道路同時（1903），大料崁仕紳呂建邦、桃園街簡朗山等人，合夥創設桃崁輕便鐵道株式會社，其先後的軌道有數條，設在本鎮的有桃園至大溪粟子園，大正元年（1912）續增複線。〔註32〕複線之增設實為物產之輸送。而此時之大料崁亦是日本總督府理蕃重地，明治四十三年（1910）為推廣隘線亦造輕鐵，敷造大料崁至角板山之鐵道，一方面利於運送理蕃之糧械，一方面亦因為開採及運輸山區豐富之天然資源。〔註33〕而此路線正可將角板山及大料崁物產，如茶葉、樟腦木材、竹筍及煤等產物運輸至桃園，且接上縱貫鐵路，再運往全台各地銷售，其最興盛期在昭和三年（1928），亦為漸淤的淡水河水運找到一條替代道路，持續大溪地區之產業運輸。及至公路開始營運後，逐漸被取代，終至民國四十二年（1953）正式步入歷史。〔註34〕另外，這條輕便鐵道亦為大料崁地區帶來觀光人潮，日治時期到大溪走訪之長官或參訪之日本皇族即是搭此台車至大料崁或至角板山，而日治時期每年之文衡帝君聖誕遶境，當時亦吸引了大批觀光客搭台車至崁地來參與盛會。〔註35〕

〔註31〕盧秀華，《大溪鎮誌歷史地理政治篇》（桃園：大溪鎮公所，2003年），頁33～34。

〔註32〕盧秀華，《大溪鎮誌歷史地理政治篇》（桃園：大溪鎮公所，2003年），頁35。

〔註33〕不著撰者，〈崁津蕃界敷造輕鐵〉，《臺灣日日新報》第2版，臺北：臺灣日日新報，1910年6月2日。崁津蕃界敷造輕鐵……此次更自大料崁敷造至角板山，此輕便鐵路，均歸蕃務本署管轄，而非屬於鐵道部者，其目的專資蕃界之開發；〈輕鐵狀況〉，《臺灣日日新報》第6版，1910年1月7日。輕鐵狀況，崁山輕鐵自崁街築至新隘地排仔山一節，已紀前報，該鐵係桃廳全部利益。……此路垂成，他日進紫隘線，運搬糧械，皆可由此輸入，而山產礦煤，亦可藉由此輸出，一勞永逸，于地方大有裨益。故崁民無不踴躍築造，樂觀厥成云。

〔註34〕盧秀華，《大溪鎮誌歷史地理政治篇》（桃園：大溪鎮公所，2003年），頁35。

〔註35〕不著撰者，〈大溪普濟堂盛行籌祭〉，《臺灣日日新報》第8版，臺北：臺灣日

綜合以上大料崁之水、陸運，我們不難發現，大料崁街之地位因河運而提昇，此時之河運常搭配古道網絡，也揭開了大料崁河運時代的來臨，其河運時代約自清同治年間至明治末期，繁榮大料崁約四十年光景，而在淡水河漸淤使得航行不利時，續而代之的是公路及輕便鐵陸運時代的來臨，整個大料崁之繁華時代即是在此水、陸運交互搭配下產生，而此水、陸交通網，無非是奠定了大料崁街為桃、竹、苗山區之貨物集散中心之地位，使大料崁街成為桃、竹、苗之商閫中心，也因有此繁榮的歷史，才得以造就大料崁日治初期豐厚的經濟力，續而帶動了多位商紳富豪的興起，甚或帶動社頭之形成。

第二節　大溪的開發與影響大溪的重要事件

大溪之開發，始於清初漢人的入墾，而此時的大溪是漢人與原住民勢力互為消長之年代，時有族群衝突產生，而墾地的範圍亦因漢原勢力之往來而有變動，因此，大溪墾地之範圍隨著隘墾線之擴張而擴大，拓墾者中較具影響力者為林本源家族及大溪的六大家族（在此僅先介紹林平侯對大溪的影響，六大家族請參見第三節）。其中林本源家族之林平侯（1766～1844）在未遷居大溪時，即參與大溪地區之拓墾並參與地方事務，之後因避漳泉之爭而順著大料崁溪向上遷居大溪，築通議第，建立兵勇，非但提供了就業機會，也提供了安全的生活環境及造就了大溪市街的發展。

清朝之大溪因淡水河開港及劉銘傳撫墾為大溪帶來了商業契機及大溪地位之提昇。淡水河開港，活絡了大料崁溪的河運，清末因國際市場需求，使茶、樟腦成為新興產業，近山地區開始栽植茶株，內山之樟腦和木料陸續被開採，因產業轉型帶來的經濟利益則促使了大溪地區經濟的成長及紳商的興起，清末南雅廳之設立更說明了大溪市街地位的提昇，以下筆者分別以時間的脈絡來介紹大溪由清代至日治時期的開發。

一、大溪拓墾的背景與林本源家族對大溪的影響

（一）清朝漢人入墾大溪的背景

大溪，又名大料崁，譯自霄裡社平埔族之稱大漢溪為「TAKOHAM」之

日新報，1936 年 8 月 7 日。大溪郡大溪街普濟堂例祭，訂來舊曆六月二十四日，盛大舉行。……又聞桃園軌道，將臨時增發乘合車及降減車資，以圖香客之便云。

譯音漢字，以河爲命名。據周鍾瑄於康熙五十六年（1717）年所修之《諸羅縣志》〔註36〕記載：

> 竹塹過鳳山崎，一望平蕪；捷足者窮日之力，乃至南崁，時有野番出沒，沿路無村落，行者亦鮮；孤客必請熟番持弓矢爲護而後行。」

〔註37〕另有記載：「擺接附近，內山野番所出沒，東由海山出霄裏，通鳳山崎大路，海山舊爲人所不到，地平曠；近始有漢人耕作，而內港之路通矣。

另《淡水廳誌》〔註38〕有云：

> 淡地內山，處處迫近生番，昔以土牛紅線爲界。今則生齒日繁，土地日闢，耕民或踰土牛十里至數十里不等，紅線已無踪跡；非設隘以守，則生番不免滋擾。

以上記載可知，康熙末年大料崁地區屬原住民盤據之地，但漢人早已看中此地平曠，有發展農耕的潛力，且因內港道之故，造成漢人到大溪之易達性提高，漢人得以此路入墾。大溪河東地區至乾隆五十三年（1788）即有正式記載謝秀川、賴基郎二人透過番割之斡旋，與土著（可能是凱達喀蘭平埔族）協定合約，合資拓墾，化荒蕪爲水田，開墾月眉地區。〔註39〕

大料崁區在雍正至乾隆中葉以前已有入墾記錄，陳合海與江番則共同建立大料崁上、下街，乾隆末年陸續有閩粵人士入墾。三層區則在嘉慶九年（1804）、十五年（1810）分別有薛藍美、朱朝陽入墾，但當時開墾頗受原住民滋擾，直到道光八年（1828），由林本源家族、月眉李炳生家族（炳生三子有慶，官章騰芳）、黃新興家族共同投資的陳集成墾號，並從朱朝陽之子朱聰英手中接過墾權，設隘防番以開墾三層地區，漢人在三層的勢力才正式穩固，光緒九年（1883）陳集成墾號讓出部分隘外山場予金永興號，以換取金永興號出力守隘，翌年，金永興號更新股份，開墾前述山場與新盛庄。〔註40〕

〔註36〕 周鍾瑄，《諸羅縣志》，臺灣文獻叢刊第141種，（臺灣銀行經濟研究室編印，1958年），頁288。

〔註37〕 周鍾瑄，《諸羅縣志》，臺灣文獻叢刊第141種，（臺灣銀行經濟研究室編印，1958年），頁287。

〔註38〕 陳培桂，《淡水廳誌》，臺灣文獻叢刊第172種，（臺灣銀行經濟研究室編印，1963年），頁50。

〔註39〕 洪敏麟，《臺灣舊地名之沿革第二冊》（臺中市：臺灣省文獻委員會，1883年），頁93。

〔註40〕 王世慶，《臺灣公私藏古文書影本》第1卷第5期，第187號。另見張朝博，

烏塗窟庄的開墾，根據《高等林野調查委員會公文類纂》中收錄的契字、論告資料及其他相關契字顯示，烏塗窟庄早在道光年間就已經先後有金順成、陳添成、金永成、蕭五湖等墾號或墾戶入墾，雖有設隘防番，但仍因原住民滋擾而「疊開疊廢，戕害生靈不少」，直至同治七年（1868），泉州籍黃安邦帶領泉州人士自淡水經三角湧入墾，始入墾成功。〔註41〕另大溪東南方的丘陵地區雖有呂阿姆在同治八年（1869）與原住民協議開墾三層南方的八結（今百吉）、舊阿姆坪等地區，但時有爭議，直至明治四十一年（1908）才由大溪仕紳呂建邦等六人完成拓墾（此部分請見第三章第一節之說明）。〔註42〕

　　綜合上述，大溪地區的拓墾基本上是漢人藉由桃園台地之陸路及大嵙崁溪的水路，來到大溪河西地區，先開發河東第一、二層河階，再開發第三層河階，再延伸至東南方的丘陵地區。開墾初期，閩粵人士皆有，但在嘉慶十八年（1813）由李炳生、呂蕃調等曾經共同承買埔地兩處，其中一處座落於土名海山保大嵙八張犁店仔街伯公廟背，〔註43〕由伯公廟背地名可知該埔地上手可能向客籍方言移民購買，於契約中言明該埔地日後如欲退賣，須由漳人承頂，不得另賣別州別府等人〔註44〕。而大嵙崁中游原屬霄裡社和龜崙社社域，在同治十三年（1874）已成為粵籍（員樹林庄）和閩籍（大嵙崁庄）分居的地區。其中，漳州籍民主要分布於新溪洲庄、內柵庄、田心仔庄、大溪街、月眉庄、石墩庄、缺仔庄及大湖庄等地，又以後來的板橋林家（祖籍為福建省漳州府龍溪縣人）較為重要，〔註45〕也基於這樣的族群分類意識，

《1945年以前大溪舊街區聚落空間之構成與發展》，中原大學建築學系碩士論文，1999年，附錄二，金永興墾號新股份合約，頁附14。

〔註41〕臺灣總督府，《高等林野調查委員會公文類纂》，09903卷，頁54～55。另見張朝博，《1945年以前大溪舊街區聚落空間之構成與發展》，中原大學建築學系碩士論文，1999年，附錄二，永福庄之墾契，頁附～12。

〔註42〕採用張朝博，《1945年以前大溪舊街區聚落空間之構成與發展》，中原大學建築學系碩士論文，1999年，附錄三：未刊地方史料文書，廖希珍《大溪沿革誌》說法，頁附15～17。

〔註43〕《臺灣文獻叢刊：臺灣私法物權編第150種》（臺北：臺灣銀行經濟研究室，1963年），頁1463～1466。

〔註44〕《臺灣文獻叢刊：臺灣私法物權編第150種》（臺北：臺灣銀行經濟研究室，1963年），頁1464。

〔註45〕李宗信，〈大嵙崁溪中游漳州籍民優勢區域的形成〉，《台灣文獻》第62卷第2期，2011（6），頁10。

使得大溪呈現出濃厚的漳州籍色彩。〔註46〕嘉慶、道光、咸豐年間，漢人移墾大料崁日眾，栽植茶樹者頗多，移民以漳州人爲多。至昭和元年（1926）之調查，大溪街人口有漢人 25300 人，其中漳州人有 19900 人，佔 79%，漳州人佔大多數。〔註47〕而在諸多漳州籍開墾先民中，除月眉李家盛名於世外，就屬林本源對大溪之影響最巨，甚或帶動大溪之經濟發展與繁榮，爲大溪發展史寫下輝煌的一頁。

（二）林本源家族對大溪的影響

林本源家族對大溪的開發，影響所及是多面向的，筆者以林家遷移的背景，來闡述林家爲何會到大溪拓墾，及對大溪有何影響。

1、林本源家族的遷移背景

林平侯（字向邦、號石潭，1766～1844），原籍福建省漳州府龍溪縣，乾隆四十三年（1778）隨先祖林應寅渡海來台，落腳於現今新北市新莊區，從事米鹽生意，財富累積後又往返台灣與大陸間從商，可見林平侯以其商人性格必是游刃有餘於各籍居民間，故此時林平侯之漳籍色彩並不濃厚，但新莊地區屢因械鬥而造成財務損失，故其不想在漳、泉械鬥間受到波及，於是在嘉慶二十四年（1819）〔註48〕順著大料崁溪而上遷居大溪街，並持續其在大料崁三層庄的開發，持續累積財力，直至林平侯之子林國芳，林家才有較濃厚之漳籍意識，而成爲漳、泉械鬥中之漳籍領袖。

2、林本源家族對大溪的影響

（1）土地開發

道光八年（1828），林平侯等以十大股合資的方式參與陳集成在三層庄

〔註46〕 參見陳世榮，《大溪鎮誌歷史篇》（桃園：大溪鎮公所，2003 年），頁 46～50。藍植銓，〈大溪的詔安客——從福仁宮定公古佛談創廟的兩個家族〉，《客家文化研究通訊》第 2 期，1999（5），頁 66。陳世榮，〈近代大料崁的菁英家族與地方公廟——以李家與福仁宮爲中心〉，《民俗曲藝》第 138 期，2002（12），頁 260。

〔註47〕 臺灣總督府官房調查課，《臺灣在籍漢民族鄉貫別調查》（臺北：臺灣時報發行所，1928 年），頁 14、15。王世慶，《淡水河流域河港水運史》（北市：中央研究院中山人文社會科學研究所，1998 年），頁 50。

〔註48〕 此說法採王國璠，《板橋林本源家傳》（林本源祭祀公業，1985 年），頁 14。林平侯傳：「二十四年，公以所居新莊，適當淡水下游，兩郡豪勇之夫，咸欲據爲貨運樞紐。公懼禍根已伏，必罹大戾，乃移家大料崁，建廈屋、築崇墉，啟田鑿圳，盡力農功。」

（三層埔）的請墾事業，主要開墾頭寮、尾寮及坑底一帶，除稻作外，另栽植茶葉等經濟作物。〔註49〕而此請墾事業依李文良指出，三層庄是以「墾資隘糧」的名義，為保護大嵙崁屯埔安全而獲得官方給墾，〔註50〕在此安全保障下入墾之佃丁勢必增多，促使大溪地區淺山地區之開發。而林平侯在合資拓墾的過程中，亦努力獲得更多墾佃權，至明治三十八年（1905），林本源已取得陳集成墾號75%股資，至遲於明治四十三年（1910），取得陳集成墾號全部股資。〔註51〕使得三層庄成為林本源在大溪立基之地，直至林家遷出大嵙崁為止，大嵙崁與三角湧間近山地區各地的業主權，除了烏塗窟永福庄（黃安邦）之外，幾乎集中在林本源及林本源投資的墾戶「陳集成」，以及墾號兼神明會「福仁季」的手上。〔註52〕

（2）通議第對大溪街的影響

道光二十三年（1843）林本源於崁街上下中間建築通議第。〔註53〕又稱大溪城，佔地四公頃多，面積廣大，且橫亙街區的中央，將整個市街分割成上下兩部分，可視為整體街區的一個分區。此城堡興建時間早且佔地大，所以是左右街區形態極為關鍵的空間構成元素。在早期城堡橫貫於街中，只在其東邊有道路連接上街與下街；隨著大嵙崁支廳的設立，才增闢繞越城堡西邊的道路，以便於碼頭至支廳廳舍間的連結，但城堡本身還是一個座落於街區中、完整封閉的區城。惜林平侯於隔年（1844）病歿，窆於大嵙崁三層地方，其事業由子國華續接。日軍攻臺時，因位居地形要點，日軍便佔領充作守備兵營使用，至大正八年（1919），大溪施行市區改正時，林本源家族乃將此土地捐出，作為將來學校用地，故整個林本源城堡對於大溪街的整個市街

〔註49〕李宗信，〈大嵙崁溪中游漳州籍民優勢區域的形成〉，《台灣文獻節》第 62 卷第 2 期，2011（6），頁 10～11。

〔註50〕李文良，〈清末臺灣清賦事業與邊區社會的整編〉（行政院國家科學委員會專題研究計畫成果報告，2003 年），頁 1。

〔註51〕李宗信，〈大嵙崁溪中游漳州籍民優勢區域的形成〉，《台灣文獻節》第 62 卷第 2 期，2011（6），頁 10～11。

〔註52〕黃富三，〈板橋林本源家與清代北台山區的發展〉，《臺灣史研究》第 2 卷第 1 期，1995（6），頁 8～15。而「福仁季」依文建會台灣大百科定義為一神明會稱呼，由其「合約管業契字」可知福仁季即是由李金興等十七人所組成之神明會，又稱為福仁季十八份。

〔註53〕林家遷居大嵙崁的時間眾說紛云，本文採用張朝博，《1945 年以前大溪舊街區聚落空間之構成與發展》，中原大學建築學系碩士論文，1999 年，附錄三：未刊地方史料文書，廖希珍《大溪沿革誌》之說法，頁附 15～17。

聚落的形態發展，有著關鍵性的地位。〔註54〕總言之，其佔居街區的中央部分，而且興建的時間很早，興建完竣後，下街、上街才發展，且是沿著城壁做線性的發展，以此觀之，通議第是整個大溪街聚落發展的核心。〔註55〕

（3）參與地方事務及公廟

林本源家族在投資三層庄土地開發前即已積極參與大溪地方事務，乾隆五十三年（1788），與李金興、黃新興、黃明漢、衛阿貴等，捐出龍銀一千五百圓，造就從大溪由龍潭至關西的道路，三至五尺寬；〔註56〕嘉慶十七年（1812）林景和之子林君顯因乏銀由林向邦（向邦）與林紹賢合資承典黍仔園土地；〔註57〕嘉慶十八年（1813）二月更與漳籍菁英李炳生、呂蕃調等共十七份股聯合承購埔地兩處；〔註58〕道光八年（1828）參與投資陳集成墾號，並開始在大料崁從事土地開發；道光二十五年（1845），於草店尾崁邊，出金建築大眾廟〔註59〕；同治二年（1863）更與當地之地方菁英爲維護地方善良風俗而立「公議嚴禁」碑〔註60〕；明治四十四年（1911）甚或爲了水源之爭而與大料崁地方菁英立了龍過脈碑，〔註61〕而此龍過脈碑亦是林家爲土地拓

〔註54〕 張朝博，《1945年以前大溪舊街區聚落空間之構成與發展》，中原大學建築學系碩士論文，1999年，頁29、101～104。

〔註55〕 林一宏、張朝博、楊秋煜，《桃園縣大溪街的聚落與建築》（桃園市：桃縣文化，1999年），頁30。

〔註56〕 黃師樵，〈台灣名勝大溪墾拓的史話〉，《台灣文獻》第24卷第4期，1973（12），頁54；富永君，《大溪誌》，大溪郡役所，1944年，頁27。但此說法受當地者老廖明進校長所疑，因乾隆五十三年，林平侯才二十三歲，尚未成爲大溪地區的墾首。

〔註57〕 黃富三，〈板橋林本源家與清代北台山區的發展〉，《臺灣史研究》第2卷第1期，1995（6），頁10。

〔註58〕 《臺灣文獻叢刊：臺灣私法物權編第150種》（臺北：臺灣銀行經濟研究室，1963年），頁1465。

〔註59〕 採用張朝博，《1945年以前大溪舊街區聚落空間之構成與發展》，中原大學建築學系碩士論文，1999年，附錄三：未刊地方史料文書，廖希珍《大溪沿革誌》說法，頁附15～17。

〔註60〕 目前存於桃園縣大溪鎮福仁宮廟內三川殿右壁。參與者署名爲「業戶林本源、墾戶陳集成、佃首江有源、通事蕭聯裕、總理張新潭、職員李廷標、監生鍾善敏、黃新興暨庄耆等」。

〔註61〕 目前存於桃園縣大溪鎮福仁宮廟內三川殿右壁。碑文提到，清光緒三年，有□□該處栽植茶株，戶口不安。彼時舉人李騰芳仝庄耆老爲諭止，立碑誓禁……明治四十四年二月間，林本源個人復在該處開築水圳，街庄耆老觸目驚心，僉議紳耆趨向林本源事務所磋商。經蒙□復舊約，立即廢止，命佃填平。……街庄紳董公立。

墾與大溪與當地鄉紳衝突的最佳證明。

　　林本源除參與地方事務外，對於地方公廟之事務更是出資參與，嘉慶十八年（1813）二月更與漳籍菁英李炳生、呂蕃調等共十七份股聯合承購埔地兩處，後呂蕃調、李炳生倡建福仁宮，而上述十七份股於是成為福仁宮十八份季。咸豐十一年（1861）林家更獻地增建福仁宮以祀天上聖母。另因三層庄為其立基之地，並設有租館，大正四年（1915），鄉民推派三層庄保正林六德與林家協調，得林熊徵允諾將租館奉獻作媽祖安身之所，並由十二士紳發起建廟，並聘請呂建邦、曾阿才、林源炎為建廟事務經理人，集資將原租館改建為媽祖廟，並定名為福安宮，成為三層的信仰中心。〔註62〕

（4）協助劉銘傳撫墾開發山區

　　林平侯之所以會選定大嵙崁為遷居地之因，黃富三認為其原因有三，除為避漳泉械鬥之爭，其二為新莊在嘉慶中葉以後已日益淤塞，河港功能漸失，使得利用河運營商的林平侯決定遷出新莊，其三為最重要的原因，當是為開發山區，以創造新利源。而林平侯何以選擇大嵙崁呢？其理由則是交通與產業的發展潛力，交通上有淡水河系的水運，產業的發展潛力則是山區富藏的茶及樟腦。〔註63〕

　　光緒四年（1878）林維源成為林本源家族的實際負責人，其對於大溪的影響則在於協助劉銘傳撫墾，而此過程亦為林家捐金進入仕途以獲名利雙收之過程。光緒十一年（1885）中法和議成，時維源避居廈門，經廈門舉人陳宗超之勸說，慨捐善後經費五十萬兩，旋授內閣待讀，後遷太常寺卿，此時正是劉銘傳積極開山撫番之時，遂推薦維源為幫辦，維源乃於光緒十二年四月自廈渡臺，負擔撫墾，亦因林維源之故，全臺撫墾局設於大嵙崁，以林家在大嵙崁之別莊暫充臺灣撫墾大臣的衙門，為求經費充裕，故林維源另闢財源，收樟腦、硫磺為官辦，不許洋人直接購買；土地清丈以廣財源；植茶收稅，除充裕經費外，更使得林維源本身成為最大的茶商；開山撫番，一方面設義塾及番學堂，加強番童的教育，提高其文化水準，使能與漢人和睦相處，一方面促使山區的的開發，獲取山區資源，享茶、樟腦之利，〔註64〕而在開

〔註62〕王世駿，《大溪鎮誌人物文化篇》（桃園：大溪鎮公所，2003年），頁191～192。

〔註63〕黃富三，〈板橋林本源家與清代北台山區的發展〉，《臺灣史研究》第2卷第1期，1995（6），頁8～9。

〔註64〕許雪姬，〈林本源及其花園之研究〉，《高雄文獻》第3／4期，1980（6），頁

山撫番的同時，也促使了大料崁地區山區的開發，增加了大溪茶、樟腦的產值，使得漢人得以深入內山，續而發現蘊藏於內山之礦產。

由以上可知，林本源家族由林平侯至林國芳、林維源乃至林熊徵，其世代除墾殖大溪，亦繁榮大溪，其間存在著一種相依關係。

二、大溪的產業發展

大料崁附近之地域物產為茶業、樟腦、米、甘蔗、山物產、木材、礦業等。而影響大溪最巨者為茶業、樟腦業及礦業，茶業及樟腦業屬高經濟作物，為大溪提昇了經濟力，礦脈之發現更使得大溪仕紳投以巨資以開採，使大溪仕紳因礦致富，才得以頭人之角色推動大溪社頭，因礦業已於本章第一節介紹，故此不再贅述，以下筆者將介紹茶業及樟腦業為大溪帶來的經濟力提昇。

（一）茶業

大溪之茶業嘉慶、道光、咸豐年間，漢人移墾者日眾，栽植茶樹者頗多，〔註65〕道光八年（1828）陳集成墾號投資開拓三層埔之荒蕪之地，開闢數十甲旱田，即是為栽種茶樹。但其間屢與高砂族發生爭奪戰，直至同治六年（1867）收服番地數十社，才使得大料崁米、茶增產，市街繁榮。〔註66〕而同治七年（1868）黃安邦，招募數百人，由三角湧（今三峽）入山，開拓永福庄（今大溪烏塗窟），鑿水田、種茶樹，計有三百零六個佃戶，〔註67〕此時生產之茶為粗茶，均需利用舟運順流由下，至大稻埕精製，再由淡水港出口。〔註68〕也因茶之需求日增，大料崁溪沿岸丘陵、山地，大部分地區均成為茶生長的地方，其產量佔臺灣茶的七成，故《大溪誌》〔註69〕有云：

> 大溪茶的發達史就是新竹茶的發達史、新竹茶的發達史就是臺灣茶
> 的發達史。

自昭和九年（1934）起，茶業突呈活況，為因應市場需求，在最繁盛的

45～49。

〔註65〕 富永君，《大溪誌》（大溪郡役所發行，1944年），頁94。

〔註66〕 富永君，《大溪誌》（大溪郡役所發行，1944年），頁94。

〔註67〕 黃師樵，〈台灣名勝大溪墾拓的史話〉，《台灣文獻》第24卷第4期，1973（12），頁53。

〔註68〕 林玉茹，《清代台灣港口的空間結構》（臺北縣：知書房出版，1996年），頁79。

〔註69〕 富永君，《大溪誌》（大溪郡役所發行，1944年），頁17。

時期，建設有大規模機器製茶的工廠約五十餘所，其中最大的是三井農林會社的水流東工廠、大溪茶業會社烏塗窟工廠等。〔註70〕而此活況爲大溪提高工作機會，也爲大溪日後的經濟發展注入一股新力。

（二）樟腦業

樟腦是臺灣的特產，且以北臺產量較多，北臺山區所富涵之樟腦之利，清政府時期早已是外商覬覦的對象，《淡水廳志》〔註71〕云：

> 淡彰出產樟木，向歸艋舺料館收買；故內山各煎腦竈户，亦歸料館約束。料館爲道署軍工廠料煎腦則傷料。數十年來，樟腦買賣皆料館操縱，腦竈各無賴亦知斂迹。同治五年，臺道吳大廷委司料館者，有不售樟腦與洋人之說，遂爲藉口。同治六年，委興、泉、永道曾憲德，來臺會同議辦。議准洋人自行入山採買樟腦，明定章程，料館遂名存實亡。

且臺灣的樟腦大多經由淡水港出口。一八五六～一八六七年間的樟腦全部由淡水出口；一八六八～九四年間由淡水出口的樟腦占全臺樟腦出口總量的 89.02%，其中有九年全臺樟腦由淡水出口。因此，可以說淡水之樟腦出口代表全臺樟腦貿易。〔註72〕

樟腦之生產始於咸豐年間，大料崁爲臺灣北部的重要樟腦站。同治二年（1863），艋舺成爲樟腦集散地，大料崁流域是其主要產地。同治十一年（1872）以後，外國人到大料崁、三角湧（三峽）、咸菜甕（今關西）一帶大量採買樟腦，三地轉爲全臺最主要的樟腦中心，大料崁年產 7200 擔。光緒十三年（1887），劉銘傳於大料崁設北路樟腦總局。光緒十六年（1890），日產 2500 擔。〔註73〕而當時臺北之外國商館，大多有在大料崁設立分行或辦事處，主要有英商魯麟洋行、德商公泰洋行、西班牙瑞記洋行及其他致和、英芳、鴻隆、太和、廣合、中和等大商行和華僑茶商，大小商館約三、四百家，而這些商館主要是在大料崁附近一帶收購當地所產之樟腦及茶等。〔註74〕這

〔註70〕 黃師樵，〈台灣名勝大溪墾拓的史話〉，《台灣文獻》第 24 卷第 4 期，1973（12），頁 53。

〔註71〕 陳培桂，《淡水廳志》（臺中市：臺灣省文獻會，1977 年），頁 97。

〔註72〕 戴寶村，《清季淡水開港之研究》（臺北：師大歷史研究所，1984 年），頁 87。

〔註73〕 林滿紅，《茶、糖、樟腦業與晚清臺灣》（台北市：臺灣銀行經濟研究室，1978 年），頁 30。

〔註74〕 富永君，《大溪誌》（大溪郡役所發行，1944 年），頁 134～135。

也造就了大嵙崁市街的發展，為清末大溪帶來空前繁榮盛況，並於 1871～1895 年間成為清代台灣的三級港之一〔註75〕，另外，光緒十二年（1886）大嵙崁設撫墾總局，遣兵駐屯，諸產業更加昌盛；光緒二十年（1894）因「茶葉、樟腦萃集於此，商賈輻輳，生業日繁」，又「地逼隘防」，遂設「台府分防南雅理番捕盜同知」，管轄新竹、淡水沿山地界，大嵙崁於此時成為大嵙崁溪最大河港。〔註76〕

大嵙崁於是在茶業與樟腦業的帶動下，成為桃、竹、苗地區之主要貨物出口港，成為經濟聚集之地，為日後大溪帶來繁榮市況。

三、劉銘傳的撫墾對大溪的影響

同治十三年（1874），發生日軍侵台，清政府派沈葆禎為欽差大臣，來台督辦軍務，當時沈氏便提出「開山撫番」政策，且因開山撫番需耗巨資，沈氏於是提出借由台灣富紳之力進行屯墾之議。然「開山撫番」政策進行得並不順利，於光緒元年（1875）停辦。〔註77〕劉銘傳即在此背景下續接沈葆禎未完成之政務。

（一）為開發內山而撫墾

位於漢人漸多，開發漸往內山移墾的大嵙崁，因與原住民爭地，山區之番害頻繁，〔註78〕一直以來是清政府急欲解決之題，同治六年（1867）三月，士林紳士潘永清，受清政府許可，自投巨資，招佃開墾崁山一帶森林荒地，是年五月，急欲進山，因佃丁及壯丁未集，致失防禦，佃丁黃牛等被兇

〔註75〕林玉茹，《清代台灣港口的空間結構》（臺北縣：知書房出版，1996 年），頁111、118。三級港：主要作為一個縣轄境內的出入口之一，通常具有商業、軍事機能，少數港口也有行政機能。其與一、二級港有轉運關係，與大陸口岸也有非官方允許的往來，為地區性的中心港口：陳培桂，《淡水廳志》（臺中市：臺灣省文獻會，1977 年），頁 67～68。

〔註76〕林玉茹，《清代台灣港口的空間結構》（臺北縣：知書房出版，1996 年），頁301～302。

〔註77〕黃富三，〈板橋林本源家與清代北台山區的發展〉，《臺灣史研究》第 2 卷第 1期，1995（6），頁 15。

〔註78〕據《淡水廳志》載：大姑嵌南雅內山生番三十二社，曰竹頭角、咬狗詣、南雅社、猫裏翁社、木瓜原社、大道難社、逃嫺嫺社、猫裏北社、淋漓雨社、九美懶社、錦藍篚社、卓皆銀社、排衙散社、加勝擺社、雜無老社、卓高山社、石衙額社、雜飛內、外社、合吻上、下社、蘇老、蘓膠社、加勞社、無賊社、騾憚社、婆老社、儀母社、千藥社、密裝社、文甲社。大姑嵌三層埔界外有：猫裏蛙社、阿里吻社、竹頭角有嫺打滾社、加鏊本社。

蕃槍斃，姑行暫退，至九月僱隘勇簡玉山等貳百名，紮成隘寮三十六座，時與兇蕃敵，並與竹頭角社、大豹社合吻社之頭目，出為締盟訂約，立石定界，潘永清督率佃丁，就荒地開墾，但至光緒九年，三層隘租館、溪洲隘租館，糧餉不給，隘丁各就奔走，蕃人乘間而叛，兇鋒四出，佃丁被害，紛紛如鳥獸散，墾戶亦懼禍及，姑廢棄之。〔註79〕而劉銘傳之「開山撫番」政策可一題兩解，一者將生番漢化，消除番亂、番害之源，二者開發番地，增加利源。〔註80〕

（二）重紳政策與林維源之官紳互利

中法之役後，光緒十一年（1885）臺灣建省，清政府任劉銘傳為首任巡撫，劉氏有鑑於法軍封鎖台灣期間，軍需、兵源、物資無法自取，於是積極推動新政，以求台灣之自強、自足。為求新政順利推展，採取重紳政策，其理由乃是借由官紳合作，互助互利。其中北台灣又以林本源家族中之林維源最受劉氏青睞。〔註81〕此種官紳合作，使得清政府得以借由民間資源進行開山撫番，而與清政府合作之商紳除了可得官職，亦可在官方的默認下取得廣大的山地開發權，進而獲取山區廣大的物產而獲巨利。

（三）撫墾總局的設置與山區資源開發

自光緒十二年（1886）起，劉銘傳親陸續出兵勸撫內山一帶生番，並於大料崁設北撫墾總局，於光緒十三年（1887），劉巡撫奏請林維源幫辦撫墾事物、光緒十四年（1888）崁街復設有番童塾，以便化番送子姪入學，光緒十五年（1889）內山各社生番尚未盡歸化，特命澎湖總兵吳宏祿，親統大軍二十餘營到內山勸撫，是時各社一律告平。因番害問題稍緩，山區資源得以開發，於是准民間開墾、製腦、做木料、燒炭等項，使得各處商行爭集、營利者實繁有徒，〔註82〕正是撫墾當興，腦務頻繁，每日由稻運入之白鑢以數千

〔註79〕 不著撰者，〈訂正一則〉，《臺灣日日新報》第5版，臺北：臺灣日日新報，1907年2月16日。

〔註80〕 黃富三，〈板橋林本源家與清代北台山區的發展〉，《臺灣史研究》第2卷第1期，1995（6），頁17。

〔註81〕 黃富三，〈板橋林本源家與清代北台山區的發展〉，《臺灣史研究》第2卷第1期，1995（6），頁16。

〔註82〕 採用張朝博，《1945年以前大溪舊街區聚落空間之構成與發展》，中原大學建築學系碩士論文，1999年，附錄三：未刊地方史料文書，廖希珍《大溪沿革誌》說法。

圓。茶腦貿易，汗牛充棟，溪舟往來絡繹如梭，鄰境之勞動者，爭蒞厥土，日臻月盛，〔註83〕使得大嵙崁因商業利益聚集而造成市街的擴張。

（四）劉銘傳去職與南雅廳的設置

光緒十七年（1891），劉銘傳去職，由布政使沈應奎護理巡撫職，再由邵友濂接任巡撫職，林維源仍被重用，繼續主持撫墾大局。惟生番仍時服時叛，其中最大事件是勦辦大嵙崁山番事件，最後亦由林維源撫順。〔註84〕撫墾總局至光緒十九年（1893）因大嵙崁開設南雅廳而裁撤，所有事物概歸南雅廳辦理。〔註85〕由此可知，清末之官紳合作，促使了內山地區逐漸開發，而最大獲利者實則為配合之商紳，獲得官名，亦獲得廣大內山地區的的經濟利益，而經濟開發的同時，亦使得大嵙崁市街擴大發展，市景繁榮，直至乙未之戰，而劉銘傳急欲解決之蕃害問題，則在日治時期得到解決。

四、日本總督府對於大溪的經營

關於日本總督府對於大溪的經營，由日治初期的抗日到菁英份子接受招降，到理蕃的五個時期，其重點亦在山區資源之擷取，與清代同出一轍，山區資源取得決定於撫番成效，而日本總督府善用當地鄉紳一同參與撫番與山區開發，亦為大溪造就了許多仕紳的興起，及大溪市街的繁榮，筆者以時間順序說明之：

（一）日治初期的抗日活動

明治二十八年，清廷甲午失利，於馬關條約將臺澎割讓日本，五月間，大嵙崁地方紛亂，原駐守之提督余清勝致書樺山資記，表明無敵意，盼能協助歸返清國，〔註86〕而原清廷駐防沿山的官軍，因下令撤防而流動或因無餉而散，導致沿山邊區因武裝力量的崩潰與外移，以致在政轉換的真空期趨於不安，〔註87〕原本有武力防備的隘守頓失武裝，致使原住民再次奪回原先的

〔註83〕 不著撰者，〈崁津之盛衰改革之狀況〉，《臺灣日日新報》第4版，臺北：臺灣日日新報，1907年9月28日。

〔註84〕 黃富三，〈板橋林本源家與清代北台山區的發展〉，《臺灣史研究》第2卷第1期，1995（6），頁24～25。

〔註85〕 採用張朝博，《1945年以前大溪舊街區聚落空間之構成與發展》，中原大學建築學系碩士論文，1999年，附錄三：未刊地方史料文書，廖希珍《大溪沿革誌》說法。

〔註86〕 富永君，《大溪誌》（大溪郡役所發行，1944年），頁114。

〔註87〕 李文良，《日治時期台灣林野整理事業之研究：以桃園大溪地區為中心》，國

失地並擴張。

　　而街區方面，因官方武力撤防，致使地方菁英，編組民間的武力，維持地方安寧。於是大料崁在唐景崧內渡，日軍即將進入臺北的背景下，籌組了第一個民防團體——安民局，六月四日，廖運藩、江次包、江國輝及呂建邦等人以「人心惶惶、兇徒乘機公然掠奪，人民不安於家」，集會於福仁宮籌組安民局，「籌集義捐金，雇募勇士，以簡玉和爲指揮，思保地方安寧」。因其立場原傾向於與日軍合作，後因日軍推進，另一批人堅持抗日者，黃連取、黃尖頭、邱南、鄭西風、吳連智、游遠、劉大用及簡老明等遂集結黨派於福仁宮，另外成立忠義局。七月初，因抗日氣氛增強，兩局方才立場一致，主張抗日，並以武秀才江國輝爲總指揮，呂建邦爲副總指揮，李家充爲幫辦，簡玉和爲營管，統率十哨兵丁一千人，稱爲義民軍。〔註88〕除此外，尚有黃希隆〔註89〕、簡阿牛及部份原住民參與抗日，烏塗窟亦有黃源鑑等人參與抗日，黃源鑑並曾參與分水崙之役，後因戰敗遠走廈門。〔註90〕

（二）日治府的招降政策

　　日軍於南進的同時，對於抗日義軍，以武力征服外，外加招降政策，而大料崁義軍，召集之人均爲當時地方菁英，如廖運藩、江國輝，均爲前清武秀才、呂建邦爲大料崁總理、黃希隆亦爲地方仕紳，江國輝於戰敗時，因不接受招降終遭處決。日府爲招撫地方人士，自明治二十九年（1896年）頒佈招撫辦法，第一批有簡玉和等21名，第二批有簡阿牛、鄭清風等49名。〔註91〕而接受招撫者，日人亦待之以禮，如呂建邦於明治三十年（1897年）被推爲三角湧辦務署第十三區街庄長，後又任大料崁區長，明治三十二年（1899年）被授與紳章。〔註92〕簡阿牛，日軍領台初期與山區原住民一起抗日，後接受招降，日人待其不薄，請他擔任三井物產會社的腦長，繼續他的專長事業，〔註93〕其後日人甚至稱其爲「本島實業界唯一霸者」，並於明治四

立台灣大學歷史學研究所碩士論文，1995年，頁36。
〔註88〕富永君，《大溪誌》（大溪郡役所發行，1944年），頁104～105。
〔註89〕富永君，《大溪誌》（大溪郡役所發行，1944年），頁106，黃希隆參與七月十三日之分水嶺之戰。
〔註90〕黃偉雯，《大溪鎮誌人物文化篇》（桃園：大溪鎮公所，2003年），頁237。
〔註91〕劉慶茂，《崁津五十一》（著者未發行，2001年），頁14。
〔註92〕富永君，《大溪誌》（大溪郡役所發行，1944年），頁139。
〔註93〕廖明進，《大溪風情》（大溪鎮：和平禪寺基金會，1999年），頁88。

十三年（1910年）授與紳章。〔註94〕

　　另外，李賡颺，為李騰芳胞姪、清朝儒生，與呂建邦為表兄弟，日人來台時亦有愛國保鄉之心，以實際行動捐款至安民局，接濟義軍，後義軍失敗，他感嘆回天無力，有志難償，遂蟄居簡出，但日政府為安撫人心，維持地方治安，於隔年選為保甲局長；黃希隆，為前清武秀才，光緒十二年（1886）奉命在水流東一帶防禦「蕃事」，因功得授「武德騎衛」並賞戴藍翎，日治初期，雖參與抗日分水崙之役，但於抗日戰後接受招撫，協助總督府討伐「生番」，〔註95〕於明治三十年（1897）由總督乃木希典賜佩紳章。並開墾大料崁公學校一帶位於阿姆坪的校地，其後為調節農村經濟，又籌設信用合作組合，並創辦私立書房，以教授漢文為主；〔註96〕廖運藩亦曾與江國輝參與抗日之役，為安民局局長，戰後參與大溪普濟堂事務，並被推為普濟堂副堂主之一。〔註97〕而這些一時英傑，在日治時期更是極積參與地方事務，對大溪政經及社會人文的發展更是居功厥偉，而大溪社頭之形成，亦和這些仕紳之推動有關。

（三）日政府的撫番政策與山林開發

　　漢番問題，一直以來存在於漢人拓墾的時代，因耕地的擴張，脅迫到原住民生活的山地，而在拓墾的同時，清政府時所設的土牛溝亦逐漸往山區內移，致使漢番衝突不斷，而大料崁地區自清末漢人入墾，漢番問題即是拓墾者面臨的最大問題。清末時山林的開發，植茶、製腦因鄰近原始山林，更是與生番爭地，而不時遇生番出草，馘首取命，使得山地開發者需設隘寮，雇隘丁以維生命安全。甚或於光緒十二年（1886）於大料崁設撫墾總局，為的就是「開山撫番」，撫番之後，可以擷取廣大的山林資源，其中尤以樟腦之利為甚。至光緒十九年（1893）更在大料崁設南雅廳，繼續撫墾事業。

　　日治初期，因時局動盪，隘守武力解除，致使番界警備瓦解，原住民伺機而起，奪回失地，而日本政府於領臺後，更是極積撫蕃，對於生番更是詳實調查，其目的無非是山林所富藏的山林資源寶藏。日治時期，日本政府對

〔註94〕　富永君，《大溪誌》（大溪郡役所發行，1944年），頁140～141。

〔註95〕　陳建宏，《公廟與地方社會——以大溪鎮普濟堂為例1902～2001》，國立中央大學歷史研究所碩士論文，2004年，頁119～120。

〔註96〕　黃偉雯，《大溪鎮誌人物文化篇》（桃園：大溪鎮公所，2003年），頁238。

〔註97〕　陳建宏，《公廟與地方社會——以大溪鎮普濟堂為例1902～2001》，國立中央大學歷史研究所碩士論文，2004年，頁86、114。

於理番事業大體上約可分四期：〔註98〕

　　第一期：領臺後至明治三十五年（1895～1902年）。採取較消極的懷柔政策。日治初期時局動盪，致使崁山衰寂。明治二十九年（1896年），日政府重興撫番之策，崁山腦務輟興，有小松組、大東商行、大西商行、有川組等，內外數千人，崁街之售內地貨酒者五六家，而內地料理店十餘所，本地料理店三四間，全市上下幾無虛屋。一落瓦店，年稅百餘金，夜闌履履之聲，達旦靡絕，酒樓暢醉之輩，雜紛紛紜。〔註99〕明治三十二年（1899年）6月，設臺灣樟腦局，實施樟腦專賣，製腦業者仍續在大嵙崁角板山地從事製腦，且因日本大東、大西、小松、太平等開拓會社，相繼到大嵙崁山地開墾，主要亦是從事製腦事業，臺日工人共達數千人之多，是大嵙崁的全盛時代，有盛改園、臺一樓、清涼軒、七福亭、玉川樓、山月、梅月、大淺等一流酒樓妓館，〔註100〕而此時之大嵙崁河港津頭在草店尾土地公廟旁（今和平路普濟路口）崎子路下，草店尾街（今和平街）、上街為貨物起卸之幹道最繁榮，這條街有樟腦商、茶商、糧商、藥商、炭商、日用雜貨商、木器家具商等毗連。有源隆、再生、榮泰、盛源、恆產、玉寶堂、廣生堂、全豐、全裕、逢春、錦發、林本源租館、金同興、興源、順興、全興、全成、惟珍、全昌、建興、泰源、茂發、松茂茶棧、順益、利興等商行三、四十家。運出之特產為樟腦、茶葉、木炭、米穀、木器家具及其他山產，運入則為糧食、日用雜貨及布疋等。〔註101〕

　　迨至明治三十三年（1900年）山門封鎖，生番叛盟，日呈蕭條，商務冷落過半，料理店幾無遺跡，販賣內地貨物者，祇存二三，寂寞景象，滄桑頓變。昔日之歌妓麕集，絃彈徹夜，金融裕如，茲今之民工，散漫托足，全島之製腦，山後之墾田，崁屬之民，靡不插足焉。〔註102〕此時大嵙崁盛況不

〔註98〕　富永君，《大溪誌》（大溪郡役所發行，1944年），頁69～70。

〔註99〕　不著撰者，〈崁津之盛衰改革之狀況〉，《臺灣日日新報》第4版，臺北：臺灣日日新報，1907年9月28日。

〔註100〕　富永君，《大溪誌》（大溪郡役所發行，1944年），頁135～136。王世慶，《淡水河流域河港水運史》（北市：中央研究院中山人文社會科學研究所，1998年），頁52。

〔註101〕　王世慶，《淡水河流域河港水運史》（北市：中央研究院中山人文社會科學研究所），1998年，頁52～54。

〔註102〕　不著撰者，〈崁津之盛衰改革之狀況〉，《臺灣日日新報》第4版，臺北：臺灣日日新報，190年9月28日。

再，民工外移，使得大嵙崁進入蕭條期。

第二期：明治三十六年至四十二年（1903～1909 年）。採取恩威併行主義。實際上是武力鎮壓為主，威嚇懷柔為輔。明治三十六年（1903 年）平地局勢穩定後，日本政府隨即檢討理蕃政策，確立了武力討伐「北番」泰雅族的目標，總督佐久間左馬太遂於明治四十二年（1909 年）調動軍警對角板山一帶的原住民進行強力征討，並一舉攻佔角板山。〔註 103〕而此時的大嵙崁，早就民望開山，隨著隘勇線的前進，取得廣大山林，開發腦地。

第三期：明治四十三年四月至大正四年三月（1910～1914 年）。又稱為五年計畫理蕃事業的實施期。期間以大嵙崁街為根據地，先後征討泰雅族合歡群（今復興鄉三光巴陵一帶）、玉峰群（今日尖石鄉玉峰馬美一帶）、基那吉群（今尖石鄉秀巒泰崗一帶）原住民，足見大嵙崁在「理番」行動上佔有重要地位，也因此方有「大嵙崁公園設立許可」、「大嵙崁街市區改正計畫」等改造舊街衢、建設新市街的計畫，甚至因為後期積極征番的影響，使得日治時期名人政要到角板山視察理番，促使大嵙崁街成為桃園境內最早執行市區改正、第二個設立公園的街區。〔註 104〕

第四期：大正四年（1914 年）以後，為五年計畫理番事業的終期。採取教育同化政策。使得原本持反抗態度的高砂族漸歸服，甚至在大東亞戰爭時，高砂族的皇國民意識激昂，青年們志願從軍參與戰爭。〔註 105〕第四期後即是皇民化運動。

綜觀日政府之理蕃計畫，由消極轉為積極，實為理番計畫等同於山林開發計畫，因山林無盡資源，但生蕃兇狠，時而出草馘首，致墾民腦長望之怯步，如能消除番害，必能開發山林無盡寶藏，而大嵙崁山區有著茶及樟腦的利源，如能除番亂，必能獲巨利，於是乎明治三十八年（1905 年）《臺灣日日新報》〔註 106〕云：

> 民望開山　大嵙崁自嚴禁民番交通以來，貿易大為減色，利源更漸

〔註 103〕林一宏、張朝博、楊秋煜，《桃園縣大溪街的聚落與建築》（桃園市：桃縣文化，1999 年），頁 53。

〔註 104〕林一宏、張朝博、楊秋煜，《桃園縣大溪街的聚落與建築》（桃園市：桃縣文化，1999 年），頁 53～54。

〔註 105〕富永君，《大溪誌》（大溪郡役所發行，1944 年），頁 70。

〔註 106〕不著撰者，〈民望開山〉，《臺灣日日新報》第 4 版，臺北：臺灣日日新報，1905 年 8 月 9 日。

薄弱。商務與製腦者，謀食四方。……茲聞大豹生番大敗。警隊冒險
侵移鳥才頭及白石按山等處。崁民靡不翹望。……更望以後崁隘亦
隨之而進步，將來連絡一派，不但腦務有森林可熱，而墾務亦多荒郊
可闢。……其時也腦務與墾務重興，崁津仍成山陬獨擅之利源。

　　清政府，實行開山撫番政策，爲清政府帶來巨利，也促成了大料崁市街
的發展，而日政府於領台初期，延續清政府之撫番，使得大料崁得以重拾清末
繁榮景象，使得市街持續繁榮擴張，就如同《台灣日日新報》〔註107〕云：

　　大料崁僻處山陬，爲內山蕃地之咽喉，自清政府設南雅廳撫番，時
　　撫墾當興，腦務頻繁，繁日由稻運入之白鑊以數千圓，茶腦貿易，
　　汗牛充棟，溪舟往來絡繹如梭，鄰境之勞働者，爭蒞厥土，日臻月
　　盛，墾地若新舊柑坪、濫仔溝、大溪底、外合脮等處，幾成市莊，
　　每日熬腦作料拾薪者，約數千名，佃人往往山內者數百戶，極一時
　　之盛。

　　由此知大溪清政府時期繁榮之景，且因腦務帶來了商機，帶來了大料崁
及鄰地的市街發展。

　　日政府亦承續此經濟利益，但爲開發更廣大的山林資源，不得不侵犯原
住民棲地，致使大料崁於日治前期的發展史，重點均著重於討伐番社，而其
最終目的則在於大料崁內山廣大之樟林，優質巨樟輸往日本，〔註108〕其餘可
熬腦或取薪，而爲使山林資源不致枯竭，日政府自明治三十三年起（1900
年），政府以樟苗數千株，給山隘農民試重之，迨三十四年（1901年）沿山遂
倩工廣種，隨著隘線擴張，樟苗續栽者數十萬株，〔註109〕日政府如此經營植
產，不遺餘力，實爲樟腦之利源。而日政府積極開發山林，除了樟腦之巨利
外，大料崁地區尚有植茶及礦產之利，崁津爲茶園環繞之區，但因茶園地近番
地，常因番害而棄植，日政府於是鼓勵重新墾栽茶欉，以闢利源。〔註110〕

〔註107〕不著撰者，〈崁津之盛衰改革之狀況〉，《臺灣日日新報》第4版，臺北：臺灣
　　　　日日新報，1907年9月28日。

〔註108〕不著撰者，〈崁津雜錄／樟輸宮內〉，《臺灣日日新報》第6版，臺北：臺灣日
　　　　日新報，1908年10月9日：大料崁內山。樟木最多。者番該支廳倩工研伐
　　　　樟樹一株。周圍數丈。經作木料數十片。雇夫攪出。每塊長約八九尺。闊難
　　　　四五尺。聞欲由基隆配輪。直輸母國宮內省云。

〔註109〕不著撰者，〈沿山種樟〉，《臺灣日日新報》第2版，臺北：臺灣日日新報，1905
　　　　年7月21日。

〔註110〕不著撰者，〈崁津短札／山茶重種〉，《臺灣日日新報》第4版，臺北：臺灣日

第三節　大溪地區族群的關係與分佈

　　如上文所言，清朝時期之大溪地區因拓墾者因平埔族之引介而順利入墾大溪，但隨著入墾者日增，食指日繁，不得不侵犯到原住民棲地，而時有流血衝突產生。筆者以為，大溪早期，除了與原住民存在著一種衝突關係外，入墾者之間因其祖籍（原鄉）不同，彼此間亦存在著一種競合關係，而這種競合關係最終之結果，造成了是大溪地區在清朝時期漳、泉、粵分區而居，最後亦因分類械鬥造成了大溪地區以漳泉人分地而居之狀況。

一、漳、泉械鬥對大溪的影響

　　械鬥乃有清以來因人口移入所產生之同鄉聚集之最佳利證，在大料崁地區械鬥之記載雖少，但其所造成之結果除造成人員傷亡、廟堂居所損壞外，其同鄉優勢之形成實為造成族群分地而居之關鍵，以下筆者就大溪械鬥如何造成漳、泉籍分地而居來探討。

　　大溪漳籍色彩濃厚之主因，除地理環境與原鄉相似及林平侯及其家族在大溪的拓墾的同鄉情誼之招佃外，不同族群間的械鬥亦是造成漳籍優勢之主因。依黃秀政所言，清代之分類械鬥之發生，或為政治因素，或為經濟因素，或為社會因素，或兼而有之，其中就經濟因素而言，清雍正以後北路日漸開發，廳縣增設，因此移民漸往彰化縣、淡水廳一帶移墾。至乾隆以後，可容納新移民之地區，日以減少，因此人民遂屢為爭奪墾地，而結成敵對的各個勢力，互不相讓，因此有漳、泉、粵之爭，且為爭取、擴大己方的墾地，每不惜拋棄身家性命，展開慘烈的械鬥，〔註111〕而械鬥往往亦造成人口的大規模移動，如嘉慶二十四年（1819年），林平侯為避漳、泉之爭而避居大料崁，〔註112〕而發生於咸豐三年（1853年）之漳、泉械鬥，台北地方之漳、泉械鬥，因泉人獲勝，漳人紛紛敗退至大科崁（今桃園縣大溪鎮）。〔註113〕而此械鬥餘

日新報，1910年4月28日。山茶重種　崁山花草藍等處山埔邊闊，適宜種茶，在清時素有墾栽茶欉，以數萬計，因屢遭蕃害，棄之不顧，茲有向三井贌耕者黃某，思欲重開埔原，廣種茶欉，據云每萬株，三井補助金八十圓，三年得租云。

〔註111〕黃秀政，〈清代台灣的分類械鬥事件〉，《文史學報、中興大學》第9期，1979（6），頁117～119。

〔註112〕王國璠，《板橋林本源家傳》（林本源祭祀公業，1985年），頁14。

〔註113〕黃秀政，〈清代台灣的分類械鬥事件〉，《文史學報、中興大學》第9期，1979（6），頁144。

波亦影響到大嵙崁地區之族群融合。

　　而械鬥之主因乃在於土地問題，清代之墾佃制度，係由富豪士紳或有勢力者向官府申墾請墾照，招佃開墾。墾首所招募之佃戶，初皆限於同鄉、同宗者，後來墾首為招募更多的佃戶以加速墾地的開拓，遂不分籍貫、身分，廣招各籍佃戶，於是形成所謂之地主集團。〔註114〕而此地主集團理應是地主與佃戶為結合體，但發生在大嵙崁地區之械鬥則是使得漳籍地主與漳籍佃戶之關係更緊密，與泉籍佃戶更疏離。因三層庄在乾隆中葉以前，向屬界外隘墾區，除有生番威脅外，更因不同祖籍別漢人聚居該庄，而釀成械鬥事件。

　　咸豐三年（1853年）爆發嚴重的漳、泉械鬥，林本源墾戶逮捕欠租之佃人，而被捕之人均為泉籍，引起泉籍佃人反抗，遂發生分類械鬥，林本源號召漳籍佃戶來抗爭，泉州人不敵，求援於咸菜硼陳福成等墾戶，雙方敘戰，不分勝負，後來鄭用錫勸和，據說抗爭到咸豐六年（1856年）才結束。〔註115〕此漳、泉之爭使得林家（國華、國芳）自大嵙崁遷往板橋，〔註116〕但之後咸豐九年（1859年）又因土地糾紛引起泉粵對漳之械鬥，直到咸豐十一年（1861年）才由官方強壓平息；咸豐十一年（1861年）大嵙崁因林國芳將泉籍佃戶更換為漳籍而引起械鬥，〔註117〕另有學者考證係林國芳在烏塗窟與泉籍黃龍安因土地爭墾互鬥。〔註118〕或許是械鬥的影響，三層庄直到清末，泉籍已成弱勢族群，而客籍和漳籍則成為該庄的優勢族群。〔註119〕

　　而大溪街區之福仁宮之設立及其神明會組織福仁季十八份更是因為分類意識而出現聚集的情形，大溪之地方公廟「福仁宮」系因大嵙崁於嘉慶十一

〔註114〕黃秀政，〈清代台灣的分類械鬥事件〉，《文史學報、中興大學》第9期，1979（6），頁120。

〔註115〕林偉盛，〈清代淡水廳的分類械鬥〉，《臺灣風物》第52卷第2期，2002（6），頁32～33。

〔註116〕黃富三，〈板橋林本源家與清代北台山區的發展〉，《臺灣史研究》第2卷第1期，1995（6），頁15。

〔註117〕陳世榮，《大溪鎮誌歷史地理政治篇》（桃園：大溪鎮公所，2003年），頁204。

〔註118〕許雪姬，〈林本源及其邸園之研究〉，《板橋林本源園林研究與修復》（台灣大學土木工程研究所都市計畫室規劃，1986年），頁29。

〔註119〕李宗信，〈大嵙崁溪中游漳州籍民優勢區域的形成〉，《台灣文獻節》第62卷第2期，2011（6），頁10～11。客籍佔總戶數的51.6%，漳籍佔46.12%，泉籍則僅剩2.28%。

年械鬥之後，月眉李家（李騰芳家族）的李炳生與呂蕃調，倡議集資興建，奉祀開漳聖王陳元光。嘉慶十八年福仁宮落成，自埔頂仁和宮分香奉祀開漳聖王。〔註120〕其中福仁季十八份於嘉慶十八年購買土地之合約管業契字更是一分類意識之表現，契約中明載，公置埔業若欲退賣他人，需由漳人承頂，不得另賣別州別府等人。〔註121〕此同鄉相聚所造成的優勢，至日治時期大料崁即已呈現漢人（福建籍）優勢，福建籍中又以漳州人為主（如表 2-1）；烏塗窟地區則泉籍人士為主，且宗族以黃氏宗族為大宗。

表 2-1　大正十五年大溪郡大溪街人口原籍統計表

籍　貫	福　　建　　省					廣　　東　　省				其他	總計
	泉　州　府			漳州府	汀州府	永春州	潮州府	嘉應州	惠州府		
	安溪	同安	三邑								
人數（百人）	14	1	8	199	8	2	4	15	1	1	253
百分比（%）	9.1			78.66	3.16	0.79	1.58	5.93	0.40	0.40	
	90.9					8.70				0.40	

資料來源：本表重編自陳世榮，《大溪鎮誌──歷史地理政治篇》，桃園：大溪鎮公所，頁 198；台灣總督府官房調查課，《臺灣在籍漢民族鄉貫別調查》（台北：台灣總督府官房調查課，1928 年，頁 6～7、12～15）。

二、大溪的宗族與信仰

　　因大溪早期為拓墾社會，拓墾的先民為求神佛保佑，常會從原鄉帶入原鄉信仰，而隨著時代更迭，產業型態的改變，其信仰亦有所增加，故筆者將以二區五街庄來說明其居民之主要信仰，並介紹依附在這些信仰或公廟之大家族。

（一）大料崁區的月眉庄

1、月眉庄的五穀先帝信仰

　　月眉庄為大料崁區較早開發的地區，因土質肥沃，為大溪米倉，居民大

〔註120〕陳世榮，〈近年來國內學者對「械鬥」問題之研究──兼論清代桃園地區械鬥與區域發展之關係〉，《史匯》第 3 期，1999（4），頁 22。

〔註121〕《臺灣文獻叢刊：臺灣私法物權編第 150 種》（臺北：臺灣銀行經濟研究室，1963 年），頁 1464。

都務農為生，故普遍以農業祖師——五穀先帝信仰為主，據傳大溪農作團所恭奉之五穀先帝是由月眉地區江姓、李姓望族由唐山接駕來台，為求保佑百姓離鄉背井之苦，並使百姓能安居樂業，故李氏宗族及江氏宗族可算是較早到月眉地區拓墾的家族，其中月眉地區之李氏宗族約佔大溪李家的半數。

2、月眉庄的李氏、江氏與呂氏宗族

（1）李氏宗族

在月眉地區的宗區以李氏和江氏為主，大溪李家，大多分布在月眉里（約50%），其次是內柵、南興里（三塊厝一帶）、福仁里、美華里（慈聖宮附近），〔註122〕月眉李家祖籍福建省漳州府詔安縣二都秀篆，一世祖李火德公於宋季自寧化遷上杭，其後裔幾經遷徙，於十一世祖善明（敦敏公）渡台，依其生卒年（康熙壬寅年～乾隆己酉年）（康熙六十一年～乾隆五十四年，1722～1789）推算，其入大溪時間約在乾隆年間。故十祖世碧公為大溪鎮小角月眉大陸祖，善明（敦敏公）為渡台始祖、大料崁月眉祖，而敦敏公五子先查（筆者案先抓）為金興始祖，敦敏公長子先球公（十二世祖）三子榮椴公（十三世祖）遷內柵，〔註123〕而同屬李火德公派下之孝梓公（八世祖），上杭遷漳州平和，其後裔為避兵戎，清乾隆年間由文炳媽率子媳渡臺，初至北縣後遷霄裡，道光年間，定居內柵。〔註124〕

月眉李家的「來臺一世」李善明，率五子與妻黃氏由大陸來臺，在臺南一帶登陸，經楊梅壢、坑底輾轉遷徙於小角仔買地奠基，更在小角仔祖厝旁修建祠廟與媽祖廟，惟媽祖廟在清代即已傾廢，李善明第五子李先抓則至遲在乾隆五十七年（1792）再遷月眉，開拓月眉地區，成為「月眉衍派」「李金興」始祖。由於李先抓早逝，其子李炳生、都生、振生三人前後開設李金興號，分別負責經營、碾米、監工，合作從事米業經營，李家因此擁有「地主」及「米商」之身份，嘉慶十八年（1813），他與另一社會菁英呂蕃調前往河東埔頂仁和宮迎奉開漳聖王神像回大料崁，倡議鳩建福仁宮，使其再擁有「社會領袖」之名，而其派下子孫更進一步透過科舉「正途」或「捐納」，而發展

〔註122〕黃偉雯，《大溪鎮誌人物篇》（桃園縣大溪鎮：桃縣大溪鎮公所，2004 年），頁 331。

〔註123〕李訓枝，《李火德公派下族譜》，複製自美國猶他家譜學會臺灣家譜後縮資料，國圖登錄號：m00512631-02，無頁碼。

〔註124〕李清賢，《大溪李氏族譜》，複製自美國猶他家譜學會臺灣家譜後縮資料，國圖登錄號：m00512632-10，無頁碼。

成爲仕紳家族。〔註 125〕

　　福仁宮之十姓輪值，李家排第一位，實與李家在大溪所建立之社會地位有關，如前文所言，其身份有「地主」、「米商」與「社會領袖」，李家早期即與林本源共同投資土地買賣、陳集成墾號，也共同投資神明會福仁季，鳩建福仁宮，而福仁宮當時可謂地方權力核心，參與者均是當時之社會菁英，李家能在十大輪值中排第一位可以想見當時其地位之崇高及活躍之程度。

（2）江氏宗族

　　江氏宗族之開台祖士根公，偕祖姚陳氏三娘名春，攜五歲長子承伯公，跟隨長兄士印公（未攜家屬）、次兄士根公，於清乾隆二十二年春（1757），隨墾主謝啓川（筆者案謝秀川）、賴基郎所招募之農墾團，由福建省漳州府平和縣大溪鎮江寨祖居沿大溪南下，到詔安縣官陂鎮大平地方乘河至詔安縣柏林港轉乘海船渡海遷台，建基於今桃園縣大溪鎮仁和里之大樟樹處，長兄士印公後返唐山原鄉，士根公來台後又生下次子承陣公、三子承立公，嗣後清嘉慶年間埔頂分房，承伯公遷居瑞源里番仔寮，以草厝江爲代號；承陣公遷居瑞興里缺仔江、承立公（出嗣士香公爲嗣子）留守埔頂，後排旺公、排呈公遷居月眉里以月眉江爲代號。排旺公、排呈公營商致富，號江百萬，族人在其領導下，清光緒年間跨越大溪至鎮街結合國容、國輝兄弟成爲鴻溪三大房系又結合永定金豐高頭派下、詔安秀篆派下之江氏同宗，共同以「昌興記總公號」爲大溪鎮街福仁宮十大公號之一。而士香公：承立公房傳下之子孫以「江有源」爲墾號。士根公：承伯公、承陣公房傳下子孫以「江源記公號」爲墾號。〔註 126〕

　　而江排呈於嘉慶十八年（1813），與林本源、李火德、李金興等共同合議購買埔地而成福仁季十八份之一，同治二年（1863）佃首「江有源」與當時社會菁英、業戶林本源、墾戶陳集成爲維護地方善良風俗而立「公議嚴禁」碑，由其先祖於清朝參與之地方事務，可知其江氏宗族在大料崁之地位除地主外，與李家相同的是江家亦是當時之「富商」，且重後世之文教，清末日治時期，江家也出了位大料崁有名仕紳——江健臣，除重視地方文教外，參與

〔註 125〕陳世榮，〈近代大料崁的菁英家族與地方公廟：以李家與福仁宮爲中心〉，《民俗曲藝》第 138 期，2002（12）：250～252。

〔註 126〕江橙基，《台灣省桃園縣大溪鎮江有源、江源記公號開台族譜——分房譜系》（桃園縣：士根公管理紀念管理委員會，2008 年），頁 1～2。

當時大溪詩會，畢生致力於大溪的現代化，並號召族人捐資興建濟陽堂江氏祖廟。

（3）呂氏宗族

月眉呂氏宗族之詔安祖為秉仁公，秉仁公後分八房，大房呂念八派下子孫，於十一世拔財公來台，來台時間不詳，十二世衍敷公遷溪田心子，後約當民國初年，再遷大溪鎮復興里；〔註127〕五房呂二公派下，來台時間不詳，定居桃園八德，子孫繁衍，擴及大溪，其祖籍均為漳州府詔安縣二都秀篆埔坪堡堀龍玉龍坑。〔註128〕另有二支派，其一為呂秉仁子呂十八派下子孫，約在乾隆初期渡臺，初居臺南且耕且讀，後呂祥仰子呂蕃錠北上喬遷海山堡內柵，再牽桃澗堡八座屋（今八德市），其祖籍為漳州府詔安縣秀篆中央樓。〔註129〕另一為祖籍為漳州府詔安縣二都秀篆姑堡孟彩坑田雞石，渡臺始祖十三世映日公，為秉仁公六房北田房派下長子十一公之子孫，渡臺時間不詳，繁衍大溪，〔註130〕另六房北田房派下北坑派子符也定居大溪，渡臺祖及渡臺時間不詳。

月眉呂家之呂建邦，亦屬秉仁公後世子孫，其曾祖於清乾隆年間渡台，在桃仔園八塊庄（今八德市）招佃墾荒，建邦 6 歲時，跟著母舅李騰芳舉人讀書，識春秋之大義，頗具才朝，同治四年（1865），李騰芳中舉後，建邦便從八德至大溪幫忙李家，此後定居大溪，〔註131〕日治後被舉為大料崁總理，對大溪教育、經濟、社會、宗教事業積極參與，並為普濟堂經理人之，對大溪社頭之成立亦有起頭作用。

如上李氏、江氏與呂氏宗族，其由墾拓、經商、仕途而取得在地優勢之情形看來，且此三大宗族均位居大溪米倉──月眉，憑其對社會事業的經營，且均以農業起家，信奉五穀先帝，相當有實力可促使月眉地區社頭之成立，

〔註127〕呂芳達，《福建詔安呂拔財遷台呂氏族譜》，複製自美國猶他家譜學會臺灣家譜微縮資料，國圖登錄號：m00512548-04，無頁碼。

〔註128〕呂徵，《玉龍公派下呂氏族譜》，複製自美國猶他家譜學會臺灣家譜微縮資料，國圖登錄號：m00512476-04，無頁碼。

〔註129〕呂良任，《四岳惟嵩（鎮生公派下呂氏族譜）》，複製自美國猶他家譜學會臺灣家譜微縮資料，國圖登錄號：m00513049-24，無頁碼。

〔註130〕無著者，《呂祥荊派下十房公呂彰颺公系統表》，未出版，由呂淳羚小姐提供，無頁碼。

〔註131〕黃偉雯，《大溪鎮志人物文化篇》（桃園縣大溪鎮：桃縣大溪鎮公所，2004年），頁239。

江姓、李姓望族於是帶頭號召組成「農作團」，在農閒之餘習練北管及歌仔調，並於農曆四月二十六日五穀先帝誕辰排場，而隨著日治時期大溪普濟堂遶境興盛，農作團亦受邀參加遶境祈求平安活動。

（二）大料崁區之大溪街

1、福仁宮與福仁宮十大姓氏輪值

早年入墾至大溪地區的漳籍移民，因受原住民威脅及瘴癘之苦，為祈求平安、避免災厄，都會前往開發較早的對岸埔頂仁和宮祭拜其鄉土保護神開漳聖王。但因每每前往仁和宮都需渡河，易受天候影響，極為不便。嘉慶十八年（1813）由呂蕃調、李炳生等倡議興建福仁宮。咸豐十一年（1861）林本源家獻地擴建宮宇，增祀天上聖母佑護來往船隻安全，並增奉三官大帝、玄壇元帥及其他諸神，逐漸成為區域的信仰中心。同治十二年（1873），由歷次醮務及中元節餘金增建後殿，專祀天上聖母、註生娘娘、池頭娘娘，名曰天后殿。〔註132〕

除上述諸神尊，福仁宮尚有奉祀三山國王、定公古佛、保生大帝、巧聖先師、財神爺等。而其中三官大帝是客家人的保護神、三山國王是潮州人的鄉土保護神，保生大帝則是泉州人的保護神，此三族的保護神明會出現在這個漳州籍人士為主的地方公廟，系因淡水開港前後樟腦業興起，吸引許多不同族群的人到大料崁山區採樟製腦，除有族群紛爭外，又需面對原住民的威脅，故可包容各族邑之人共同在此區發展，福仁宮遂躍升為地區性的信仰中心。〔註133〕而福仁宮在清末日治初期也成為聚集地方菁英的公共空間，由「公議嚴禁」碑之建立，可知當時之豪族鄉紳相約在此訂定鄉族公約，福仁宮儼然已成為大料崁街區之權力中心。日治初期更成為安定地方的政權中心，在此設立「安民局」、「忠義局」，可以想見，福仁宮在大料崁地區是鄉民民心安定力量的來源，故大料崁之豪族鄉紳無不以參與廟方事務為榮，而福仁宮聖誕慶典更是各大家族一起動員參與，而這也促使了大溪福仁宮十大姓氏輪值之產生。

而福仁宮亦在日治時期提供賽豚品評及北管子弟戲拼戲的場地，每年的

〔註132〕張朝博，《1945 年以前大溪舊街區聚落空間之構成與發展》，中原大學建築學系碩士論文，1999 年，頁 64〜65。
〔註133〕張朝博，《1945 年以前大溪舊街區聚落空間之構成與發展》，中原大學建築學系碩士論文，1999 年，頁 66。

開漳聖王祭典（農曆二月十一日），於福仁宮舉行賽豚例祭及搭臺演戲，羅列巨豚數百頭，聘請專業戲團或由大溪北管子弟登臺演出拼戲，場面浩大。

2、普濟堂信仰

大溪普濟堂原為地方仕紳江序益於明治三十八年（1905）所發起以勸善懲惡為目的的善堂，於是借用大溪街大溪字下街二民家奉祀關聖帝君，有識之士每天晚上在門前扶鸞宣講聖諭，市街住民等對主神有信仰者多所祈願，咸感聖靈顯赫。江序益、呂建邦、江健臣、江次全、黃希隆、鍾會南等發起寄附，募集四千円，聘請葉金萬建立堂宇，於明治四十年四月起工，四十一年八月竣工，即現在的廟宇。〔註134〕自此普濟堂由私人鸞堂轉型成為公眾廟宇，且透過地方仕紳積極參與、主導地方公益事務促成普濟堂成為地方的重要信仰，更透過遶境儀式凝聚地方意識，自大正六年（1917）起就有當地居民自主發起遶境儀式，於每年關聖帝君聖誕日當天巡境鄉里彰顯關聖帝君聖威，經過近百年的發展，普濟堂遶境已成為大溪鎮最盛大的宗教慶典活動。〔註135〕而每年遶境最受矚目的就是參與遶境的社頭，日治時期河東地區共有20餘個社頭成立並參與遶境，且有北管子弟團的社頭，亦會在文衡帝君遶境時搭臺拼戲，同人、興安、協義三社尤甚，為大溪三大北管子弟團。大溪社頭發展至今則有30多個社頭，其範圍涵蓋整個大溪鎮，河西地區亦有多個社頭參與繞境。

（三）三層區之三層庄

1、三層福安宮與福安宮十大姓氏輪值

福安宮為三層地區的信仰中心，據廟方說法，傳說清時有南靖人盧秀茂、盧金祥兄弟自莆田湄洲媽祖廟迎媽祖金身回家供奉，嘉慶十六年（1811），盧家昆仲攜同金身渡台拓墾，初居三層莿仔寮，由於當時漢番衝突嚴重，四圍墾常往盧家向媽祖頂禮膜拜，祈求平安。道光年間，林本源家族於現福安宮廟地設置租館，作為收囤租穀之用，並派駐管家掌理，大正四年（1915），鄉民推派三層庄保正林六德與林家協調，得林熊徵允諾將該租館奉獻作媽祖安身之所，同時鑑於每逢三月二十三日媽祖生辰，境內每戶各自祭祀之紛亂景象，實有必要作一統整，乃由林開鼓、曾阿才、楊文畜、曾新有

〔註134〕不著撰者，《桃園縣大溪鎮廟寺台帳》，中央研究院民族所藏，無頁碼。
〔註135〕吳敏惠，《大溪普濟堂關聖帝君聖誕　無形文化資產調查與保存計畫》（財團法人綠色旅行文教基金會，2009年），頁1。

等四人發起制定輪姓值年（如表 2-2），以平均戶數爲原則，將庄中居民分爲十大姓，戶數不足者，乃合一大姓，十大姓分定後，每大姓推派兩人爲代表，商議每年輪值順序並祀典內容，奠定福安宮祭典規模，輪值者，家家飼養神豬，於聖誕之日宰殺獻牲，並以比賽方式獎勵，藉以慶祝聖誕，以禱豐年，昭和二年（1927）大溪耆紳呂建邦先生，召集曾阿才先生、林源炎先生及各姓信士人等，集資鳩工，將舊租館翻修改建爲媽祖廟，並定名爲「福安宮」。〔註 136〕

表 2-2　福安宮十大姓公號、祭典輪值順序表

順　序	十大姓組織	公號名稱	戶數（戶）
1	曾、楊	金福隆	59
2	林	金福昌	126
3	李、邱	金福興	112
4	許、黃	永金興	57
5	張、廖	金福星	50
6	高、江、姜、呂、盧、紀	合福美	64
7	王	金福安	61
8	陳、姚、胡	金昌福	60
9	簡	福安隆	65
10	集姓（其餘姓氏）	金福盛	146

資料來源：王世駿，《大溪鎮誌人物文化篇》，桃園縣大溪鎮：桃縣大溪鎮公所，2004 年，頁 192；《三層福安宮來台媽祖〈老媽祖〉沿革簡介》（無出版資料），表中戶數爲民國 63 年分擔修建之戶數。

而位於三層之福安社與新勝社，其主祀神即爲三層福安宮天上聖母，每逢三月二十三媽祖誕辰，必定出陣以娛神，其中新勝社之飛龍團更是名震全台，而位於頭寮之樂關社，其主祀神雖爲關聖帝君，主要參與普濟堂遶境，但在福安宮媽祖聖誕時亦會出陣參與盛會。新勝社及福安社，相同的，除參與福安宮媽祖聖誕外，亦會參與普濟堂遶境。

〔註 136〕王世駿，《大溪鎮誌人物文化篇》（桃園縣大溪鎮：桃縣大溪鎮公所，2004 年），頁 191。不著撰者，《三層福安宮》（三層福安宮管理委員會，2010 年），無頁碼。

2、頭寮林家

林氏宗族在大溪以兩大流派爲主，分別爲頭寮林家與街區林家。頭寮林家原籍福建省漳州府龍溪縣二十九都白石保潭頭社，第二十四世邦興於清嘉慶九年（1804）秋間自福建漳州府吉上社渡海來台，陸續在霄裡（今八德霄裡里）、八塊厝（今八德）、宜蘭等地落腳做生意，邦興四十三歲時，始得長子登雲，四十七歲再得次子步月，此二子於長成，便移居大料崁下街居住，其中登雲成爲林本源大料崁租館管事；而步月則爲林本源桃園拔仔林租館的管事，自登雲開始，爲林家在大溪奠下良好發展的根基。〔註137〕頭寮林家雖未參與福仁宮之鳩建，但同樣熱心於地方事務，同治十二年（1873），林登雲因感念佛恩，因此與大溪地方士紳捐獻員樹林庄的茶園和土地，充當齋明寺之寺廟用地，光緒十一年（1885）更於大溪、龍潭、員樹林等地發起募集資金，聘請林阿來增建齋明寺拜亭，而登雲在林本源家族的大溪租館管事，爲此賺取不少資金及土地，於是就在頭寮起大厝，即爲梅鶴山莊，〔註138〕而頭寮林家曾參與礦業投資，因有資金及人脈，及其對宗教的熱衷，於是日治時期由林源欽出面號召，邀集地方五十多位居民組樂團社參與普濟堂遶境，而樂團社更以「梅鶴山莊」爲社館，聘請先生來教北管，在日治時期亦盛極一時，故亦有財力雕製精美彩牌，惜已損毀不復見。

（四）三層區之烏塗窟庄

1、烏塗窟的龍山寺

烏塗窟之拓墾始至同治七年（1868）才由墾戶黃安邦申請墾照，拓墾成功，究其原因，實受原住民滋擾及盜匪經常出沒，而使得人心惶恐不安，於是黃龍松先生請堪輿師相地擇於龍山之陽，興建簡陋草堂三間，名爲「龍山寺」，再前往艋舺龍山寺朝香割火，並從唐山恭請觀音佛祖聖像回來安座鎮殿，受庄民朝拜，時爲同治八年（1869）。〔註139〕

2、烏塗窟的黃氏宗族

早期烏塗窟的拓墾與龍山寺的興建皆與墾戶「黃安邦」有關，黃安邦是

〔註137〕黃偉雯，《大溪鎮誌人物篇》（桃園縣大溪鎮：桃縣大溪鎮公所，2004 年），頁 313～314。

〔註138〕黃偉雯，《大溪鎮誌人物篇》（桃園縣大溪鎮：桃縣大溪鎮公所，2004 年），頁 282。

〔註139〕謝維修，《龍山翠微》（財團法人臺灣省桃園縣大溪鎮龍山寺，年月不詳），頁 11。

烏塗窟黃家的公號，黃家原籍泉州廈門，遷台後居於滬尾，入墾烏塗窟者為黃龍安、黃龍松兄弟，黃氏昆仲於同治四年（1865）請得開發烏塗窟墾照，同治七年（1868）正月，在三角湧商議開墾事宜，七月進入烏塗窟地區，招募佃農七百餘戶，正式展開墾拓，從事種茶、耕田、伐樟煉腦……等農事，惜因當地之原住民地盤受侵，利益受損，就常下山劫掠，盜匪亦常出沒，且當時官府闇弱治亂乏力，致使人心惶恐不安，而有信仰中心龍山寺之興建。〔註140〕而因咸豐年間的械鬥「泉漳拼」，黃龍安為泉人首領，與漳人之首林國芳互抗，故開墾初期烏塗窟為泉人優勢區域，但隨著產業的發展與日治初期的抗日活動，增加了烏塗窟與大料崁街區的聯繫。

　　在信仰上，雖然龍山寺的主神是觀音佛祖，但與大溪其他廟宇一樣，皆有殺豬公的習俗，每年在二月十九日觀音誕辰由十姓輪值祭祀，在輪值姓氏、順序、年份皆模仿福仁宮的形式，如出一轍，唯一不同之處，乃是各姓氏並無公號，早年烏塗窟的居民皆參與福仁宮的十姓輪值，大約民國七十八年左右龍山寺重新翻修之後，建立起自身的十姓輪值。〔註141〕

　　日治時期，永福庄亦因產業而有兩個社頭組成，分別是永福庄下堡即娘子坑一帶茶農在大正十四年（1925），利用農閒時學習北管「福路樂曲」以自娛而創立社頭。另一個是永福庄頂堡即虎豹坑一帶的居民所組之同義社。

（五）三層區之內柵庄

1、仁安宮與仁安宮十大姓氏輪值

　　道光二十六年（1864）福建人氏游番率數十人東渡來台，抵滬尾（今淡水），溯水而上，經艋舺、三角湧抵大料崁，再盤桓而上至今內柵下崁，因來大料崁的時間較晚，所經之地都已被先來者開發佔有，而當時下崁之地荒煙蔓草，毒蛇野獸蟄伏，滿佈荊棘，瘟疫瘴癘瀰漫，加上水土不服，性命備感威脅，禍福未卜，於是游番一行將原鄉供奉之「玄壇元帥」金身一尊隨行，企求護身與心靈的寄託。先以石磊陋室安奉金身，後易石磊為竹木建造，大正年間，下崁農耕發展延伸至頂崁（今內柵），形成一村落，聚居繁衍，大正十三年（1924），先民呂球生、簡天養等士紳召議集資，以土磚建材建造。分

〔註140〕謝維修，《龍山翠微》（財團法人臺灣省桃園縣大溪鎮龍山寺，年月不詳），頁10～11。

〔註141〕陳建宏，《公廟與地方社會——以大溪鎮普濟堂為例（1902～2001）》，國立中央大學歷史研究所碩士論文，2004年，頁78。

前、後殿之「仁安宮」，前殿供奉下崁的玄壇元帥，後殿供奉天上聖母——媽
祖，如是眞正奠定了本地的信仰中心。數年後，熱心人士鍾會常、簡和、簡
秋貴、簡水龍、簡邦基（下崁人）、簡石盛、簡火炎、蔡昂嬰等仕紳又發起集
資，修飾美化宮宇，同時召集信士們開會議決：每年三月初二日爲元帥千秋
聖誕慶典日，轄下居民以十大姓氏，編訂順序輪值籌辦慶典盛事（如表2-3），
十年一值，且作神豚評比，適予公賞。〔註142〕而其聖誕慶典活動，理應少不
了熱鬧之鼓樂，於是乎仁安社因應而生，而仁安社依普濟堂遶境屬內柵團，
其名稱最早出現於《臺灣日日新報》爲昭和十年（1935），〔註143〕故成立之期
筆者推論約於昭和時期，但其北管習練應更先於此期。

表2-3　內柵仁安宮十姓輪值表

序號	輪　值　姓　氏	公號	序號	輪　值　姓　氏	公號
1	大什姓	復源隆	6	小什姓（邱、蕭、黃、曾、鍾）	復源隆
2	李姓（東邊李）	金元安	7	李姓（下崁李姓）	金元安
3	簡姓（華泰、新記、祖德簡姓）	福漳興	8	簡姓（散簡）	福漳利
4	林姓	金福昌	9	王、游姓	德源隆
5	簡姓（日盛公派下）	福漳隆	10	張廖姓	金安昌

資料來源：奮步，《內柵仁安宮重建廟誌》，桃園縣：仁安宮重建委員會，頁7。

2、內柵的簡氏宗族

　　大溪簡氏宗族大部分居於內柵地區，依內柵仁安宮之十大姓氏輪值來
看，簡氏宗族共分三派，一爲華泰、新記、祖德簡姓，公號福漳興，其中新
記祖籍爲漳州府南靖縣參豐里三團社張甲絏書洋坪衛祠，第十世祖簡斯苞爲
來台祖，據洪敏麟推測其來台時間約乾隆中葉，以簡新記爲公號。〔註144〕二
爲日盛公派下，公號爲福漳隆，其祖籍福建省漳州府南靖縣崁下房三傳社，
一世祖爲德潤公，第十二世祖然吉公祖妣魏氏偕三子，簡廷、簡佛麟、簡創
等於清乾隆二十一年歲次丙子年（1736）來臺立業，第十五世簡娘安、簡天

〔註142〕奮步，《內柵仁安宮重建廟誌》（桃園縣：仁安宮重建委員會），頁6～7。
〔註143〕不著撰者，〈大溪普濟堂祭典先聲〉，《臺灣日日新報》第8版，臺北：臺灣日
　　　　日新報，1935年7月17日。
〔註144〕無著者，《簡氏家譜序》，複製自美國猶他家譜學會臺灣家譜微縮資料，國圖
　　　　登錄號：m00512628-16，無頁碼。

養、簡地生、簡枝全等四兄弟，於道光庚子年（1840）議定八張梨山腳（日治時期改大溪下田心段）公田、公厝、內柵內門公田、公厝、內柵街公站貳坎連廟前菜園一所等為公產，做為祭掃十二世祖妣、十三世祖妣、十四世祖妣等墳墓用，剩餘之租谷作四房分，當時議訂日盛為四大房公號。〔註145〕三為散簡，不屬於上列者，公號福漳利。

簡氏子弟亦熱衷於大溪社群活之參與，其中簡阿牛、簡朗山等曾參與詩會，簡阿牛除是當時財經鉅子，亦曾任普濟堂爐主，參與大有社之創社並擴大辦理普濟堂遶境活動；簡欣哲曾任兩屆大溪鎮長，對其簡氏宗族及大溪社頭參與亦不遺餘力，曾任桃園縣簡姓宗親會首任會長，參與大有社，在北管社頭沒落的年代，仍力守大有社，直至新世代社長承接。在現今簡氏宗族在大溪社頭之影響力可由簡氏子弟參與社頭之情形觀之，其中同人社、慶安社、永安社、農作團、仁安社等之重要幹部均由簡氏子弟擔任。

以上，由此二區的五個街庄的信仰及宗族，我們可歸納一點，此二區的五個街庄，除烏塗窟庄黃氏宗族屬泉人，其餘四個街庄各宗族之族籍均屬漳州府，其中屬詔安者，漳客色彩濃厚，田調過程中，樂安社之成立與其早先邀集練什音有關（請見第三章樂安社說明），另簡氏宗族耆老簡瑞仁〔註146〕亦表示：

> 因從前沒有電視，戲臺也不多，鄉下沒什麼娛樂，像我們姓簡的，每一派都有一部樂器，李氏也是。漳州人，四平，四項樂器，沒有胡琴，有笛子、鼓、吹、鑼，姓簡的都住在一起，晚上在稻埕練習，較大的家族分文、武班。姓簡的分成三個學區，內柵、尾寮、缺仔，都是姓簡的在教，武館也是，這是我們上一輩說的，因為以前農業社會，拳頭很重要，過年時，武班的拿著削尖的竹子示威，以表示自己的子弟軍強。

由此可知，大溪地區因原鄉文化休閒娛樂的影響，早在大溪北管戲興盛前，即有音樂性社團的組成，之後因北管戲盛行，這些早已有音樂底子的鄉民亦能很快的學習北管並上手，發展成為北管社頭。

〔註145〕無著者，《簡氏家譜序》，複製自美國猶他家譜學會臺灣家譜微縮資料，國圖登錄號：m00512628-10，無頁碼。

〔註146〕簡瑞仁先生訪問記錄，1998年9月18日，張朝博、黃瑞緣採訪，轉引自張朝博，《1945年以前大溪舊街區聚落空間之構成與發展》，中原大學建築學系碩士論文，1999年，附～70。

三、大溪地區的行業

　　大溪地區因地勢而造就不同產業發展、其中產業又帶動交通的發展，使得大溪清末至日治之行業多樣化，以下就分別介紹大溪清末至日治之主要行業。

（一）因地勢、產業而形成之行業

　　大溪地區因地勢、土壤不同，造就了大溪地區多樣化之產業，以大溪地勢而言，約可分成 3 個部分，其一為月眉的沖積扇，因其土壤為沖積土，土質肥力足，適合發展農業，以稻作為主，故其行業別為農業，其主要從業人員為農夫；其二為平原或丘陵地，土質為黃壤或紅壤，有水力灌溉處可稻，水力不足處可植茶，因此另可發展出茶業，其主要從業人員為茶業工人；其三為山林地，因大溪地區山產豐富，故可發展茶業、腦業、木業、礦業等，腦業之從業人員有熬腦工；木業之從業人員有伐木工、漂木工、木匠等；礦業之從業人員則有礦主及採煤工、運煤工、洗煤工等。

　　而這些因內山開發而生之行業，其工作之危險性較其他行業高，如熬腦工人需經年累月生活於孤淒的深山中，需面對原住民的威脅及毒蛇猛獸的侵擾，且熬腦時一天二十四小時不能停止，由一家人輪班看灶火，辛苦萬分；伐木工人則需靠原始人力，進入深山，一寸一寸的鋸完巨木，深山氣候變化無常，蚊蛇猖獗時有生命危險，一期工作有時需花二至三個月，有時到半夜，在精神上、肉體上的消耗是難予體會的；漂木工為伐木工人在深山砍伐出原木，先用人力「木馬」拖到河邊，再由漂木工順水將原木浮在水面，用笨重的撬棍、檔棍、拉棍等操作，順水勢漂運原木到平地，其中需注意原木不被水流沖散，洪水及颱風季節時，困難危險萬分，須要看護原木並注意自己生命安全，除有強健體魄及氣力外，也要熟練水中應變的能力，也要有耐力，寒凍的冬天苦不堪言，深山河流曲折多石，水勢湍急，漂木極為困難，工作不易，整天在水中工作，謀生不易；採煤工人亦是，需深入地底挖煤，礦災難料，亦屬高風險行業。〔註 147〕

（二）因交通產業而生之行業

　　同治元年（1862）淡水設洋關正式開市，促使淡水河三大支流河港興起，大料崁因位於淡水河航運上游，且內山產樟腦、茶業，因此促使大料崁船運

〔註 147〕劉慶茂，《崁津五十一》（著者未出版，2001 年），頁 119～121。

業發達，而因應船運業而生的從業人員有船東、造船匠、船夫、挑夫、碼頭的搬運工等；而為運礦產而舖設之輕便鐵，其從業人員為輕便鐵車夫；而在陸交通不便的時期，大溪有一批以勞力靠腳力為人服務的轎夫。

另由表 2-4 昭和十四年（1939）之大溪街（直轄街坊內）職業統計表可知，大溪街之職業以苦力為主，這些苦力正如前文所言，挑夫、船夫、碼頭搬運工、木匠、轎夫、輕便車夫等，而位居第二的為商業，大溪街在河運盛行的年代，曾有多國外商在此設辦事處，使得大溪街商務繁榮，商店林立，但隨著河運沒落，經濟力衰，使得市面蕭條，以沿街叫賣行商者佔多數。另外，隨著時代變遷，產業及交通的轉型，這些出賣勞力的從業人員亦隨著時代轉變而從事不同的行業，或為生計而身兼數職，如兼以木業或礦業。

表 2-4　大溪街（直轄街坊內）職業統計表（西元 1939 年）

	農 業	商 業	工 業	漁 業	公 職	苦 力	其 他	合 計
戶　數	3	269	48	6	49	649	168	1188
百分比%	0.3%	22.6%	4.0%	0.5%	4.1%	53.4%	14.3%	100%

資料來源：劉慶茂，《崁津五十一》，著者未出版，頁 111。

這些不同產業所形成之行業別，為求生命安全及生活安定，造就了不同的信仰，而這些不同階層的從業人員，雖身處不同工作領域，對於信仰之虔誠是共通的，因而促使大溪地區社頭在大正、昭和年間如雨後春筍般成立，其中這些不同階層的從業人員在社頭成立初期，普遍存在著一種同業相聚的情形，而他們所從事的行業，正是大溪當時經濟發展的主要功臣。

第三章　大溪社頭的成立與特色

第一節　大溪社頭成立的緣起

　　大溪社頭得以成立，實因其歷史發展過程所致，原鄉文化、產業、仕紳、信仰等因素促使大溪社頭於大正、昭和時期如雨後春筍般成立，但在社頭成立以前，這些社頭的成員早已在農閒時聚在一起習練樂器，北管的習練在當時會如此興盛，其主要原因仍是原鄉休閒文化之帶入。〔註1〕泉人較重南管樂，漳人則以北管樂為大宗，早期鄉民會聚集練什音（因大溪有漳客族群存在）、四平等，之後北管戲盛行，則改練北管，故鄉親會在農閒之餘同聚習練北管、子弟戲以自娛。且早期電視、電影未流行時期，生活單調，廟會為最佳娛樂，加上清末以來產業所帶來的經濟利益及日治時期大溪仕紳因礦致富，為答謝神恩而盛大辦理廟會，另也因北管戲有熱鬧歡娛的效果，故這些士紳於廟會時獨鍾北管戲，常請專業北管戲來大溪演出，使得大溪之戲劇水準提高，相對的也刺激大溪社頭北管及子弟戲的發展，如此環環相扣，使得大溪得以擁有如些豐富的社頭文化。

一、大溪清末日治初期之社群文化

　　大溪之社群因族群遷移、宗族信仰及產業發展約可分為家族組織、商業組織、宗教組織及職業組織等，而這些組織之成員互為流通，其表現方式有

〔註1〕呂鍾寬，《北管音樂概論》（彰化市：彰縣文化局，2000年），頁7。據推測，北管音樂約於三、四百年前隨著漳州籍的邊民傳入台灣，做為人們休閒娛樂的節目。

其獨特性。以商業組織而言，大溪清代因產茶葉及樟腦而成為一商業重鎮，但在大溪的歷史上卻未曾出現過郊商之商業組織，而筆者據張朝博分析之四個原因〔註2〕而論，其中所提及之家族組織，即是大溪拓墾時期及商業發展時期最主要的商業組織，亦即商業組織即是由家族組織所組成，而這種亦屬家族亦屬商業之組織，可以「公號」稱之，而這些家族組織在宗教組織則可由其神明會一窺一二、另與這些家族組織亦有所關聯之職業組織則是表現在社頭之組成，以下筆者分別以「大溪的姓氏輪值制度」、「大溪的神明會」、「大溪的廟會活動」、「大溪的詩會」等來介紹大溪之生活方式與社群文化。

（一）大溪的姓氏輪值制度

以福仁宮的十大輪值公號而言，大溪早期即是透過同姓家族組織的運作來參與地方事務及社群活動，而這些公號之名稱，如簡姓福漳隆、黃姓永漳安、呂姓金漳利、陳姓金漳福、雜姓金漳盛等，均充份表現其漳籍特色。此十大輪值公號，為大溪地區於清末所建立之廟會慶典輪值制度，其性質實為一神明會組織，自清末一直延續至今，且為大溪地區所屬之地方公廟效尤，許多村莊之村廟均存在此一輪值姓氏制度（順序依地方公廟不同而略有差異），如三層福安宮、內柵仁安宮等，而此輪值制度最大之意義則在於所屬地方公廟之慶典活動，每一公號十年輪值一次，為所屬地方公廟祝壽，其中福仁宮於每年農曆 2 月 11 日舉行之開漳聖王聖誕慶典，為大溪地區重要之社群活動，日治時期之聖誕慶典更是擴大辦理，並有拼戲及賽神豬比賽（此部份將於大溪之廟會活動說明），如此說明大溪早在社頭成立前即有以宗族為核心組成之團體，且會分姓氏來主辦地方慶典。

（二）大溪的神明會

大溪社群在宗教組織上則可由大溪之神明會來說明，依據日治時期神明

〔註 2〕 張朝博，《1945 年以前大溪舊街區聚落空間之構成與發展》，私立中原大學建築學系碩士學位論文，1999 年，頁 59～60。其所分析之四個原因為：1、大料崁商業興起的時間已經是同治年間了，已經非郊商組織盛行的黃金時代：2、大料崁在清代最重要的產業是茶與樟腦，因列強經濟勢力的入侵，且此二項產品是以外國為輸出的對象，使得此二項產品為外國洋行所掌控，而非傳統從事陸台貿易的郊商所能掌握：3、以行郊作為商業港口機能的指標的觀點觀之，大料崁於日本領台前的市街與港口之規模並不足以形成郊商團體：4、大溪地區是一個家族系統影響力很大的地區，有許多的商業行為都是透過家族組織運作。

會的登記，福仁宮的十大公號幾乎都有登記，由登記的內容來看，以廖姓的聖王會創立的時間最早，是在 1852 年創立，其他黃姓、游姓、江姓、簡姓、林姓等都在 1880～1893 年間相繼創立，顯示早年並非就已經有十大姓氏公號，而是隨著時間慢慢地成長增加。〔註3〕

由表 3-1 另可得知大溪地區早在清代就已有神明會組織，且延續至日治時期，小至街邊角落的土地公，大至街區大廟的福仁宮，甚或祭祀無主孤魂的大墓公等均有其信仰組織——神明會，這也說明宗教信仰在大溪人的心中著實佔有一席重要之位，而大溪另一神明會特點爲同姓宗族組織，由同姓宗族組織而成之神明會，其作用在於神明聖誕時之祝壽活動，另也提供了同姓宗族凝聚與交流之機會。筆者認爲這是大溪宗族間普遍存在的一種凝聚力，而這種大溪人喜歡聚社而爲信仰付出之行爲，更是大溪社頭蓬勃發展之主因。

表 3-1　日治時期大溪市街的神明會

編號	名　　稱	神　明	所在廟宇	創立時間	成　員	範圍	備　註
1	福仁季	開漳聖王	福仁宮	1813	大部分漳州	街區	
2	福德祀	土地公	土地公廟	1831	大部分漳州	草店尾	
3	金德安祀	媽祖	福仁宮	1838	大部分漳州	街區	
4	永熾昌	媽祖	福仁宮	1838	大部分漳州	街區	
5	義民會	大墓公	大墓公	1850	大部分漳州	街區	
6	聖王會	開漳聖王	福仁宮	1852	廖氏	全鎮	
7	金順興媽祖祀	媽祖	福仁宮	1861	大部分漳州	街區	
8	萬善祀	大墓公	大墓公	1868	大部分漳州	街區	
9	永昌安會	開漳聖王	福仁宮	1880	黃氏	全鎮	現爲永漳安
10	金建安	開漳聖王	福仁宮	1885	游氏	全鎮	現爲金閩安
11	昌興季	開漳聖王	福仁宮	1888	江氏	全鎮	
12	福漳隆	開漳聖王	福仁宮	1890	簡氏	全鎮	
13	金福昌	開漳聖王	福仁宮	1893	林氏	全鎮	
14	金漳盛	開漳聖王	福仁宮	1898	大部分漳州	全鎮	

〔註3〕　張朝博，《1945 年以前大溪舊街區聚落空間之構成與發展》，私立中原大學建築學系碩士論文，1999 年，頁 66。

15	萬善會	萬善爺	大墓公	1906	大部分漳州	街區	
16	慶生會	註生娘娘	福仁宮	1909	大部分漳州	街區	
17	普濟堂祀	關聖帝君	普濟堂	1909	大部分漳州	全鎮	
18	大墓公會	大墓公	大墓公	1910	大部分漳州	街區	
19	金德昌	媽祖	福仁宮	1911	大部分漳州	街區	
20	復興會	大墓公	大墓公	1911	大部分漳州	街區	
21	金漳利	開漳聖王	福仁宮	1914	呂氏	全鎮	

資料來源：Paul Steven Sangren，《A Chinese Marketing Community：An Historical Ethnography of Ta-ch'I, Taiwan》：Thesis (Ph.D.) —— Stanford University. 1979, p406-411。張朝博，《1945 年以前大溪舊街區聚落空間之構成與發展》，私立中原大學建築學系碩士論文，1999 年，頁 68。

（三）大溪的廟會活動

元宵藝閣比賽、農曆 2 月 11 日福仁宮開漳聖王聖誕活動與農曆 6 月 24 日之普濟堂關聖帝君聖誕慶典活動為大溪地區最主要之廟會活動，大溪頂街（今中北街、新南街、頂街）、下街（新街、下街、草店尾、后尾）二區之元宵藝閣比賽更是大溪地區年味濃厚的象徵，此二區居民莫不是全民參與出錢出力，絞盡腦汁，爭奇鬥豔，較量一番，成為年中一大地方盛事。且當時之審查制更是帶動藝閣比賽流行不墜之因，當時之藝閣比賽，除比賽藝閣造型、小童扮像裝飾，並由人力拉動藝閣往上、下街夜間遊行，在郡役所（今鎮公所）前呈現，接受評審優劣勝負，受評後，次日再接再勵求新改進，情趣刺激高昂。日治時期上街巨商簡阿牛、下街張阿九（狗），熱心廟會藝閣比賽，大力支援，轟動遠近，留下佳話，並請外地採茶戲、落地掃、北管清唱以及其他民間雜要，使得大溪元宵熱鬧異常。〔註4〕

而有關福仁宮之開漳聖王聖誕活動，明治三十九年（1906）《臺灣日日新報》〔註5〕有載：

> ……據稱陰曆二月十一日，為當地福仁宮，開漳聖王誕辰，舊例分姓輪祭，今歲輪值王游二姓合辦，屆期宰豬約三百餘頭，於廟口高搭戲檯五座，分股招僱梨園五班，同伸祝賀，極為熱鬧云云，……。

〔註 4〕 劉慶茂，《崁津五十一》（著者未出版，2001 年），頁 198。
〔註 5〕 不著撰者，〈拾碎錦囊（百七十八）〉，《臺灣日日新報》第 3 版，臺北：臺灣日日新報，1906 年 2 月 27 日。

大正十一年（1922）《臺灣日日新報》〔註6〕另有載：

　　……本年簡姓一宗值東，簡阿牛氏被推舉爲代表，……每日演梨園

　　四五臺，續演三天，當日將屠豚羊六百餘頭，陳列廟前，……

　　由宰豬及拼戲〔註7〕可見當時盛況，其中拼戲更是大溪社頭子弟相較勁的舞台，大嵙崁自清乾隆時期開始有農耕團入墾，隨著產業發展，大嵙崁地區經濟尙稱豐裕，爲叩謝神恩，常聘請專業戲班演戲酬神，一方面爲大溪地區帶來了高水準的戲劇可供欣賞，一方面也刺激了在地之北管子弟團出演，使得大正、昭和時期（約 1911～1937）爲大溪北管戲全盛時期，各社皆有子弟班，當時同人社、興安社、協義社爲三大子弟班，聘師教曲，成爲青年子弟休閒娛樂活動，戲曲學成之子弟團莫不以在地方公廟公演爲榮，如二次戰後興安社曾在福仁宮前公演三天，永安社曾在烏塗窟觀音寺前公演兩天四場，新勝社曾在三層福安宮連演三天〔註8〕，可見大溪北管子弟興盛，大溪社頭即是在此背景下如雨後春筍般相繼成立。

　　大溪地區之福仁宮開漳聖王聖誕與普濟堂文衡帝君聖誕爲大溪最熱鬧之二大廟會，其中又以普濟堂之慶典活動最爲熱鬧，每年之慶典，大溪遊子無不歸鄉，全面動員，各階層人員無不以參與社頭爲榮，其遶境活動更是各社頭較勁實力之時，除社頭文物相較量外，日治時期之拼戲更是大溪子弟戲過往繁華的最佳力證，大正十三年（1924）《台灣日日新報》〔註9〕有載：

　　……唯興安社添製繡旗數十面，餘概平常，且行列缺次序，演子弟

　　戲三臺，連續三天，所費亦鉅而中臺協義社築二層樓棚左右同人社

　　興安社，則平屋形而已，中間裝飾相爲伯仲，演藝亦難分甲乙。

　　隔年亦是盛況空前，《臺灣日日新報》〔註10〕有云：

　　……同人興安協義三社，連演子弟戲三天，各賞金牌一面，皆形喜

〔註6〕　不著撰者，〈大溪街之祭典〉，《臺灣日日新報》第 6 版，臺北：臺灣日日新報，
　　　　 1922 年 3 月 6 日。

〔註7〕　劉慶茂，《崁津五十一》（著者未出版，2001 年），頁 157。拼戲即對台比賽或
　　　　 同台拼棚之意，有職業戲團和子弟班兩種。拼戲時指定同一戲目，比賽文武
　　　　 場的技藝、默契，比賽各角色的身段、做表、唱詞、架勢、功夫等。

〔註8〕　劉慶茂，《崁津五十一》（著者未出版，2001 年），頁 156。

〔註9〕　不著撰者，〈祭典記盛〉，《臺灣日日新報》第 4 版，臺北：臺灣日日新報，1924
　　　　 年 7 月 31 日。

〔註10〕 不著撰者，〈大溪迎神盛況〉，《臺灣日日新報》第 4 版，臺北：臺灣日日新報，
　　　　 1925 年 8 月 16 日。

色云。

　　也因子弟戲如此蓬勃發展，使得北管得以在日治時期風行大溪不墜，而各社頭為求門面風光，無不擴充陣頭文物，聘請專業匠師至大溪雕製神轎，或至他地購置華麗莊嚴之神轎，在雕造神轎的同時，亦請師傅雕製華麗之木製彩牌及花籃鼓架等，而這些雕工繁密之彩牌也正是大溪子弟戲過往繁華的最佳見證。

（四）大溪的詩會

　　大嵙崁自古文風興盛，曾出舉人李有慶（騰芳）、廩生呂鷹揚、生員廖希珍等，及自明治三十八年（1905），由日本公醫木村武次郎與當地鄉紳呂鷹揚、王式璋、廖希珍、江健臣、洪子欣、黃玉麟、洪鏡堂等發起詩會，一時之間，引起鄰區風尚，多士入會共同詠詩以為樂，於大嵙崁街舊昭忠祠新設詩會一所，並築風咏亭於田心仔庄為聚會之所，每星期聚會即題賦詠。〔註11〕

　　由詩會的發起人觀之，呂鷹揚、王式璋、廖希珍、江健臣、黃玉麟等均是大溪當時有名的仕紳，其中呂鷹揚於明治三十年（1897），慨然關閉家塾，創設「台北國傳習所大嵙崁分教場」，為「大嵙崁公學校」之校舍建築委員之一，並於明治四十一年（1908）與王式璋、黃石添、呂建邦、黃玉麟、江健臣等出資開墾阿姆坪以為大嵙崁公學之學田基金，足見其推動大溪基礎教育不遺餘力，世人稱為「大溪六君子」，而身為大嵙崁支廳參事的他也為崁津支廳全部警吏溫習臺語，〔註12〕足見呂鷹揚在地方上的影響力，也因他本身儒學豐厚，使得當時駐崁公醫木村武次郎與其興趣相投，繼而影響在地其他鄉紳。

　　其中影響所及，當時大溪實業家簡阿牛，於明治四十三年（1911）年出資贊助詩會，並參與是年之桃園吟社大會，〔註13〕由簡氏之加入，已知當時大溪之社群組織已透過詩會，形成一連結網絡，使得大溪當時著名仕紳透過詩會的聯繫，進而在教育、宗教團體、社會慈善事業、商業投資等形成共同連結，如大溪輕便鐵的設立、開採煤礦、金礦、成立社頭等，均與這群仕紳

〔註11〕　請參見附錄二：與大溪詩會相關之日日新報報刊資料。
〔註12〕　不著撰者，〈崁津短札／吏習臺語〉，《臺灣日日新報》第6版，臺北：臺灣日日新報，1908年10月29日。
〔註13〕　不著撰者，〈桃園近事／吟社大會〉，《臺灣日日新報》第2版，臺北：臺灣日日新報，1911年8月30日；3版，1911年10月19日。

相關，有關仕紳之論述詳見下文分曉。

二、大溪的產業與行業促使大溪社頭成立

　　日治時期大溪社頭的組成成員與大溪產業的從業人員有著密不可分的關係，這也是大溪社頭職業別分明的原因，而其中影響最深的產業莫過於農業、茶業、木器業、商業及礦業，以下筆者分別介紹這些產業與大溪社頭之關連。

（一）大溪的農業

　　日據大溪郡，包括角板、大溪、龍潭三個地區，山多平原少，大溪街接鄰山區，山丘連綿高山峻嶺，土質屬於貧瘠赭土層，加以靠山區傾斜地甚多，水利施設不甚利便，不宜種稻，耕地面積中水田佔百分之四十八，農民佔了百分之三十三點七，月眉、中庄尚屬於一等良田，收成良好，除此之外其餘不甚理想，為彌補短缺收入，另外種植蔬菜、飼養家畜（豬、牛）、家禽（雞、鴨），而靠山區的農民，利用農閒期間，出外工作或兼作礦工，半農半礦維持生計。〔註 14〕而這種半農半礦之方式，在大溪社頭的組成人員中，亦佔多數，如三層的福安社、樂豳社，內柵的仁安社等，其從業人員均是以務農為主，有些兼作礦工，有關礦工部分請見下文分曉。

（二）大溪的茶業

　　日治時期，在大溪東南方丘陵區的水流東，有現代化的製茶工廠，出產的日東紅茶由日本三井株式會社經銷歐美各國，非常有名，烏塗窟地區則私人製茶廠林立，生產管銷的綠茶、包種、烏龍茶。〔註 15〕由此可知，烏塗窟早期之經濟主力為茶業，故烏塗窟之同義社與永安社之成員，大部分早期均曾從事與茶業相關之行業，直至烏塗窟礦脈出頭，部份成員亦兼作與礦業相關之行業。

（三）大溪的木器業

　　大溪木器業的展開，先決條件是原料，大溪因臨大嵙崁溪，上游的林業資源豐富，大雨過後常有「水流木」垂手可得，因此大溪地區木器業相較於其他地方更有發展的潛力。

〔註 14〕劉慶茂，《崁津五十一》（著者未出版，2001 年），頁 111。
〔註 15〕毛玉華，《大溪的產業與變遷》，國立暨南大學歷史研究所碩士論文，2001年，頁 67。

根據過去田野資料，大溪木器業的源起和林本源家族有關，道光四年（西元 1824 年）林家在大溪街區興築「通議第」，當時林家由唐山聘請許多大木、小木、泥水匠、石匠及家具師父，建築完成後，部份匠師留在大溪開業授徒。〔註16〕光緒十八至二十三年間（西元 1892〜1897 年）大溪生產的家具已銷售至基隆、台北等大城市〔註17〕。清末至日治初期，隨著日本政府開墾的腳步，山區裡的珍貴木材逐步被開發與利用，此時製材與木製品工業也持續的繁榮。〔註18〕

目前大溪地區可考的木器業始祖是陳朝枝，人稱「朝枝司」，泉州惠安人，光緒十四年（西元 1888 年）渡海來臺，開設木器行，後李阿番（烏番師）、林發及林承養等人慕名拜師學藝，皆是大溪知名木器師。日治明治末期或大正初期陳清楚「楚司」（與陳朝枝爲堂兄弟）與及陳烏碖「烏碖司」（楚司之子）來臺，其成立的「泉盛家具製造工場」在西元 1934 年登記有男工 5 人，隔年倍增爲 10 人，可見生意興隆〔註19〕，也可嗅出木器業當時已有明顯的成長。日治後期，大溪下街已有約 20 家製造木器家具的店家，其中阿文司、阿貴司、阿梨司、瑞興司以及阿維司等五位師傅，最爲大家所熟識〔註20〕，昭和年間製造的木器先師魯班出巡神轎，其上細膩的雕工，反映出是時匠師們精湛的手藝〔註21〕。而陳朝枝亦是同人社神轎捐金者及承製者（請見下文同人社介紹）。

與木器業相關之社頭爲協義社，是日治時期由李阿番爲聯絡訓練木器業的弟子而設立的。〔註22〕而由協義社另分出以泥水師爲主要成員之慶義社。

〔註16〕 林世山，〈大溪木器家具的過去、現在與未來〉，《木工家具雜誌》第 172 期，1998（11），頁 88。毛玉華，《大溪的產業與變遷》，國立暨南大學歷史研究所碩士論文，2001 年，頁 84。

〔註17〕 毛玉華，《大溪的產業與變遷》，國立暨南大學歷史研究所碩士論文，2001 年，頁 85。

〔註18〕 賴明珠，〈原型與變異——試論戰前大溪木器產業的源起與開展〉，《民俗曲藝》第 152 期，2006（6），頁 22。

〔註19〕 賴明珠，〈原型與變異——試論戰前大溪木器產業的源起與開展〉，《民俗曲藝》第 152 期，2006（6），頁 24〜25。

〔註20〕 吳振漢，《大溪鎮誌人物文化篇》（桃園：桃縣大溪鎮公所，2003 年），頁 116。

〔註21〕 黃淑芬，《2001 大溪文化節「神恩‧豆香‧木器馨」〜深度報導系列〜》（桃園：大溪鎮歷史街坊再造協會，2001 年），頁 183。

〔註22〕 黃淑芬，《2001 大溪文化節「神恩‧豆香‧木器馨」〜深度報導系列〜》（桃

（四）大溪的商業

清末因樟腦、茶的生產及礦產的開發，加上淡水河開港所帶來的交通利益，使得大溪在清末至日治初期爲商業繁榮的時期。這段屬於大溪的黃金時代，曾有外國商行進駐，酒樓茶館林立，使得大溪盛極一時。但經過黃金繁華，自大正初年，世界景氣低潮，日商霸權，外商紛紛撤離大溪，山產漸竭，河水淤積，大溪如曇花，一落千丈，走向沒落成山間僻鄉的古鎮老街。日據中期後，市容漸移上街（今中央路）經營傳統小生意，昔時商行酒樓如雲煙過眼，留下不盡懷思，街上商家以街民日常必需品爲買賣交易。商家如：碾米廠兼米店、中藥街兼中醫、雜貨店、吳服屋（布店）、百貨店、豆腐店、五金行、棺木店、木器店、香燭店、金飾店、打鐵店、打石店、作餅店、寫眞屋（照像館）、料理屋、旅館……等等。〔註23〕而此時街區之生意人，於日治時期組成有「生意社」之稱的興安社。

（五）大溪的礦業

煤礦業在大溪是長期維持生產，產值最大，從業人員最多的產業。〔註24〕經營者均是當時大溪有名紳商及日人。

1、礦業保護神

因大溪煤礦業的興起，正好銜接樟腦業的衰退，大量的腦丁在大溪實業家，如簡阿牛的帶領下轉往礦業發展，有一部份的失業腦丁更遠赴金瓜石採金礦，除獲致巨富外，亦習得金瓜石礦區之信仰習慣，而當時金瓜石礦工之信仰普遍以土地神、關聖帝君與媽祖爲主，〔註25〕而大溪此時亦是普濟堂由鸞堂變成公廟之時期，關聖帝君又稱武財神，礦主得以借由扶鸞降筆求問礦脈或請關聖帝君點坑，以挖得礦脈致富，故大溪礦業從業人員普遍以關聖帝君爲其保護神，一方面祈求財運，一方面也祈求生命安全。也因礦業是經

〔註23〕劉慶茂，《崁津五十一》（著者未出版，2001年），頁214。
〔註24〕詹德筠，《大溪煤礦誌》（桃園縣大溪鎮：詹德筠，1997年），自序。
〔註25〕莊珮柔，《日治時期礦業發展與地方社會——以瑞芳地區爲例（1895～1945）》，國立中央大學歷史研究所碩論，2000年，頁152～163。瑞芳地區礦工之保護神有尪公、保義大夫、清水祖師、土地公（神）、關聖帝君及媽祖，且多數信奉土地神、關聖帝君及媽祖，其中礦工彼此認爲「黃金是土地公錢」，其中說明財富來自土地，人的生命也來自土地，拜土地神之目的在於求財、求平安。而關聖帝君之神格又高於土地神，且有武財神之稱，媽祖則爲基隆地區普遍之地方神。

濟投資上的高風險行業，投下資本不是獲得巨利，就是血本無歸，故礦主掘得新礦脈後，投資得以獲利，獲利後理當感謝關聖帝君之保祐，爲了表達對關聖帝君之感謝，最好的酬神方式就是在關聖帝君聖誕時組社頭以出陣娛神，因此，日治時期之普濟堂值年爐主，不乏煤礦經營致富者，故於聖誕慶典時無不傾盡全力盛大辦理，《臺灣日日新報》曾報導力倡迎神的值年爐主有簡阿牛及江健臣〔註 26〕，此兩位爲大溪早期經營煤礦之前輩，簡阿牛在大溪共取得十二礦區，〔註 27〕早期更赴九份投資金礦致富〔註 28〕；而江健臣先生曾任大正礦業株式會社之副社長，在桃園兔子坑投資礦產，均是早期礦產的投資者。

　　而除了投下巨資的礦主，其從業人員礦工更是組成大溪社頭之主要人員，採礦在當時實屬危險行業之一，因挖礦爲勞力密集產業，從採煤掘進、搬運、洗煤等，均需依靠人工操作，〔註 29〕一但入了礦坑，生死只由天，其工安問題關係著生命安全，每次入坑採礦均需擔心是否會有礦災發生，故在生命安全有虞之時，信仰是安定心神的依靠，因此信仰在礦區極盛，其中以關帝信仰最爲普遍，因關帝身材魁壯，文武兼備，沙場征戰無數，代表著開疆拓土，能爲礦業闢得好礦脈而帶來財富，加上其義薄雲天形象，爲江湖義氣的典範，因此勞力階層之從業人員多以信奉關帝，以求驅邪避惡，保祐平安以致富，因此可見當時關帝可說是大溪地區礦工的保護神，這也說明了爲什麼大溪礦工從業人員會組社頭參與關聖帝君遶境，據筆者計，大溪地區至少有六個社頭之組成人員與礦業有關，故筆者認爲礦脈之發現，不但爲大溪地區帶來了財源，也因其屬高風險行業，故促成關帝信仰之凝聚，使得大溪之社頭得以在礦業最發達的時期，蓬勃發展。

　　2、礦主在社頭的地位
　　礦主角色在大溪某些社頭中，等同於社頭頭人角色，因礦業投資風險很大，除金錢損失外，礦區工人可能亦會遭遇礦災而喪命，故爲安定心神，此

〔註 26〕　不著撰者，〈崁津迎神預報〉，《臺灣日日新報》第 6 版，臺北：臺灣日日新報，
　　　　1916 年 7 月 14 日；不著撰者，〈崁津迎神〉，《臺灣日日新報》第 6 版，臺北：
　　　　臺灣日日新報，1918 年 7 月 27 日；不著撰者，〈大溪迎神先聲〉，《臺灣日日新
　　　　報》第 4 版，臺北：臺灣日日新報，1926 年 7 月 14 日。其內文請見附錄一。
〔註 27〕　詹德筠，《大溪煤礦誌》（桃園縣大溪鎮：詹德筠，1997 年），頁 109。
〔註 28〕　詹德筠，《大溪煤礦誌》（桃園縣大溪鎮：詹德筠，1997 年），頁 113。
〔註 29〕　詹德筠，《大溪煤礦誌》（桃園縣大溪鎮：詹德筠，1997 年），頁 211。

時信仰之存在是必要的，而當礦主投資獲利時，必會對其信仰之神明有所回饋，除酬神外，亦有財力寄附社頭出陣時之文物，如神轎、彩牌、鼓架等，而成為社頭中之頭人角色，如同人社神轎即由礦主及礦工出資捐造，不足款項部分由礦主黃丙南家族負責（又稱為攬尾），而大溪礦業如前文所言，是從業人員最多的行業，大溪社頭中除同人社礦業色彩濃厚外，三層之新勝社有烏嘴尖礦主的財力支持，三層樂團社的背後支持者即是頭寮林家，林家亦有參與礦業。

3、半農半礦的社頭成員屬性

大溪早期之產業以農業為主，開墾之初以稻作為主，後因茶市好況，轉以植茶為業，後又因國際對樟腦的需求，故又往內山伐木熬腦，故其職業型態是隨時代趨勢而轉變，當茶、樟腦市場需求不再，且礦脈出頭，這時大溪人紛紛轉以礦業為生，而在大溪墾地較少之宗族，早期即以作工唯生，如簡阿牛，早期即是在腦寮工作，後受日本招撫而以腦業致富，當腦業需求不再時，即又轉而投資礦業，很多大溪的腦工亦紛紛轉以礦業為生，甚或跟隨礦主至他地採礦，同人社的成員屬性即是如此。

且當時礦工工資較高，工資約普通工資的 1.2～1.5 倍，因工時集中，故礦工們多以半農半礦之生活形態為主，並於閒暇時相聚習練樂器，故大溪以礦業為主之地區，如三層福安新勝社及樂團社部份社員即是礦業的從業人員，內柵地區因近新溪洲礦區，故亦有仁安社之部份社員從事礦業，另大溪街區之共義團亦是。

4、因礦業消弭漳、泉分際

烏塗窟同義社，早期亦是這些亦農亦礦的居民於閒暇時相聚習練樂器，之後才組成同義社。而以泉人為主之同義社，會參與普濟堂遶境會，實與礦業開發有關，因當時有多位大溪商紳到烏塗窟投資礦區，如呂銘新於烏塗窟取得礦第 1131 號礦區，且呂銘新為鸞堂之副堂主；陳乾於大正八年（1919）取得阿厓坑、金瓜坑礦第 1793 號、礦第 2179 號礦區；〔註30〕另有林土韮、黃石添、王有禮、林崇德、李傳福、賴登維等〔註31〕多位大溪商紳參與烏塗窟礦場之開發，而黃石添與同人社發起人黃宗求有親屬關係，同是大溪富豪黃丙南之後。大溪與烏塗窟因礦業的往來，使得烏塗窟之礦工亦受大溪礦主

〔註30〕　詹德筠，《大溪煤礦誌》（桃園縣大溪鎮：詹德筠，1997 年），頁 107。
〔註31〕　詹德筠，《大溪煤礦誌》（桃園縣大溪鎮：詹德筠，1997 年），頁 94～95。

的影響，亦奉祀關聖帝君，因而成立社頭參與普濟堂之遶境。

　　除了上述五種行業別外，另外尚有以泥水匠為主之慶義社，慶義社為協義社之昆仲社；另有以大溪郡役所之公職人員為主的慶安社。足見大溪之社頭於日治時期有著明顯的行業別，而這些行業別分別隸屬於不同產業，因此可推知實是產業造就了大溪社頭之組成，關於大溪地區日治時期成立社頭人員與行業關係，筆者試以表列說明，如表 3-2：

表 3-2　大溪地區日治時期成立社頭人員與行業關係表

編號	社頭名稱	行　業　名　稱					
		礦　業	農　業	茶　業	木器業	商　業	其　他
1	同人社	●					
2	共義團	●			●		輕便車夫
3	樂安社				●		朋友網絡
4	興安社					●	
5	大有社					●	
6	協義社				●		
7	慶義社						街役人員
8	慶安社						泥水匠
9	仁安社	●	●		●		
10	新勝社	●			●		
11	福安社		●				
12	農作團		●				
13	永安社			●			
14	同義社	●	●	●			
15	樂豳社	●	●				

資料來源：徐亞湘主持，《大溪鎮參與廟宇慶典活動之社頭調查計畫報告書》，大嵙崁文化促進會，1985 年。黃淑芬，《2001 大溪文化節「神恩·豆香·木器馨」～深度報導系列～》，桃園：大溪鎮歷史街坊再造協會，2001 年。筆者田調所得。

　　由上表可知，大溪社頭之成員以農業、礦業及木器業最多，此現象亦反應大溪在日治時期的產業從業人員以農業、礦業及木器業為主，依農業而

言：大溪爲一山城，靠山而活，來此入墾之先民即是看上這片潛力無窮之土
地；依礦業而言：礦業帶來了工作機會，帶來了經濟，有錢的商紳開發礦
區，沒錢的居民亦可從事與煤礦相關之工作，而礦產也造就不少大溪商紳，
這些商紳正是社頭成立的背後推手；依木器業而言：大溪之神桌家具可揚名
全台，實是先天條件造就，因鄰角板山，有豐富的林木資源，及大漢溪水利
之便，加上木作師傅的技術傳承，使得大溪得以木器聞名。而筆者覺得除了
產業帶動仕紳致富，仕紳推動社頭成立，其最大主因源自「信仰」的力量，
請見下節說明。

三、大溪仕紳的興起與對社頭的推動

　　大溪仕紳在日治時期對於大溪的影響力甚深，其中在社頭的發展上亦不
容小覷，而這群仕紳之間更存在著一種互助互利的關係，無論在教育事業、
社會事業、經濟事業、宗教事業上都有聯繫。以下筆者以大溪六君子及其他
有關仕紳分別介紹他們對大溪與大溪社頭的貢獻。

（一）大溪六君子

　　明治三十八年（1901），總督府公佈土地政策，要將阿姆坪一帶（八結水
流東）的土地給予財閥三井株式會社，引起地方仕紳公憤，推派呂建邦爲代
表向總督表達抗議，認爲此地乃先民冒生命危險，撫番拓墾而成的良田，豈
能由三井株式會社坐享其成，力主地應歸民所有，幾經折衝商討，至明治四
十一年（1904），總督府始勉強同意釋出部份土地給地方，其他肥沃土地悉予
三井株式會社。於是呂建邦、江健臣、呂鷹揚、王式璋、黃石添（有一說爲
其父黃丙南）、黃玉麟六人組成「學田學務委員會」，出私財或借巨款，招佃
開墾，歷數年而成功，但功成不居，六人悉將所得捐予學校成爲學田校產，
每年學田收益充當學校部份經費，另救濟貧寒學子升學，培養無數的人才，
〔註32〕而此六人義舉深爲大溪人感佩，而有「大溪六君子」之稱。

1、呂建邦（1856～1948）

　　字子振，外號娘來，福建漳州人，生於清咸豐六年（1856），卒於民國三
十七年（1948）。爲李騰芳外甥，光緒十四年（1888）被推選爲大料崁總理，
對街庄事務甚爲積極，光緒二十一年（1895）日人領台，呂建邦擔任抗日義

〔註32〕盧秀華，《大溪鎮志人物文化篇》（桃園：桃縣大溪鎮公所，2003 年），頁 31
　　　　～32。

軍副統領參與抗日，後召撫有功，在大溪擔任公職數十年，熱愛教育，明治三十二年（1899）受佩紳章，明治四十一年（1908）與王式璋、黃玉麟、江健臣等人各出資本，開墾阿姆坪，做爲大料崁公學校基本財產。而其與呂鷹揚、簡阿牛等人更是商業上的投資伙伴，於大正五年（1916）合資開採金瓜石之金礦，稍後更與呂鷹揚、簡阿牛、王式璋等人成立「大有社」參與普濟堂遶境，〔註 33〕大正七年（1918）任大正礦業株式會社副董事長（見表3-3）。

表 3-3　日治時期大溪地區仕紳政商相關事件年代表

時　　間	事　　　　件
明治 21 年（1888）	呂建邦被舉爲大料崁總理
清光緒 20 年（1894）	廖希珍任南雅廳派員于新南街開設保甲總局董事。
清光緒 21 年（1895）	呂建邦爲抗日義軍之副統領
明治 30 年（1897）	呂建邦任三角湧辦務署第 13 區街庄長。 呂建邦加入紅十字會。 江健臣任大料崁公學校教師。 呂鷹揚創設「台北國語傳習所大料崁分教場」（1898 改稱大料崁公學校）。 呂鷹揚受佩紳章。
明治 31 年（1898）	廖希珍任大料崁公學校教師（～1903）。 王式璋任大料崁公學校「學務委員會」委員。
明治 32 年（1899）	呂建邦受佩紳章。 王式璋擔任三角湧辦務署參事。
明治 33 年（1900）	廖希珍受佩紳章。 王式璋受佩紳章。
明治 34 年（1901）	王式璋任桃園廳參事。
明治 37 年（1904）	江健臣任三層區長。 呂鷹揚通輕便鐵道於大溪至桃園，並集資設立「桃園輕便軌道公司」。
明治 38 年（1905）	廖希珍再任大料崁公學校教職（～1916）。 呂鷹揚、王式璋、廖希珍、江建臣、洪子欣、黃玉麟、洪鏡堂等十餘名於大料崁街新設詩會一所（崁津詩會）。
明治 39 年（1906）	簡阿牛任三井物產會社腦長。

〔註 33〕黃偉雯，《大溪鎮誌人物篇》（桃園：桃縣大溪鎮公所，2003 年），頁 285。

明治 40 年（1907）	江健臣受頒紳章。 呂鷹揚爲木村氏開餞行詩會。
明治 41 年（1908）	呂鷹揚、王式璋、黃石添、呂建邦、黃玉麟、江健臣等各出資本，開墾阿姆坪，以爲將來大料崁公學校基本財產。 呂建邦任桃園廳農會大料崁分區會長。 江健臣任員樹林區長。 江健臣任桃園廳農會三層分區會長。 黃玉麟任三層區長。
明治 42 年（1909）	江健臣被舉爲桃園農會員樹林支會長。
明治 43 年（1910）	呂建邦任大料崁區區長。 簡阿牛台灣總督府受佩紳章。 黃玉麟任三層區區長。
明治 44 年（1911）	呂鷹揚、黃玉麟、簡阿牛參與桃園吟社大會。
大正元年（1912）	簡阿牛設立台灣興業信託株式會社（任常務董事）。 簡阿牛設立台灣鑄造株式會社（任董事長）。 黃玉麟任員樹林區區長。
大正 3 年（1914）	江健臣任桃園輕便鐵道公司監事（連任 1～6 屆監事）。 簡阿牛任桃崁輕便鐵道公司董事長。 黃石添任桃崁輕便鐵道公司監事。 王式璋任桃園輕便鐵道公司監事。 呂鷹揚任桃園輕便鐵道公司董事。
大正 4 年（1915）	呂建邦受命兼任三層區長。 呂建邦獲頒共御大禮紀念章。 簡阿牛投資株式會社新高銀行（任監事）。 王式璋開始經營大溪煤礦事業（～1920，將經營權交給簡阿牛）。 黃玉麟受佩紳章。
大正 5 年（1916）	簡阿牛開始投資大溪煤田。 簡阿牛投資台灣寶林合資會社（任代表社員）。 簡阿牛投資台灣電氣工業株式會社（任監事）。 呂鷹揚與簡阿牛、呂建邦等人合資開採金瓜石之金礦。 呂鷹揚、簡阿牛、呂建邦、王式璋等人成立「大有社」。
大正 6 年（1917）	江健臣參與東亞興業株式會社（監查役）。 簡阿牛設立東亞興業株式會社（任董事長）。 黃石添、黃希隆、黃玉麟發起興建黃氏家廟。 黃石添參與東亞興業株式會社（任董事）。 王式璋任桃園輕便鐵道公司董事（2～4 屆）。 王式璋任東亞興業株式會社董事。 呂鷹揚任東亞興業株式會社董事。
大正 7 年（1918）	呂建邦曾任大正礦業株式會社副董事長（約大正 7～9 年間）。 江健臣任大正礦業株式會社副董事長。 簡阿牛投資台灣拓殖製茶株式會社（任監事）。 王式璋任大正礦業株式會社董事長。

大正 8 年（1919）	江健臣創辦東瀛物產信託株式會社（任董事長）。 簡阿牛設立台灣林產工業株式會社（任董事長）。 簡阿牛投資台灣製腦株式會社（任監事）。 簡阿牛投資台華興產信託株式會社（任副董事長）。 簡阿牛設立台灣輪業株式會社（任董事長）。 簡阿牛投資高砂興業製糖株式會社（任董事）。 簡阿牛任大正興產株式會社董事。 黃石添任東瀛物產信託株式會社董事。 呂鷹揚任東瀛物產信託株式會社董事。
大正 9 年（1920）	江健臣出任大溪街長（1920～1934）。 江健臣任職台灣農林株式會社（副董事及董事）。 簡阿牛任新竹州協議會員。 簡阿牛投資南洋倉庫株式會社（任監事）。 簡阿牛投資匯豐興業株式會社（任董事）。 簡阿牛設立阿緱製糖株式會社（任董事長）。 簡阿牛投資台灣合同電氣株式會社（任董事）。 黃石添投資匯豐興業株式會社（監事）。 黃石添投資台灣農林株式會社（董事）。 呂鷹揚出任新竹州參事。 黃玉麟被選為首任助役（公所祕書）。
大正 11 年（1922）	呂建邦任大溪街協議會員（1922～昭和 5 年 1930）。
大正 12 年（1923）	簡阿牛授勳日本宮內省勳六等榮銜。 呂鷹揚獲頒教育勳章。
昭和 3 年（1928）	呂建邦再獲頒共御大禮紀念章。

資料來源：黃偉雯，《大溪鎮志人物文化篇》，桃園：桃縣大溪鎮公所，2003 年，頁 235～304。

　　此外，建邦自公職退休後仍為大溪地方貢獻心力，替民眾排難解紛，造橋鋪路，興修廟宇，熱心公益，故得到「魯仲連」之稱號，人稱「總理伯仔」。〔註 34〕而其對於大溪廟宇之興修更是熱心，曾參與福仁宮於光緒十九年（1893）、明治三十二年（1899）、大正十四年（1925）的三次整修，除為廟宇整修主事者一，並曾出任福仁宮管理人，明治三十七年（1904）又和鍾會雲、邱玉來等發起重修蓮座山觀音寺，明治三十九年（1906）則與簡送德、簡火炎等重修仁安宮；〔註 35〕明治四十年（1907）與呂鷹揚、江次全、江健

〔註 34〕黃偉雯，《大溪鎮誌人物篇》（桃園：桃縣大溪鎮公所，2003 年），頁 240～241。

〔註 35〕陳建宏，《公廟與地方社會——以大溪鎮普濟堂為例（1902～2001）》，國立中央大學歷史研究所碩士論文，2004 年，頁 117。

臣、黃希隆、鍾會南發起與興建普濟堂，爲建廟後第一任經理人。〔註36〕大
正五年（1916）與黃春來、周春魁、黃國柱、顏致雨、黃清流等人同心協力
籌建烏塗窟龍山寺；〔註37〕昭和二年（1927）召集曾阿才、林源炎等集資鳩
工，翻修改建三層媽祖廟，並定名爲「福安宮」。〔註38〕由此可知，建邦爲日
治時期涉足政、商事業外，另對宗教事業更是出力不少。

2、江健臣（1872～1937）

字左乾，派名序坤，大溪月眉人，原籍福建漳州，生於清同治十一年
（1872），卒於昭和十二年（1937），亦屬「江有源」家族一員，天資篤實，
精通漢學，曾設帳授徒，任學堂講師，後入大嵙崁公學校任教師，明治三十
七年（1904）被舉爲三層區區長，自此，其事業版圖擴張至政商界，從事於
區政及產業的開發，明治四十年（1907）受頒紳章；於明治四十一年（1908）
任員樹林區長，並與呂鷹揚、王式璋等人出資開墾阿姆坪，以爲大嵙崁公學
校基本財產，其熱心教育爲後人所傳頌；明治四十二年（1909）被舉爲桃園
農會員樹林支會長；大正三年（1914）任桃園輕便鐵道公司監事，並連任 1
～6 屆監事；大正六年（1917）與簡阿牛、黃石添、王式璋、呂鷹揚等投資東
亞興業株式會社；大正七年（1918）更與呂建邦、王式璋等投資大正礦業株
式會社；大正八年（1919）再與黃石添、呂鷹揚投資東瀛物產信託株式會社，
其共同參與投資情形請見表 3-3；大正九年（1920）任大溪街長，另向有倡建
大溪吊橋，設立自來水廠，創溪西公學校，修建粟子園道路，對地方建樹頗
多。〔註39〕由以上其商業投資合作者而言，江健臣與當時仕紳在教育、交通、
經濟等多方面，均有合作關係，而其在宗教事業之經營爲明治四十年（1907）
與呂鷹揚、江次全、呂建邦、黃希隆、鍾會南發起與興建普濟堂，爲建廟後
第一任經理人。大正四年（1915）與黃近水共同發起重修齋明堂（齋明寺），
也擔任過瑞元宮的管理人，〔註40〕並發起全大溪江姓族人集資購地，興建江

〔註36〕 黃淑芬，《2001 大溪文化節「神恩・豆香・木器馨」～深度報導系列～》（桃
園：大溪鎮歷史街坊再造協會，2001 年），頁 18。

〔註37〕 謝維修，《龍山翠微──大溪鎮龍山寺沿革誌》（財團法人臺灣省桃園縣大溪
鎮龍山寺，2005 年），頁 12。

〔註38〕 不著撰者，《三層福安宮》（三層福安宮管理委員會，2010 年），無頁碼。

〔註39〕 黃偉雯，《大溪鎮誌人物篇》（桃園：大溪鎮公所，2003 年），頁 244～245。
陳建宏，〈寺廟與地方菁英──以大溪普濟堂的興起爲例（1902～1908）〉，《兩
岸發展史研究》第 1 期，2006（8），頁 239～245。

〔註40〕 不著撰者，《桃園縣大溪鎮寺廟臺帳》，中央研究院民族學研究所藏，無頁碼。

氏祖廟濟陽堂，以增強宗族的凝聚力與向心力。〔註41〕

3、王式璋（1862～1923）

　　福建漳州人，生於清同治元年（1862），卒於大正十二年（1923），享年61 歲。清末時式璋曾擔任撫墾局翻譯工作，前後七年，名震山地。明治三十一年（1898），出任大嵙崁公學校「學務委員會」委員；明治三十二年（1899）擔任三角湧辦務署參事；明治三十三年（1900）受佩紳章；明治三十四年（1901）任桃園廳參事，明治四十一年（1908）與呂建邦、江健臣等出資開墾阿姆坪，以爲大嵙崁公學校基本財產；大正三年（1914）與江健臣、簡阿牛、呂鷹揚、黃石添等投資輕便鐵道事業；大正四年（1915）開始投資大溪煤礦事業，並於大正九年（1920）將經營權交給簡阿牛……，其共同參與之經濟事業請參見表 3-3，〔註42〕由其經歷可知，式璋本爲文職人員，後與仕紳們共同爲教育事業盡心力，之後更與這群仕紳共同投資礦業等，成爲大溪有名商紳，不難想見的是，當這群仕紳倡議組社頭參與繞境，其應義不容辭加入此盛會。

4、呂鷹揚（1866～1924）

　　號希姜，福建漳州人，生於清同治五年（1866），卒於大正十三年（1924），鷹揚自其祖父一輩渡海來台，以農致富，清光緒十九年（1893）考中秀才，旋補廩膳生，之後設筵授徒，專心教育，並於大嵙崁公學校擔任漢學教師，明治三十年（1897）臺北縣國語傳習所分教場（大嵙崁公學校前身）方創設於大嵙崁，呂鷹揚便關閉家塾，令子弟皆入學分教場，自己也出任分教場教師，並擔任校舍建築委員，同年並出任三角湧辦務署參事，並佩授紳章；三十二年（1899）則暫代呂建邦出任大嵙崁區長，卸任區長後，又出任大嵙崁辦務署參事，桃園廳參事等職。〔註 43〕對於大溪事務熱心參與，明治三十八年（1905）與崁地紳士共同設立詩會，留下不少優美詩作；

　　　　陳建宏，《公廟與地方社會──以大溪鎮普濟堂爲例（1902～2001）》，國立中央大學歷史研究所碩士論文，2004 年，頁 119。

〔註41〕陳建宏，《公廟與地方社會──以大溪鎮普濟堂爲例（1902～2001）》，國立中央大學歷史研究所碩士論文，2004 年，頁 119。

〔註42〕黃偉雯，《大溪鎮志人物文化篇》（桃園：桃縣大溪鎮公所，2003 年），頁 284～285。

〔註43〕陳建宏，《公廟與地方社會──以大溪鎮普濟堂爲例（1902～2001）》，國立中央大學歷史研究所碩士論文，2004 年，頁 121～122。

〔註 44〕明治四十年參與普濟堂興建；明治四十一年（1908）邀大溪富紳數名（呂建邦、江健臣、王式璋等人）以私財開墾阿姆坪 60 餘甲，捐獻大料崁公學校作基金。〔註 45〕經營學田有成，明治四十三年（1910）因校田好況崁津阿姆坪學校田，因晚季大獲豐收，莊民酬神演戲，以答神庥。〔註 46〕

　　而鷹揚雖是一位歷經舊式科場洗禮的文秀才，但在改朝換代的時勢下，頗能順應潮流，懂得變通，進而廣結地方仕紳、開拓偏遠山田、集資建輕便鐵道以達桃園、投資外地金礦的開採等，累積豐碩的事業成果（見表 3-3）。〔註 47〕

5、黃玉麟（1879～1922）

　　福建漳州人，生於清光緒五年（1879），卒於大正十一年（1922），父祖初以力耕致富，黃家為書香門第，及長，歷任保正及保甲聯合長等職，恪勤恪勵，克盡職責，又熱心於教育，參與阿姆坪開墾，於大正四年（1915）年受佩紳章。〔註 48〕而黃玉麟亦曾參與大溪詩會，與當地仕紳關係密切，並與黃希隆、黃石添等人倡建黃氏家廟。

6、黃石添（1884～1933）

　　號鼎臣，福建漳州人，生於清光緒九年（1884），卒於昭和八年（1933），石添為大溪富豪黃丙南之第三子，對於地方事業十分熱心參與，因其父親之故（因其父曾與簡阿牛一同赴金瓜石採金），其與簡阿牛是投資事業上的伙伴，曾合資經營九份金礦、東亞興業炭礦、和盛組酒保（福利社）等事業，並創辦萬基公司開發山地，供給開發發山地物資，此外，另涉獵桃園輕便軌道與木材樟腦等；與呂鷹揚是教育事業上的伙伴，出資開墾阿姆坪以為大料崁公學校基金；於宗族的貢獻為與黃玉麟、黃希隆等人發起興建黃氏家廟。

〔註 44〕不著撰者，〈詩社新設〉，《臺灣日日新報》第 5 版，臺北：臺灣日日新報，1905年 10 月 1 日。

〔註 45〕不著撰者，〈學校基本財產開墾之狀況〉，《臺灣日日新報》第 4 版，臺北：臺灣日日新報，1908 年 2 月 26 日。

〔註 46〕不著撰者，〈崁津近事〉，《臺灣日日新報》第 3 版，臺北：臺灣日日新報，1910年 12 月 9 日。

〔註 47〕黃偉雯，《大溪鎮誌人物文化篇》（桃園：桃縣大溪鎮公所，2003 年），頁 285～287。

〔註 48〕黃偉雯，《大溪鎮誌人物文化篇》（桃園：桃縣大溪鎮公所，2003 年），頁 286～287。

　　此六君子中呂應揚、江健臣、黃玉麟、王式璋曾參與大溪詩社，其中呂鷹揚、江健臣二人日後更為普濟堂建廟後之第一任經理人，其中關連，筆者認為這是中華文化儒學之延續，因普濟堂原為鸞堂，以上仕紳不乏前清秀才或私塾教師，日治時期鸞堂即透過扶鸞降筆以宣揚儒學，在鸞堂轉型之期，他們接手漢文化之傳承，而這些仕紳透過詩會參與、廟宇興修等社會事業的參與，不但加強了彼此間的互動關係，增加人脈及投資管道，更可提高自己的社會地位。

（二）簡阿牛（1881～1923）

　　祖籍福建漳州人，家居大溪內柵。生於清光緒六年（1881），卒於大正十二年（1923），享年 42 歲。阿牛通曉泰雅族的語言及日語，曾涉足樟腦、製茶、製糖及輕便鐵道等事業，並於三井物產會社，擔任腦長一職，主管萬基公司的腦業，成為樟腦界的重要人物，另因阿牛亦跨足九份的挖礦工作，所以間接地介紹許多大溪當地人去九份工作，增加大溪許多的工作機會，日人稱他為「本島實業界唯一之霸者」。〔註49〕也因簡阿牛跨足九份的挖礦工作，結識了當時有名礦主顏雲年、顏國年兄弟，並與其在互競互合下共同投資金礦業及金融業、信託業等，顏雲年是個喜歡從事社會事業、捐獻廟宇及風雅吟詩之人，〔註50〕簡阿牛定當受其影響，亦參與大溪地區之社會事業，大溪詩社，並為普濟堂爐主，藉此以提高自己的社經地位。

　　而其事業的伙伴另有江健臣、黃丙南、黃石添、王式璋、呂鷹揚等，從腦業、礦業、輕便鐵設立、到信託事業到成立社頭等，簡阿牛與這幾位仕紳的關係密不可分（如表 3-3），其中對於大溪社頭的成立，據大正五年《臺灣日日新報》之報導，簡阿牛先生為當年普濟堂值年爐主，對於普濟堂遶境亦大力推動〔註51〕，而據田調資料得知，阿牛先生與呂鷹揚、呂建邦、王式璋等曾參與當時號稱為「有錢人社」的大有社〔註52〕。

〔註49〕黃偉雯，《大溪鎮誌人物篇》（桃園：桃縣大溪鎮公所，2003 年），頁 260～262。富永君，《大溪誌》（大溪郡役所，1944 年），頁 140～141。

〔註50〕莊珮柔，《日治時期礦業發展與地方社會──以瑞芳地區為例（1895～1945）》，國立中央大學歷史研究所碩士論文，2000 年，頁 115。

〔註51〕不著撰者，〈崁津迎神豫報〉，《臺灣日日新報》第 6 版，臺北：臺灣日日新報，1916 年 7 月 14 日。內文詳見附錄一。

〔註52〕徐亞湘，《大溪鎮參與廟宇慶典活動之社頭調查計畫報告書》（大料崁文化促進委員會，1995 年），頁 11。黃淑芬，《2001 大溪文化節「神恩‧豆香‧木器

（三）其他名人仕紳

　　除了大溪三傑及大溪六君子外，另有江序益、江次全、黃希隆、江次云、江序抱、李登厓、林宗德、王合同、吳漢文、呂新銘等人。其中江序益為鸞堂之堂主；呂新銘為呂鷹揚之姪，亦為鸞堂之副堂主，曾任大料崁街第三保正一職，為活躍商人，〔註53〕大正四年（1915）承受黃旺之礦區，另於烏塗窟地方取得礦區，〔註54〕並曾與王式璋、江序抱等人投資大正礦業株式會社；江次全、黃希隆亦為普濟堂第一任經理人；江次云曾為大溪普濟堂值年爐主，對於遶境盛大推動。〔註55〕以上士紳除了是政商之名人外，大部份皆有濃厚之文人色彩，對於地方事務之參與亦熱中，且有共同投資經濟事業，由以上可知，這群仕紳之間的聯繫有文教事業的參與、經濟投資事業的參與、宗教事業的參與，如此多方面的接觸，使得大溪之各方面均能蓬勃發展，其中又以文教與宗教相結合、經濟投資與宗教相結合，如此環環相扣，造就了普濟堂迎神風氣，此時正是大溪最繁榮的大正時期，也是大溪社頭相繼成立的時期。

　　由這些仕紳之間的關係可得知，日治時期的這些仕紳彼此間存在著一種依存關係（如表 3-4），在教育上可為大溪的學子出錢出力建設學田；在社會上亦可出資從事慈善事業、參與崁津詩會（請見上文）；在政治上更是以出任大溪要職為首務，雖有時有衝突產生，但競爭下又使得彼此間的關係更緊密；在經濟投資上，這些仕紳間共同投資多項經濟事業，無論是礦業、輕便鐵或某株式會式，不但為他們自己帶來了最大的經濟利益，也促使大溪經濟力提昇；於宗教事業上，這群仕紳熱心參與地方廟務，興修了多座廟宇，更倡建普濟堂，為酬謝神恩，舉辦迎神遶境，促使了大溪社頭的發展，而其背後最大驅使的力量就是信仰。

　　　馨」～深度報導系列～》（桃園：大溪鎮歷史街坊再造協會，2001 年），頁 97。賴明珠，《日治時期台灣東洋畫壇的麒麟兒——大溪畫家呂鐵州》（桃園：桃園縣立文化中心出版，1998 年），頁 13。黃偉雯，《大溪鎮誌人物文化篇》（桃園：桃縣大溪鎮公所，2003 年），頁 285。

〔註53〕陳建宏，《公廟與地方社會——以大溪鎮普濟堂為例（1902～2001）》，國立中央大學歷史研究所碩士論文，2004 年，頁 109。

〔註54〕詹德筠，《大溪煤礦誌》（桃園縣大溪鎮：詹德筠，1997 年），頁 107。

〔註55〕不著撰著，〈準備祭典〉，《臺灣日日新報》第 4 版，臺北：臺灣日日新報，1924 年 7 月 1 日。

表 3-4　日治時期大溪仕紳參與地方事務及共同投資一覽表

	呂鷹揚	江健臣	呂建邦	王式璋	黃石添	黃玉麟	簡阿牛	簡朗山	江次全	黃希隆	鍾會南	江序益	呂新銘
開墾阿姆坪	●	●	●	●	●	●							
參與詩會	●			●			●	●					
投資腦業				●			●						
金瓜石採金	●		●	●			●						
投資大正礦業		●	●										
投資礦業		●	●		●		●	●					●
投資東亞興業	●			●			●						
投資東瀛物產	●				●		●						
投資匯豐興業					●		●						
投資台灣農林株式會社		●			●								
投資大溪輕便鐵	●			●			●						
撫蕃有功		●	●										
倡建家廟宗祠		●			●	●				●			
普濟堂經理人	●	●							●	●	●		
崁津義渡			●									●	
普濟堂鸞堂												●	●

資料來源：筆者整理自黃偉雯，《大溪鎮誌人物文化篇》，桃園：桃縣大溪鎮公所，2003 年。《臺灣日日新報》，請參見附錄三。《臺灣文獻叢刊：臺灣私法物權編第 150 種》（臺北：臺灣銀行經濟研究室），1963 年，頁 1510～1511。

第二節　關聖帝君信仰與大溪社頭的關係

一、大溪社頭的信仰與祀神

　　大溪社頭成立與其信仰有著很深的淵源，筆者試以社頭之祀神來探究大溪社頭形成的起因及其過去的發展，筆者以列表方式（見表 3-5）呈現，分別以其社頭成員之行業別及祀神之關係來說明：

表 3-5　大溪地區日治時期成立社頭之人員背景及祀神一覽表

編號	社　名	成立時間	社頭組成人員行業別	祀　　神
1	同人社	大正 6 年（1917）	船伕、船東、礦工、輕便車伕	關聖帝君
2	臥龍社／共義團	大正 10 年／大正 13 年（1921／1924）	輕便車伕、礦工、木工	關聖帝君
3	樂安社	大正 5 年（1916）	雕刻工、木工、農夫、街役場公務員、廚師	西秦王爺、關聖帝君
4	興安社	大正 8 年（1919）	零售商人	財神爺、關聖帝君
5	大有社	大正 5～8 年（1916～1919）	紳商、地主	王天君、關聖帝君
6	協義社	大正 8 年（1919）	木器業從業人員	巧聖先師
7	慶義社	大正 8 年（1919）	泥水匠	荷葉先師
8	慶安社	大正 9 年（1920）	街役場公務員	西秦王爺、關聖帝君
9	仁安社	日治時期	農夫、礦工、木工	玄壇元帥、關聖帝君、媽祖
10	新勝社	大正 8 年（1919）	礦工、木工	媽祖、關聖帝君
11	福安社	大正 10 年（1921）	農夫	五穀先帝、關聖帝君、媽祖
12	農作團	日治時期	農夫	五穀先帝
13	永安社	大正 14 年（1925）	茶農	西秦王爺、關聖帝君、土地公
14	同義社	昭和 4 年（1929）	礦工、農夫	田都元帥、關聖帝君、媽祖、土地公、虎爺
15	樂關社	昭和 2 年（1927）	礦工、農夫	關聖帝君、媽祖

資料來源：徐亞湘，《大溪鎮參與廟宇慶典活動之社頭調查計畫報告書》，1985 年。洪帷助，《桃園縣本土戲曲音樂團體調查計畫報告書》，1985 年。黃淑芬，《2001 大溪文化節「神恩‧豆香‧木器馨」～深度報導系列～》，大溪鎮歷史街坊再造協會，2001 年。陳建宏，〈繞境與地方社會──以大溪普濟堂關帝誕辰慶典為例〉，《民俗曲藝》第 147 期，2005（3）：261～332。筆者田調所得：筆者田調所得各社祀神，依據下列原則有社館者，依其社館所祀神尊，位於正位者為第一位，龍邊為第二位，虎邊為三位。無社館者，依受訪者所述其社團主神為第一位，無明確主神者，則以正爐主所奉神尊為第一位，副爐主所奉神尊為第二位。

（一）礦業保護神關聖帝君

在上表中，除協義社、慶義社、農作團外，各社皆有關聖帝君的信仰，其中街區的同人社、共義團、樂安社、慶安社皆以關聖帝君為主神，興安社的主神財神爺係民國七十二年時由社員決議增祀財神爺，並列為主神，在此之前也是以關聖帝君為主神。顯見街區各社除協義社、慶義社外，應是受普濟堂關聖帝君信仰的影響，而組成社頭參與繞境。郊區各社，樂國社一立社便以關聖帝君為主祀神，其成立的目的即是為參加普濟堂關聖帝君繞境活動，〔註56〕受信仰感召相當明顯。

為何大溪地區之社頭多半信奉主神為關聖帝君？筆者究其原因，實與礦業息息相關，依同是礦產為主的瑞芳區調查，礦業之保護神有土地神（福德正神）、恩主公（包含關聖帝君、呂祖、孚佑帝君）、媽祖等，其中土地神是掌管土地之神，民間傳說「黃金是土地公錢」，故金礦工為求致富及生命安全，通常會崇拜土地神；〔註57〕媽祖為神格較高之神明，崇拜目的為求平安。另值得一提的是，瑞芳地區於日治初期亦流行鸞堂信仰，而鸞堂之扶鸞降會係透過文人來宣講，礦主或礦工扶乩請神明指示礦脈所在以致富，且神明聖誕會舉辦遶境活動，而此鸞堂與礦業之關係正與大溪同。

大正時期，大溪商紳互動甚為頻繁，投資礦業更是獲得巨利之途，其中與礦業相關之商紳有簡阿牛、呂建邦、江健臣等（見表 3-3），簡阿牛與呂建邦等更曾招集大溪人前往九往開採金礦，後來因無法順利尋得礦脈，這群到九份開採金礦的大溪人，請關聖帝君去點坑位，果然一點就中得金無數，幫助這群投資者、工頭及工人採金致富，這些外出工作的大溪人，為了感念關聖帝君的保佑，股東之一黃丙南，便集資為關聖帝君建神轎，大正六年（1917），組同人社參與遶境，〔註58〕此後，引起大溪各行業之效尤，紛紛組織社頭，參與遶境。

由此可知，大溪地區當時可能也透過此一方式，使得大溪的礦業從業人員以關聖帝君為其保護神。而在挖礦致富後，為答謝神明的保佑，亦仿瑞芳礦區之遶境形式為關聖帝君聖誕慶賀，筆者再以大溪地區信奉關聖帝為主神

〔註56〕 黃文秀，《大溪城上的月光》（著者出版，2010 年），頁 224～225。

〔註57〕 莊珮柔，《日治時期礦業發展與地方社會——以瑞芳地區為例（1895～1945）》，國立中央大學歷史研究所碩士論文，2000 年，頁 152～163。

〔註58〕 吳敏惠，《大溪普濟堂關聖帝君聖誕 無形文化資產調查與保存計畫》（財團法人綠色旅行文教基金會，2009 年），頁 57。

之社頭來分析，同人社、共義團及樂團社其成員屬性均與礦業相關，同義社其主神爲田都元帥，永安社主神爲西秦王爺，但亦有關聖帝君信仰，且同義社另奉祀土地公及虎爺，由其信仰可推知同義社、永安社早期應爲鄉親爲北管練習而聚集，後因產業轉型，兼以礦業爲生，故增奉關聖帝君。另新勝社、福安社、仁安社早期以其鄉土保護神爲主要信仰。新勝社因礦產之故亦信奉關聖帝君；福安社因初期成員屬性爲農人，故亦祀農業祖師五穀先帝，但當三層地區礦區林立之時，部分成員亦兼以礦業，故亦信奉關聖帝君，仁安社亦因礦業之故信仰關聖帝君，而這些社頭除參加自己鄉土保護神之廟會慶典外，亦參與普濟堂遶境盛會，爲關聖帝君祝壽。

　　以上可知，普濟堂爲何由鸞堂轉爲地方公廟後，得以搖身轉變爲礦業保護神，實因日治時期礦業在大溪是從業人員最多的行業，而這些從業人員爲信仰而回饋的方式就是盛大舉辦聖誕慶典，使得日治時期普濟堂之遶境盛會得以聞名全台。

（二）木器祖師巧聖先師

　　協義社主祀巧聖先師，係其木器業的行業神，其所奉的巧聖先師金身是日治時期大陸木雕師「胡碖師」來台創業時奉來大溪，胡碖師來台時間大約於明治末年至大正初年，〔註59〕李烏番於大正五年至大正八年號召創立協義社，〔註60〕筆者推測在創社之前，木器業者應已有集體祭祀巧聖先師的活動，後立社參加關聖帝君聖誕繞境活動，爲關聖帝君祝壽，而此推測亦於田調中得到證實。〔註61〕

（三）泥水匠祖師荷葉先師

　　慶義社社員原加入協義社，後因兩類行業人數差異，李傳泉、葉番婆另立慶義社，奉荷葉先師爲主祀神〔註62〕，該社荷葉先師金身爲大陸傳來，其

〔註59〕 賴明珠，〈原型與變異──試論戰前大溪木器產業的源起與開展〉，《民俗曲藝》第 152 期，2006（6），頁 25。

〔註60〕 黃淑芬，《2001 大溪文化節「神恩・豆香・木器馨」～深度報導系列～》（桃園：大溪鎮歷史街坊再造協會，2001 年），頁 96。

〔註61〕 〈劉清剋先生訪問記錄〉，2010 年，7 月 28 日，於劉清剋先生宅。協義社在成立之前就有類似神明會的組織在拜了，遶境活動開始，他們就交由公的來拜，照社團來走了。

〔註62〕 黃淑芬，《2001 大溪文化節「神恩・豆香・木器馨」～深度報導系列～》（桃園：大溪鎮歷史街坊再造協會，2001 年），頁 95。

參加繞境活動亦為關聖帝君祝壽。

（四）農業祖師五穀先帝

農作團奉祀五穀先帝，主因是月眉地區江姓人家家中供奉一尊由大陸帶來的五穀先帝，後農作團成立後，奉旨交由農作團奉侍。農作團的成立與五穀先帝的信仰有密切的關係，團員學習北管、歌仔調，並於每年農曆四月二十六排場為五穀先帝壽誕祝賀。後受邀參加關聖帝君繞境，除為關聖帝君祝壽外，亦為求得平安。

（五）戲神田都元帥與西秦王爺

在表3-5大溪地區日治時期成立的社頭祀神表中，祀奉戲神西秦王爺、田都元帥等戲神信仰，也很常見。其原因是北管樂是繞境活動中必備的音樂，在神明繞境時需有響亮的音樂前導，告知週圍民眾，神明已到，音量宏大的北管樂正符合這樣的需要，此外從各社團出陣的基本陣式來看，彩牌、燈凸在前，北管組其次，將軍再其次，最後是各式神輿，也符合上述原則。因此在全臺各地的繞境活動中，常可見北管樂團的參與。日治時期大溪地區的社頭，具有濃厚的北管子弟團色彩，為閒暇時的娛樂，也為了遶境時向神明表達最高的崇敬。

北管的樂派有二：一為西皮，另一為福祿，學習西皮派者多會供奉田都元帥；學習福祿派者多供奉西秦王爺。大溪地區的社頭除同義社為西皮派，供奉田都元帥外，其他皆為福祿派供奉西秦王爺。現今尚有供奉此戲神者，僅存同義社及永安社，其餘各社的戲神信仰大多不在，其原因乃是社館設立的有無，及初期成員組團的原因，如為學北管學子弟而成社者，通常會以戲神為主祀，之後再根據其行業別信仰信奉其他神明。而以戲神為陪祀之因，根據筆者田調所得，社頭的成員可分社員與藝員，只要是繳納緣金或社費者，皆是社員。社員中願意學習北管者，且學成後在社頭出陣時義務演奏者，即為藝員。藝員僅為社團成員中的一部份，社員中還有部份成員需負擔神轎組、將軍組的工作，故戲神的信仰在大溪社頭中大多是陪祀神的地位，有些社頭的戲神只有在聘請子弟先生教授北管時會供奉，但當開館學成後，便會謝館謝神，請戲神回到祂的本宮。

（六）鄉土保護神信仰

新勝社、福安社及樂豳社供奉媽祖與其所在地的鄉土保護神有關，仁安

社位在內柵地區，其社員多為當地居民，當地仁安宮供奉玄壇元帥；新勝社、福安社及樂豳社位在三層地區，社員也多為當地居民，當地福安宮主神媽祖，故上述社頭皆有供奉當地鄉土保護神。

以上，除協義社、慶義社、農作團外，各社皆有關聖帝君的信仰，其中同人社、共義團、樂豳社更以關聖帝君為主神。因關聖帝君神格較高，不限於某一地區之鄉土保護神，可文可武，忠肝義膽，其英勇形象為世人所崇拜，可見其關聖帝君信仰在大溪對於基層之從業人員是非常普遍的，尤以礦業之從業人員，這也是促使大溪社頭成立與興盛之因，以下將介紹大溪普濟堂由鸞堂轉型為公廟的過程，並由《臺灣日日新報》之報導來看社頭的成立與當時的迎神盛況。

二、大溪普濟堂信仰之緣起及社頭的興起

大溪社頭之成立其最主要目的在為其信仰神明祝壽，如前文所言關聖帝君為日治時期多數社頭之信奉主神，社頭之成立乃在於遶境儀式之出陣或排場，而這也是普濟堂鸞堂公廟化後的聖誕慶典活動。

（一）大溪普濟堂之緣起

依陳建宏，《公廟與地方社會——以大溪鎮普濟堂為例（1902～2001）》中就普濟堂建廟的過程大致上可分為三個階段，第一階段屬於私宅期，第二階段是初建期，第三階段則為改建期。〔註63〕普濟堂本是一座鸞堂，創設於明治三十五年（西元1902年）奉祀關聖帝君、孚佑仙祖、九天司命，由地方仕紳江序益倡設，先是王天茶與李才旺兩人前往竹東沙坪地方分靈來到大溪，先供奉於江傳興先生私宅，再借江序抱先生之家設座奉祀，依《大溪鎮寺廟台帳》記載，江傳興及江序益先生宅邸皆位於下街（即今和平路），香火昌盛，又得弟子同心，推江序益先生為堂主，設正副鸞生執事，並奉旨副設「鸞堂」開壇降筆，擁有外鸞（即鸞生）三、四百人之多。〔註64〕而此時依

〔註63〕陳建宏，《公廟與地方社會——以大溪鎮普濟堂為例（1902～2001）》，國立中央大學歷史研究所碩士論文，2004年，頁95。

〔註64〕呂傳命，《大溪鎮普濟堂沿革誌》，頁2，引自陳建宏，〈寺廟與地方菁英——以大溪普濟堂的興起為例（1902～1908）〉，《兩岸發展史研究》第1期，2006（8），頁216。另有一說，普濟堂的關聖帝君是從唐山請回來的原為私人家神，後由公眾崇拜，見黃淑芬，《2001大溪文化節「神恩・豆香・木器馨」～深度報導系列～》（桃園：大溪鎮歷史街坊再造協會，2001年），頁16。

陳建宏就普濟堂建廟的過程而言，屬私宅期，並無廟宇，先後借下街江傳興、江序抱私宅設座奉祀，因此與江有源家族有密切的關係，隨著普濟堂香煙日盛，信徒日增，並建立起規模不小的鸞堂組織後，原先供奉的民宅不敷使用，遂由眾人集款購入現址房地，並按原屋形貌稍加整修，敬造恩主敕牌奉祀，繼續進行扶鸞宣講的事業，此時普濟堂的廟宇建築僅粗具規模，此時期為陳建宏所謂之初建期。〔註65〕

歷經私宅期、初建期後，普濟於明治四十年進入改建期，由江序益、呂建邦、江健臣、江次全、黃希隆、鍾會南等發起建廟，明治四十年四月開工四十一年八月竣工。據陳建宏先生分析普濟堂於建廟前，參與普濟堂堂務的正副鸞生，皆是居住於下街（今和平路），但到了建廟的時期，上述的發起人無一居住於下街，顯見普濟堂的影響的已擴大到下街以外的區域〔註66〕。建廟完成後，上述七人除江序益外，皆擔任普濟堂第一任經理人。自此，普濟堂也由鸞堂逐漸轉型為地方公廟。

而普濟堂與同人社採金之地金瓜石勸濟堂同，亦是鸞堂公廟化之廟宇，亦是礦業發達之區，在當地亦是礦業的保護神，亦有迎神遶境，故筆者推測，大溪普濟堂遶境極可能是由這群金山客模仿金山模式而發起。

（二）大溪社頭的興起

大溪普濟堂之遶境據日治時期調查各廟宇所得的《寺廟臺帳》〔註67〕記載約始於大正三年（1914）：

> 普濟堂建立以來，地方頗為平安，住民信仰深厚，大正三年（西元1914年）六月的祭日，開始在區域內巡狩，而行列之狀況隨年歲而愈見盛大。

這是普濟堂關聖帝君遶境活動最早的記載，顯見遶境活動是在普濟堂建廟落成不久即開始辦理，但除此之外，尚可知已有行列隊伍參加，但無法得知是哪一個社頭或隊伍，筆者推測，此時只參與巡狩，尚無子弟團之出陣演出。

〔註65〕 陳建宏，《公廟與地方社會——以大溪鎮普濟堂為例（1902～2001）》，國立中央大學歷史研究所碩士論文，2004年，頁95。

〔註66〕 陳建宏，〈寺廟與地方菁英——以大溪普濟堂為例（1902～1908）〉，《兩岸發展史研究》第1期，2006（8），頁251。

〔註67〕 不著撰者，《桃園縣大溪鎮寺廟臺帳》，中央研究院民族學研究所藏，無頁碼。

根據大正四年（1915）《臺灣日日新報》〔註68〕所報導：

> 桃園廳下大料崁街。逐年舊曆六月二十四日。恭迎山西夫子繞境。
> □年之畫。□當年欲十分整頓。目前當街重要紳商。協議已定。市
> 街全部裝飾。又雇藝閣五十餘閣。梨園二十餘臺。鼓樂百數十陣。
> 其他種種餘興。難以枚舉。是日到崁參觀者。必人山人海。此乃領
> 臺後崁津未曾有之盛況也。

可知大正四年已有相當盛況，此時尚無子弟團或社頭名稱出現，但由其
雇藝閣五十餘閣、梨園二十餘及鼓樂白數十陣可推知，此時的大溪已具備了
社頭參與迎神盛會之條件，加上當街重要紳商的推動，使得普濟堂遶境得以
盛大舉行。

而社頭名稱出現始於大正七年（1918），之後大溪社頭就有如雨後春筍般
蓬勃發展，誠如《臺灣日日新報》〔註69〕所刊載：

> 大料崁街。例年舊曆六月廿四日。恭迎當地普濟堂三恩主遶境。是
> 日餘興詩意。藝閣獅陣。難以悉數聞有福州人迎招財王。衣裳雖屬
> 時派。然樂器板調些少不整。最趣味者。有黃宗求發起同人社員。
> 服色一致。隊伍亦整。崁津之青年樂隊。若不再加整頓。則瞠乎人
> 後矣。

此時出現同人社之社頭名稱，隔年（大正八年），《臺灣日日新報》有載
之社頭名稱有大有、同人、義樂、同樂、興安、協義、慶義、樂安諸團體及
假裝行列，共 8 個社頭（如附錄一）。大正九年（1920）《臺灣日日新報》所
報導之社頭有：大有社、同人社、興安社、義樂軒、協義社、慶安社、樂安
社、慶義社、宣和會、同樂軒、鰲龍社、諸團體。俱見熱誠踴躍，共 11 個社
頭（如附錄一）。至大正十四年（1925）《臺灣日日新報》〔註70〕所載之社頭
更達到十六社之多：

> 其鼓樂數十隊而大有社興安社協義社同人社。公賞與優勝旗。其他
> 十二社各賞與特勝旗幟。

〔註68〕 不著撰者，〈桃園賽會〉，《臺灣日日新報》第 6 版，臺北：臺灣日日新報，1915
　　　　年 8 月 1 日。
〔註69〕 不著撰者，〈崁津迎神狀況〉，《臺灣日日新報》第 6 版，臺北：臺灣日日新報，
　　　　1918 年 8 月 6 日。
〔註70〕 不著撰者，〈大溪迎神盛沿〉，《臺灣日日新報》第 4 版，臺北：臺灣日日新報，
　　　　1925 年 8 月 16 日。

　　昭和十年，更是日治時期大溪社頭最輝煌的時期，此年參與普濟堂遶境之社頭更多達二十餘團，除有原街區團外，另有三層團、內柵團、烏塗窟團、月眉團等亦參與遶境，其盛況如《臺灣日日新報》〔註71〕所載：

　　　恭迎神輿遶境聞參加團體。有三層團。內柵團。烏塗窟團。月眉團。
　　　興安社。大有社。協議社。同人社。樂安社。□義社。鰲龍社。共
　　　義團。永安社。其他二十餘團。爭奇鬥巧。屆期必有一番熱鬧云。

　　由以上可知，大溪社頭在日治時期的發展系萌芽於大正年間，至昭和時期爲大溪社頭的全盛期，其興起原因爲值年爐主與當地商紳的推動，據《臺灣日日新報》有載之值年爐主有簡阿牛、江次云、江健臣、江次全等。另當地商紳此後更因經商投資致富，爲答神庥，除聘專業藝閣、梨園、鼓樂等，此舉熱鬧了普濟堂遶境，也刺激了大溪社頭的成立，提昇了大溪子弟戲的表演水準，使得普濟堂遶境在日治時期大正、昭和年間盛況空前。

　　在社頭最興盛之期惜因皇民化影響及戰事而消沉，戰後初期因經濟力未復甦，而有一段灰暗期，但灰暗期過後即見社頭明朗，社頭如雨後春筍般成立，且擴大至河西地區，但此時子弟團性質已在轉變中，社頭文物亦爲實用而改變材質，如此精雕細琢之木製彩牌鮮再流行、製作，故現今大溪老社所存之彩牌彌足珍貴，其藝術性與歷史性是不容被取代的。

三、大溪普濟堂遶境與北管社頭

　　誠如前文所言，大溪普濟堂遶境始於大正三年（1914），大正五年（1916）即有樂安社成立，據其十六週年記念票證推算（如圖3-1），昭和六年（1931）往前推算十六年，即大正五年（1916）。

　　但據樂安社社員表示，樂安社在大正三年（1914）就開始活動，一直到大正五年（1916）才雕刻神尊正式立社。〔註72〕而樂安社名稱正式出現於《臺灣日日新報》則始於大正八年（1919），而筆者推測，大溪社頭普遍存在與樂安社相同的情形，此原因爲在未成社之前，其實大溪早已有團聚習練樂器以增進同鄉、同行情誼的情形，其中有北管的社頭更是如此，如興安社、協義社、同義社、慶義社、農作團等。

〔註71〕　不著撰者，〈大溪普濟堂祭典先聲〉，《臺灣日日新報》第8版，臺北：臺灣日日新報，1935年7月17日。
〔註72〕　吳敏惠，《大溪普濟堂關聖帝君聖誕　無形文化資產調查與保存計畫》（財團法人綠色旅行文教基金會，2009年），頁80。

圖3-1 樂安社拾六週年記念票證

圖片來源：筆者攝於 2010 年 8 月 1 日，目前由樂安社藏。

　　而在大溪為何會以北管社頭為主，因樂器練習為大溪居民之原鄉休閒活動，在普濟堂未遶境之前即已普遍存在於大溪，隨著產業、交通的發展，大溪之經濟力提昇，當地仕紳亦透過投資，使其擁有雄厚的經濟實力，再透過地方事務的參與增加自己在地方的聲望，而在大溪的各階層從業人員，透過關聖帝君信仰產生了凝聚力。

　　當大正三年（1914）普濟堂開始巡狩之時，各階層從業人員亦紛紛參與，參與之初規模較小，組織較不全，但透過當街重要紳商的推動，及紳商們聘雇的藝閣、梨園及鼓樂表演，刺激了當地社頭的組成及強化，於是乎大溪在地的子弟亦紛紛成立屬於自己社群的社頭。另因北管樂在廟會中之歡欣鼓舞的作用，更是各社勤練北管的主要目的，再加上當時的出陣，各社間為了壯大聲勢，展現社員間的凝聚力，無不重金打造社頭文物，因而有雕工精美之民俗文物出現。聲勢浩大的北管陣容加上雕工華麗的陣頭文物，也為普濟堂

遶境添色不少，而這一切都是爲了感謝聖恩。

第三節　大溪社頭的成立與介紹

一、日治時期成立的大溪社頭

　　日治時期之崁津迎神，亦即普濟堂遶境，當時爲聞名全台之迎神盛會，故除大溪子弟總動員外，亦吸引不少觀光客及隨香客來崁地，每年盛況均載於《臺灣日日新報》，筆者將以《臺灣日日新報》的報導來推得當時各社運作的情形及參與遶境的狀況。

（一）日治時期成立的社頭

　　據《臺灣日日新報》所載，筆者將其中有明確社頭名稱之大溪社頭表列如下，由表可知參與遶境之團體，及其正式參與遶境時間：

表 3-6　1918～1936 年《臺灣日日新報》曾報導之社頭一覽表

編號	社頭名稱	1918	1919	1920	1921	1924	1925	1926	1928	1935	1936
1	同人社	●	●	●	●	●	●	●	●	●	●
2	大有社		●	●	●		●	●		●	●
3	義樂軒		●	●	見〔註73〕						
4	同樂軒	●									
5	興安社		●	●		●	●	●	●	●	●
6	協義社		●	●		●	●	●	●	●	
7	慶義社		●	●						●	
8	樂安社		●	●					●	●	●
9	鰲龍社			●						●	
10	慶安社			●	●						
11	宣和會			●							
12	臥龍社				●						

〔註73〕　不著撰者，〈大溪社團招宴〉，《臺灣日日新報》第 6 版，臺北：臺灣日日新報，1921 年 3 月 3 日。該地數樂班之興安社。義樂軒。者番合併。欲再組成一劇。以供娛樂機關。

No	社名								
13	新勝社					●	●		●
14	共義團		・				●	●	
15	正兒社						●		
16	三層團							●	
17	內柵團							●	
18	烏塗窟團							●	●
19	月眉團							●	
20	永安社						●	●	●
21	共樂軒								●

資料來源：請參見附錄一。不著撰者，《臺灣日日新報》6 版，1918 年 8 月 6 日；6 版，1919 年 7 月 23 日；4 版，1920 年 7 月 31 日；6 版，1920 年 8 月 11 日；6 版，1921 年 3 月 3 日；4 版，1924 年 7 月 18 日；4 版，1924 年 7 月 31 日；4 版，1925 年 8 月 16 日；4 版，1926 年 8 月 5 日；4 版，1928 年 8 月 12 日；8 版，1935 年 7 月 17 日；4 版，1936 年 8 月 13 日。其中三層團並無註明福安社、樂團社或新勝社；烏塗窟團應為同義社；內柵團應為仁安社；月眉團應為農作團。

以上為日治時期曾載於《臺灣日日新報》之社頭，共出現二十一個社頭名稱，其中義樂、同樂、宣和、鰲龍、臥龍、正兒及共樂之名至今已不復見，臥龍社為共義團前身、義樂軒與興安社已於大正十年（1921）合併，三層團並無說明是福安社、樂團社或新勝社，但由上表可知，大溪之社頭自大正七年（1918）後便如雨後春雨般紛紛成立，且遶境聲勢一年比一年盛大，至昭和十一年（1936）為日治時期最盛大的時期，惜因昭和十二年（1937）起，推行皇民化政策，使普濟堂遶境被迫停止，僅剩祭典儀式直至二次戰後，雖戰後大溪再現社頭風華，但有些社頭已無以為繼，故現存之十五個社頭應是當時凝聚力強、經濟力充沛之社。

（二）日治時期社頭風行之因

1、信仰

誠如前文所言，大溪之產業造就仕紳興起，仕紳亦因感謝神恩而推動社頭之成立，而能使全大溪總動員參與遶境的背後力量，就是信仰的力量。

且當時正處於各地組社頭遶境的全盛時期，全台各地均有廟會慶典，而且都是相當聞名之廟宇，亦與其信仰有關，據《臺灣日日新報》所報導，當時全台聞名之廟會活動有台北霞海城隍廟遶境、台北法主公遶境、北港朝天

宮遶境、新竹城隍遶境及大溪普濟堂文衡帝君聖誕遶境，其盛會常吸引來自
全台之陣頭及觀光客參與。

2、遶境審查制度

如前述各大全台聞名廟會，值年爐主均設一審查制度，一方面爲獎勵參
與隊伍，一方面是對參與陣頭評等第，並製金旗彩牌以爲賞，從優給賞，遶
境場面越盛大其獎項越豐富，如大正十五年（1926）之新竹城隍遶境，據《臺
灣日日新報》〔註74〕所載：

> ……廟之管理爲獎勵起見。將購金牌大小三十餘面。分作一等至十
> 等。贈呈優秀者云。

另昭和二年之法主公遶境，《臺灣日日新報》〔註75〕亦有報導：

> ……爐主爲獎勵各音樂團。詩意閣計特製彩牌一面。價格百二十
> 圓。欲賞優勝音樂團。風帆大彩旗三旗。價格各八十圓。欲賞一二
> 三等入賞音樂團。竝囑金銀細工商。特製金牌。大中小三面。欲賞
> 入賞詩意閣。屆期欲聘請北署係員。暨關係者等。在審查所。詳爲
> 審查。又聞基隆。淡水各音樂團中。亦有踴躍。欲出而參加者。由
> 此觀之。當日熱鬧可想而知也云云。

由此盛況，可知大正、昭和年間，參與廟會已是當時風尚，而大溪亦有
全台聞名之普濟堂文衡帝君遶境，故自同人社首先發起參與遶境後，其他各
行業組織亦或大溪有地緣關係之鄉親，亦自動自發組成社頭參與遶境，除了
可以加強其行業或地方的向心力，亦可展現其社頭的人力及財力，於是乎各
社頭人員自發性的組成陣頭，分以北管組、神轎組、龍組、神將組等，在普
濟堂遶境前一個月開始組織練習，除將最神聖的一面呈現給神明，亦是各社
間一較高下的時候，而這也應驗了俗諺「輸人不輸陣」，各社除了比出陣文物，
諸如彩牌、鼓架、鑼槓、神轎、香擔等之雕工，亦是比社頭人氣與向心力的
最佳時刻。

（三）大溪地區現存日治以降社頭介紹

日治時期成立之社頭目前尚餘十五社，見（表 3-5），筆者逐一介紹其在

〔註74〕 不著撰者，〈竹邑城隍遶境先聲〉，《臺灣日日新報》第 4 版，臺北：臺灣日日
新報，1926 年 8 月 4 日。

〔註75〕 不著撰者，〈法主聖公繞境製優勝牌彩牌金牌獎賞各音樂團藝閣〉，《臺灣日日
新報》9796 號臺北：臺灣日日新報，1927 年 8 月 5 日。

日治以降的活動情形及其彩牌狀況。

1、同人社

據大正六年各界捐款建神轎木匾所示（見圖 3-2），同人社正式創社於大正六年（1917），其寄附人員包含基隆堡管內、桃園廳管內人士，捐金最多者為黃石永及黃宗求，故《臺灣日日新報》〔註76〕有云：

　　……最趣味者。有黃宗求發起同人社員。服色一致。隊伍亦整。

圖 3-2　同人社大正六年普濟堂神轎捐題牌記 〔註77〕

圖片來源：筆者攝於福仁宮，2010 年 4 月 1 日。

而這群捐金寄附之人士應為日治時期前往金瓜石挖礦的大溪人，《臺灣日日新報》〔註78〕亦云：

　　……金山客之同人社……。

因以上之捐建神轎木匾及《臺灣日日新報》之報導，可知同人社之成立與至金山挖金礦的大溪礦業從業人員有關，據田調〔註79〕：

　　大溪有名的實業家簡阿牛原做樟腦買賣，後來樟腦業逐漸沒落山，
　　便到礦業去。當時跟簡阿牛結腦的人多，樟腦收起來時，這些人便

〔註76〕不著撰者，〈桃園特訊迎神準備〉，《臺灣日日新報》第 4 版，臺北：臺灣日日新報，1924 年 7 月 18 日。

〔註77〕牌記內容請見附錄三。

〔註78〕不著撰者，〈崁津迎神狀況〉，《臺灣日日新報》第 6 版，臺北：臺灣日日新報，1918 年 8 月 6 日。

〔註79〕簡瑞仁先生訪問記錄，1998 年 9 月 18 日，張朝博、黃瑞緣採訪，轉引於張朝博，《1945 年以前大溪舊街區聚落空間之構成與發展》，中原大學建築學系碩士論文，1999 年，附～69。

到金仔山（九份）採金。當時金仔山有股份的人像呂總理（呂建邦）、
呂秀才（呂鷹揚）等人，大溪有錢人都有投資，所以金仔山的人大
部分是大溪人，當時要開 8、9 號坑時，就請聖帝公去點坑位，結果
這個坑位就挖到很多金子，這對工人也很好，黃宗寬（前大溪鎮長）
的祖父（黃丙南）也有股份，下面的酒保是他在做，他便發起同人
社，那些工人便 1 元、2 元的捐出來，建造一頂神轎，此後每年關
聖帝君聖誕之日，便以此轎恭迎主神神像出巡。

因這批至金瓜石採金的大溪人，在關聖帝君的指示與庇佑下挖金致富，
故由黃丙南發起捐款建造神轎以酬謝關聖帝君。黃丙南為大溪富豪，至金瓜
石採金而認識基隆之礦主礦工，在迎神風氣趨使下發起捐建神轎，不足金額
部分亦由其四男及長孫出資囊括，依其匾中之人名及出資金額來看，可知其
四男應為黃石永，《臺灣日日新報》中所謂之發起者黃宗求應為黃丙南之長
孫。其中捐資名冊中之黃清泉，為簡阿牛四子。

另由木匾中有陳朝枝之名，可知此神轎之雕製應為朝枝師邀請唐山匠師
製作，因此神轎形制雕工皆美，成為日後大溪神轎雕造的標的，而筆者在田
調過程中，推論各社所屬之木雕彩牌與花籃鼓架，應與神轎雕造同期，因同
屬社頭之木雕文物，如社頭財力充足，在建造神轎後，理應會雕造彩牌、鼓
架及香擔等，且同人社彩牌之雕工、材質與神轎相似，故筆者推測，彩牌雕
造之期亦為大正年間。

彩牌為社頭之標的，且大部分存在於北管社頭，北管樂之特性為熱鬧喧
騰，最能表達社頭成員之熱情與活力，且日治時期之社頭大部分均亦習練子
弟戲，同人社為日治時期著名之社頭，故亦有習演子弟戲，並於普濟堂之慶
典活動與他社「拼戲」，據《臺灣日日新報》〔註80〕報導：

……演子弟戲三臺。連續三天。所費亦鉅而中臺協義社築二層樓
棚。左右同人社與安社。則平屋形而已。中間裝飾相為伯仲。演藝
亦難分甲乙。

可見日治時期子弟戲乃大溪風尚，此風延續至二戰後。民國三十六年，
北管子弟戲老師為一鄭姓紅頭道士，學成後亦與興安、協義社於大廟福仁宮
對台拼戲，惜民國六十餘年後，北管藝員凋零，新人補進不及而宣告終止北

〔註80〕 不著撰者，〈祭典記盛〉，《臺灣日日新報》第 4 版，臺北：臺灣日日新報，1924
年 7 月 31 日。

管組。〔註81〕而日治時期除子弟戲競演外，各社頭間對於出陣的陣容亦不時較勁，如人數多寡、陣頭表演、神將的雕製與數量多寡，以及北管文物、神轎的精美度等，也因輸人不輸陣的較量心態，使得大溪社頭之民俗文物相對有看頭，故同人社除其神轎為大溪第一精美外，其彩牌亦為大溪第一，並為他社仿製的對象。

另同人社因是第一個參與普濟堂遶境的社頭，在出巡遶境時扛普濟堂主神轎的任務，在出巡遶境隊伍中享有著黃衫、以及最後押陣的殊榮，時至今日約定成俗，成為普濟堂遶境的一項傳統。〔註82〕

2、共義團

共義團的前身為臥龍社，臥龍社正式出現於《臺灣日日新報》為大正十年（1921）年，大正十三年（1924）後始稱共義團，其發起人為石番婆、江宗科、呂成、呂傳成、江力、李永富、李清根、李詩眛、李永武、李詩偉、邱立、張阿春、黃興木、詹阿心、楊水源、蕭傳、戴仁輝、謝阿福等十八人，其成員屬性為大溪鎮內勞動界人士，如輕便車夫、木工、礦工等。因其發起人均為鎮內勞動人士，故共義團之主祀神為關聖帝君。

日治時期，共義團設有西樂組及北管子弟戲的演出，並聘師學曲，〔註83〕於昭和十一年（1936）更熱心練習什音及其他諸樂器。〔註84〕故其出陣文物亦不容小覷，目前尚存一昭和十年（1935）之香擔，另有一對應是日治時期之燈凸，其雕工精細，足見當時共義團為參與普濟堂遶境亦出重資打造其出陣文物，另由其現存彩牌及花籃鼓架之雕造，可知共義團之北管至六十年代仍風行不墜，如圖3-3。

3、樂安社

由圖3-1樂安社十六週年記念票證可推知，樂安社成立於大正五年，由邱家福、邱清泉、程銀山、許天寶、李詩智、李傳亮等人共同發起，加入的社員，有些是換帖兄弟的交情、有些則是從事木製器物或佛像製作相關工作的

〔註81〕徐亞湘，《桃園縣本土戲曲、音樂團體調查計畫報告書》（桃園：桃園縣立文化中心，1995年），頁172。

〔註82〕黃淑芬，《2001大溪文化節「神恩・豆香・木器馨」～深度報導系列～》（桃園：大溪鎮歷史街坊再造協會，2001年），頁101。

〔註83〕劉慶茂，《崁津五十一》（著者未發行，2001年），頁157。

〔註84〕不著撰者，〈普濟堂祭典〉，《臺灣日日新報》第8版，臺北：臺灣日日新報，1936年7月21日。

圖 3-3 共義團六十年代出陣情形與彩牌

圖片來源：莊育振，《桃園往昔生活及文化活動的紀錄》，桃園市：桃縣文
化局，2005 年，頁 27。照片提供者為邱垂正。

同業情誼，平日大家各務其業，開暇時間或是廟宇神明遶境要出陣之前，大
家便聚集在大溪下街仔的社長邱家福的店內（今和平路 85 號）練習北管樂曲，
聯絡感情、自娛娛人。〔註85〕

　　而其成立為一原鄉文化的表現，據劉清剞先生表示，邱家福是伯公，邱
家全是外公，樂安社是邱家福創的，另邱家壽是刻印、開玻璃行的，他們都
是朋友，這些人都是街上做工藝為主的，因其外公喜歡拉「弘仔」，所以相邀
來成立一個社。所以早在樂安社參與普濟堂遶境前即已團聚練習什音，〔註86〕
後因北管戲盛行，亦練北管，故亦祀奉戲神西秦王爺。

　　樂安社除十六週年記念票證頗具紀念價值外，樂安社尚有一大正十四年
奉迎聖帝所得之特勝公賞旗（見圖 3-4），此為大正十四年參與普濟堂慶典時
表現優異之獎勵，如《臺灣日日新報》〔註87〕所報導：

〔註85〕 黃淑芬，《2001 大溪文化節「神恩・豆香・木器馨」～深度報導系列～》（桃
　　　　園：大溪鎮歷史街坊再造協會，2001 年），頁 99。
〔註86〕 〈劉清剞先生訪問記錄〉，2010 年，7 月 28 日，於劉清剞先生宅。
〔註87〕 不著撰者，〈大溪迎神盛況〉，《臺灣日日新報》第 4 版，臺北：臺灣日日新報，
　　　　1925 年 8 月 16 日。

……其鼓樂數十隊而大有社興安社協義社同人社。公賞與優勝旗。
其他十二社各賞與特勝旗幟。而同人興安協義三社。連演定子弟戲
三天。各賞金牌一面。皆形喜色云。

　　由此報導可知，樂安社乃獲特勝旗幟之十二社之一，此特勝旗幟即為其
日治時期參與普濟堂遶境的最佳證明，而其所存之彩牌面幅雖較小，但形制
優美，雕工細膩，亦為一木雕佳作。

圖 3-4　樂安社大正十四年奉迎聖帝特勝公賞旗

圖片來源：筆者攝於 2010 年 8 月 1 日，由樂安社藏。

4、興安社

　　興安社之名於大正八年（1919）正式出現於《臺灣日日新報》，故其立社
時間應為大正八年，大正八年以前應為同行相聚練習樂器，大正七年受同人
社遶境影響，故亦組社參與遶境，因其成員多為鎮上生意人，故《臺灣日日

新報》稱爲雜商之興安社，且自大正八年起年年上報，曾於大正十三年（1924）年添製繡旗數十面，並與同人社、協義社拼戲三天，大正十四年（1925）更獲得普濟堂遶境公賞與優勝旗，另與同人社、協義社連演子弟戲三天各獲金牌一面，此後更是連年演出子弟戲，可見當時興安社北管子弟興盛。

興安社於日治時期除例年參與普濟堂遶境外，更曾受邀至外地演出，昭和二年（1927）曾參與法主聖公繞境，此舉除可能獲得法主聖公優勝牌、彩牌或金牌之獎賞外，亦可展現社頭的實力與知名度，由此亦可知興安社財力雄厚，故其民俗文物亦相當有看頭，尤以其彩牌、花籃鼓架及大鑼槌爲甚。

另興安社在早期亦是每年遶境前至江家鸞堂迎關聖帝君之轎前音樂，當時興安社需出北管至江家請關聖帝君，其位序在同人社之前，迎鸞堂之關聖帝君一起參與遶境。〔註88〕

5、大有社

大有社之名於大正八年（1919）正式出現於《臺灣日日新報》，故其立社時間應爲大正八年，其發起人爲呂建邦、江序抱、李登甲、林宗德、王合同、吳漢文等，由於社員屬於當的仕紳富豪階級，資金豐沛，特別禮聘當時任職總督府音樂科的教師——吳本先生，來到大溪教導當時屬於富豪階級的社員們，不惜斥資購買昂貴的進口樂器，並成立大有社西樂團。團員表演時身穿制服、西瓜帽、社旗除了大有字號外，還有以羅馬拼音表示的日文，並用當時屬於高級且珍貴的尼龍材料製成（當時稱爲化學旗）、皮套背帶。另外還用尼龍布製成眾多的萬國旗，有別於當時一般社頭用的傳統繡旗，出陣時備受矚目，這些樂器與裝扮，在日治時期是十分時髦，同時也是「有錢人」才能負擔得起的花費，這些都是「大有社」特殊之處。〔註89〕如圖3-5爲六十代之西樂隊出陣情形，社員們著長袍馬掛，頭戴瓜皮帽，服色整齊。

大有社於日治時期亦爲相當活躍的社頭，除參與普濟堂遶境外，亦參與外地演出，如大正十四年（1925）、十五年（1926）大有社音樂隊曾參與新竹城隍遶境，〔註90〕其中大正十四年的參與，大有社見聞到他地已用萬國旗裝

〔註88〕〈劉清剋先生訪問記錄〉，2010年，7月28日，於劉清剋先生宅。
〔註89〕黃淑芬，《2001大溪文化節「神恩・豆香・木器馨」～深度報導系列～》（桃園：大溪鎮歷史街坊再造協會，2001年），頁97。
〔註90〕不著撰者，〈新竹特訊・城隍遶境盛況〉，《台南新報》第5版，1925年9月10日；不著撰者，〈竹邑城隍遶境先聲〉，《臺灣日日新報》第4版，臺北：臺灣日日新報，1926年8月4日。

圖3-5 六十年代之西樂隊出陣情形

圖片來源：莊育振，《桃園往昔生活及文化活動的紀錄》，桃園市：桃縣文
化局，2005年，頁27。照片提供者為邱垂正。

飾，故大正十五年（1925）之普濟堂遶境大有社亦以萬國旗裝飾，〔註91〕此
舉代表著大有社在當時是引領潮流的有錢人社。另因其社頭有雄厚的財力，
故其民俗文物亦相當有看頭，但現今僅存雕工細密之神轎，彩牌、鼓架因時
代更迭已不復見，而萬國旗代表的亦是一種時代裝飾，大溪地區至今仍有遺
風，請見圖3-6。

　　大有社之祀神除關聖帝君外，另祀奉王天君，其來源應為《桃園廳寺廟
調查書》〔註92〕所載：

　　　普濟堂是由江序益等人發起倡設之齋堂，主祭關聖帝君，於明治四
　　　十年三月建廟，大正三年增祀王天君，齋友數二十名，其近傍住民
　　　皆信仰之。

　　而普濟堂會增祀王天君之主因，應為王天君又稱王恩主，為「五恩主」
之一，故早年以扶鸞為主的普濟堂會增祀王天君，而遶境時之主神關聖帝君
已屬同人社奉迎，故大有社奉迎王天君。

〔註91〕不著撰者，〈大溪迎神盛況〉，《臺灣日日新報》第4版，臺北：臺灣日日新報，
　　　　1926年8月5日。
〔註92〕桃園廳，《桃園廳寺廟調查書》，〈普濟堂〉，國立中央圖書館臺灣分館藏，出
　　　　版資料不詳，無頁碼。

圖 3-6　萬國旗裝飾之爐主轎

圖片來源：筆者攝於 2010 年 8 月 4 日普濟堂遶境。

6、協義社

協義社之名於大正八年（1919）正式出現於《臺灣日日新報》，故其立社時間應為大正八年，協義社是一行業別群體聚集的社頭組織，在日據時代由東興家具行老闆李鳥番，為聯絡訓練木器業的弟子設立協義社，社名之「協」表同心協力，「義」表義理人情、有情有義之意。希望木器業傳統三年四個月的師徒制度，能保持如父如師的大家庭的人情義理，藉由協義社參與魯班忌辰、誕辰及福仁宮、普濟堂等地方祭典活動，訓練弟子的體力與聯絡感情。成立多年後，木器業者的上游業者，在周木火、劉心婦等八位有心人士的號召下，聚集五十多位的伐木業者加入協義社。〔註93〕

日治時期的協義社其子弟戲盛極一時，常與同人、興安兩社同台拼戲，據大正十三年（1924）《臺灣日日新報》所載其與同人興安連演子弟戲三天，

〔註93〕黃淑芬，《2001 大溪文化節「神恩・豆香・木器馨」～深度報導系列～》（桃園：大溪鎮歷史街坊再造協會，2001 年），頁 96。

其樓棚二層，勝於同人社與興安社。可見其當時子弟戲興盛之狀況。而協義社為木器社，其木雕文物自然相當有看頭，諸如神轎、彩牌、燈凸等均為上乘之作，據協義社耆老林宜賢表示，木匠名師黃龜理曾參與協義社神轎製作，如圖3-7。

　　另協義為木器社，為訓練社員子弟團結同心，故於五六十年代亦出現墨斗陣，相當有特色，如圖3-8。

7、慶義社

　　慶義社亦於大正八年（1919）出現於《臺灣日日新報》之報導，故其立社時間應為大正八年，慶義社亦為一職業別明顯之社頭，其成員以鎮上「做土水」（泥水、營建業）的同業為主，日治時期阿燦伯（李傳泉）、番婆師（葉番婆）等泥水師傅，原本加入由木器同業組成協義社，後因二種行業人數的比例差異，阿燦伯等便離開協義社，以「做土水」同業為班底另組新社，然因二社所供奉的魯班公與荷葉先師為同門師兄弟，創設人又是由協義社分出

圖3-7　協義社神轎

圖片來源：筆者攝於2010年協義社臨時社館，時間：2010年8月1日。

圖 3-8　六十年代協義社之墨斗陣

圖片來源：莊育振，《桃園往昔生活及文化活動的紀錄》，桃園市：桃縣文
化局，2005 年，頁 25。照片提供者為邱垂正。

自立，飲水思源，於是便保留中間「義」字，以「慶義」之名與「協義」共
稱為兄弟社。〔註94〕

　　也因其為兄弟社，故彩牌形制與協義社同，但以鳳為襯，以宣昆仲，據
慶義社社長詹德訓先生表示，大約民國 35 年，當時他十七歲，做廚師，承辦
阿貴師的宴會，席間慶義社之阿貴師有意將慶義社停掉，因當時社員僅 30～
40 位，詹德訓先生向阿貴師說不可，不然這些荷葉先師如何處理，於是便接
下慶義社，彩牌、燈突、神轎自從他加入時就有看到，可以推測這些文物亦
是日治時期之作，有關彩牌之圖示詳見第四章。

8、慶安社

　　慶安社之名出現於《臺灣日日新報》始於大正九年（1920），故筆者推測
其設社年代應為大正九年前後，其成員屬性僅能推知民國五十五年以前為大
溪鎮公所員工及清潔隊隊員，所以，社頭間常戲稱慶安社為「垃圾社」，現因
成員屬性改變，已無此稱號。雖日治時期活動情形已不可考，但由其保存之

〔註94〕黃淑芬，《2001 大溪文化節「神恩‧豆香‧木器馨」～深度報導系列～》（桃
　　　　園：大溪鎮歷史街坊再造協會，2001 年），頁 95。

北管文物——彩牌、鼓架、鼓、鑼等，可推知其早期亦有練習北管樂，如圖
3-9 之鼓架及通鼓，可推知慶安社早期亦有練習北管。

　　慶安社於遶境慶典中需至福仁宮迓土地公，其代表爲迓大溪街最老的土
地公來爲遶境慶典開路。

圖 3-9　慶安社之北管文物

圖片來源：筆者攝於慶安社，2010 年 4 月 22 日。

9、仁安社

　　仁安社之名雖未出現於《臺灣日日新報》，但曾於昭和十年（1935）之大
溪普濟堂祭典先聲中出現內柵團之社名，筆者推測此內柵團應爲仁安社，應
爲昭和十年以前即已成立，成立初期經費較拮据，參與遶境時拿不出較稱頭
的行頭來，而被大溪街區的人戲稱爲「破布社」，也因其早期經濟力不豐，故
並未雕製彩牌，圖 3-10 爲六十年代仁安社出陣情形，圖爲社頭的船帆及小孩
拿的日月扇。

圖 3-10 六十年代仁安社出陣情形

圖片來源：莊育振，《桃園往昔生活及文化活動的紀錄》，桃園市：桃縣文
化局，2005 年，頁 24。照片提供者爲邱垂正。

　　據仁安社總務簡善得先生表示，仁安社是因爲演子弟戲而成立的，以前
農業社會，各庄頭會有子弟戲比賽，因而成立仁安社，其成員屬性除內柵做
農的，也有挖煤礦的、做生意的，只要有興趣都可參加，早期沒有錢，所以
大家稱仁安社爲「破布社」，民國三、四十年時，大家還是這樣稱呼，後來簡
善得的叔父到台北從事電影看板的繪製，賺了錢，從台北聘請陣頭回來參與
廟會，此後便較少有「破布社」之稱。

　　民國四十年，仁安社聘台北亂彈藝人「金樹」來此教授亂彈戲齣，每晚
於仁安宮練習，三年內共學《金沙灘》等十餘齣戲，分別在內柵、大溪鎮內
演出。當時前場演員近三十人，且並不限定非社員不可，有興趣者皆可參加，
惜後來因北管人才日益凋零，子弟戲從此沒落。〔註95〕

10、新勝社

　　三層新勝社之名於大正十五年（1926）出現於《臺灣日日新報》，其成立
之期理應早於此，據其沿革爲三層新勝社成立於大正八年（1919），由郭石枝
先生等開始組織招集庄內有興趣管樂及文藝活動之老前輩，組成數十人取名

〔註95〕 徐亞湘，《桃園縣本土戲曲、音樂團體調查計畫報告書》（桃園：桃園縣立文
化中心，1995 年），頁 170。

號為新勝社，並參加一年一度大溪普濟堂供奉之關聖帝君聖誕祭典遊行，並募捐經費購置樂器、聘請樂師，教導北管排子，購造彩牌、繡旗、彫塑桃、柳二將軍等物，以添遊行之壯觀。且當時本社因有大溪炭礦（烏嘴尖）作為背景，而且礦方負責人，皆是本社之支持人員，礦區內之員工皆加入本社團，使本社盛極一時。〔註96〕圖3-11 即為三層新勝社之陣頭之一，由小女孩扮成宮女提宮燈參與遶境，而此扮像於《臺灣日日新報》〔註97〕亦曾報導：

> ……。本年如三層新勝社亦甚整頓。其餘十五六社。及其他樂隊十餘陣。頗見整齊。而興安社之繡旗。雖非新色而在遊庄之時。五花十色若大有社之旗幟。有模染萬國之符號。及繡緞縫錦色彩奪目。人多稱秀雅。□洋樂隊北管。及童男女之挑花籃舉花燈者。兩社均見良好。當日行扮神將者五六百人。隨香之信仰者。數千人。計約六千人之多。是地方稀有暑天之熱鬧云。

圖 3-11　六十年代新勝社出陣情形

圖片來源：莊育振，《桃園往昔生活及文化活動的紀錄》，桃園市：桃縣文化局，2005年，頁24。照片提供者為邱垂正。

〔註96〕不著撰者，《大溪鎮三層新勝社恭祝　關聖帝君聖誕收支明細表》（大溪鎮：三層新勝社，1999年），無頁碼。

〔註97〕不著撰者，〈大溪迎神盛況〉，《臺灣日日新報》第4版，臺北：臺灣日日新報，1926年8月5日。

如前文所述，新勝社因有礦主支持，故其陣頭文物甚是華麗，其中又以彩牌、鼓架最具特色，惜鼓架被竊，彩牌於某次出陣時損壞，但新勝社於近年另仿同人社之形制重新雕造一面彩牌，其形制雖美，但缺古意，甚以為惜。

另新勝社日治時期為溪五大社之一，日治時期即有學習北管樂，二次戰後，請「紅目香」（香先）來此教習北管樂，民國三十五年請亂彈班藝人林金樹來此授藝，搬演子弟戲，同年九月於三層福安宮廟前開棚演出《打桃園》（日場）、《忠義節》（夜場），翌年三月福安宮天上聖母聖誕受庄內士紳之邀，於三層廟前連演三天，頗受大溪各社團及有關人士讚賞，且三年間另學《紫台山》等近十齣戲，前場子弟林來春（旦）、游阿中（大花）等為當時技藝較突出者。〔註98〕惜此子弟戲亦被時代潮流所沖退，今已不復見。

11、福安社

設立時間約為大正十年（1921），由林阿傳、江再來、江金火等十七人共同倡議成立，其初期成員屬性大致在三層庄外圍（現美華里及福安兩里）居民，因福安社為三層地區主要社頭，社員最早是利用農暇之餘學習北管樂以自娛，日治後期，皇民化運動推行時，受「禁鼓樂」影響而消沉，但社員仍對北管的熱愛延續到二次戰後，戰後初期，邱春城、林民安二人召集藝員再次學習北管樂，規模較日治時期更為龐大，當時由李阿德負責教授北管牌子，其並擔任北管組組長三十餘年，直至過世為止，〔註99〕至今福安社仍有聘師教授北管牌子。而福安社早期出陣，尚可見福安社彩牌，但今已不復見，圖3-12可見其彩牌。

12、農作團

農作團成立時間約於日治時期因月眉濱臨大漢溪，開發較早，居民大部分以務農為生，地方望族江姓、李姓於是召集月眉農民組織農作團，供奉農業祖師五穀先帝以期風調雨順、五穀豐收，利用農暇社員學習北管樂及歌仔調，並曾組織龍陣演弄。〔註100〕於日治時期受邀參與普濟堂遶境，以祈求保佑。

〔註98〕 徐亞湘，《桃園縣本土戲曲、音樂團體調查計畫報告書》（桃園：桃園縣立文化中心，1995年），頁189。

〔註99〕 徐亞湘，《桃園縣本土戲曲、音樂團體調查計畫報告書》（桃園：桃園縣立文化中心，1995年），頁193。

〔註100〕 徐亞湘，《大溪鎮參與廟宇慶典活動之社頭調查計畫》（大料崁文化促進委員會，1995年），頁67。

圖 3-12　六十年代福安社出陣情形

圖片來源：莊育振，《桃園往昔生活及文化活動的紀錄》，桃園市：桃縣文
化局，2005 年，頁 28。照片提供者為邱垂正。

　　據農作團耆老黃文全先生（民國 17 年生）表示，農作團成立於日治時期，
正爐主祀奉之五穀先帝神尊是從大陸帶過來的，農作團成立時即有，起先在
月眉江厝江序（ㄆㄧㄠ）家中供奉，後來農作團成立，奉旨交由農作團奉祀，
早期以唱「歌仔」為主，老先（老一輩）過逝後沒人會唱了。

　　另據耆老李後同先生（民國 22 年生），農作團的「歌仔」早期是由老先
來帶，教吹牌子、唱歌仔，後來不會「排仙」，民國四十一、二年時請台北共
樂軒站館的先生（阿香先）來教「排仙」，講到此，李後同先生還現場示範唱
起了「歌仔」，可見當時的大溪，農閒時最大的娛樂就是相聚學北管、學子弟、
學唱歌，而這些也都是老一輩們最甜美的記憶了。

13、永安社

　　成立於大正十四年（1925），由烏塗窟娘仔坑，位於大溪街仔東北方的山
中谷地，由當地頭人周金枝、顏有福、蔡文發、黃水船、黃成來等人發起，
召集村內十多位茶農，利用農閒時間學習北管福路樂曲自娛，為當時育樂設
施缺乏的農村生活，提供娛樂與教化的功效。〔註101〕

〔註101〕黃淑芬，《2001 大溪文化節「神恩‧豆香‧木器馨」～深度報導系列～》（桃
　　　　園：大溪鎮歷史街坊再造協會，2001 年），頁 88。

　　民國三十八年，永安社聘亂彈班藝人「落屎寅」及樂師「老先」教授子
弟戲前後場，同年於烏塗窟龍山寺前演子弟戲兩天四場，戲齣爲《黑四門》、
《忠義節》、《海瑞取寶》及《紫台山》，前場演員計三十餘人，演技較佳者爲
黃金景（三花）、黃宏（大花）、張景仁（大花）等，民國四十年，子弟先生
黃生來續任北管樂曲老師，八十一年起由李詩妹教授北管牌子，〔註 102〕目前
則由一李姓北管先生接手教授。

　　另據永安社社長簡邦傑先生表示，永安社爲普濟堂輔導成立，並無彩牌，
只有繡旗式的頭旗，但其他北管文物如鼓架、大鑼槌等尚存，但已不使用，
而其鼓架，有花籃鼓架（已半損毀）、四方鼓架、生鐵鑄花籃鼓架及白鐵鼓架
等，似乎說明著不同年代有不同的流行風格，另大鑼槌保存尚完整，爲一木
雕品，是大溪僅存的幾枝之一。

14、同義社

　　《臺灣日日新報》於昭和十年（1935）年出現烏塗窟團之名稱，因烏塗
窟之社頭有永安社與同義社，但永安社之名有明確出現，於是乎筆者認爲烏
塗窟團指的就是同義社，其成立時間目前有二，一說約昭和六年（1931），一
說約明治三十九年（1906）以前，發起人不詳，初期成員爲烏塗窟虎豹坑一
帶茶農，〔註 103〕其組成亦爲同鄉情誼之休閒娛樂，日治時期，曾聘基隆「得
意堂」子弟先生來此教授北管西皮派樂曲。〔註 104〕而同義社會參與普濟堂遶
境實與礦業有關，初期成員雖爲茶農，但烏塗窟煤礦出頭，茶農紛紛轉以礦
工爲生，以半礦半農的方式維持生計，而此時有多位大溪街區礦主至此投資，
爲求投資順利並答謝礦業的保護神關聖帝君的保佑，故在大溪街區普濟堂盛
大舉辦聖誕慶典時出陣以酬謝神明庇佑。

　　由上可知其型態由休閒娛樂轉爲遶境音樂練習，誠如現今同義社社長所
言〔註 105〕：

　　　田都元帥是我們的祖師爺，我們向祂學一些功夫，所以要拜祂，鄉下

〔註 102〕 徐亞湘，《桃園縣本土戲曲、音樂團體調查計畫報告書》（桃園：桃園縣立文
　　　　　化中心，1995 年），頁 179。
〔註 103〕 黃淑芬，《2001 大溪文化節「神恩・豆香・木器馨」～深度報導系列～》（桃
　　　　　園：大溪鎮歷史街坊再造協會，2001 年），頁 89。
〔註 104〕 徐亞湘，《大溪鎮參與廟宇慶典活動之社頭調查計畫》（大料崁文化促進委員
　　　　　會，1995 年），頁 29。
〔註 105〕 〈同義社訪問記錄〉，2010 年，4 月 8 日，於永福庄同義社社館。

人就是無聊，晚上可以聊天，還可以學唱戲，學一些功夫，老了還可以幫忙一些紅白帖，賺一些車馬費。後來參加普濟堂的遶境後，反而以普濟堂的遶境為主，自己的田都元帥慶典，反而比較不重視。

同義社於光復初期，曾請三峽子弟先生陳結及彰化員林「炎火先」來班傳藝，民國三十八年，開始學子弟戲，當時邀請歌仔戲演員烏憨（大花）教授歌仔戲，同年於烏塗窟龍山寺首演《一奸出命》，此後每年媽祖聖誕、保儀尊王聖誕二日皆於龍山寺演出歌仔戲，當時技藝較精、演出較受歡迎的子弟有阿土伯（武生）、黃日興（老生）、徐德旺（三花）等人，民國四十一年，因永福礦業沒落，不少社員搬至外地謀生，子弟戲及北管就此停止，直至民國七十七年再請聘基隆「得義堂」十五組子弟老師陳萬億、許朝旺來班教授，後有同義社出身之王建民擔任教授北管牌子。〔註106〕

另據耆老徐德旺先生表示，同義社是他的祖母輩的長輩成立的，約有 80～90 年的歷史，他在二次戰後參加同義社，當時演歌仔戲，他是三花，二月迎媽祖、九月迎尪公，子弟演戲，就不必請外面的戲班，而彩牌是戴深根、劉阿諒、黃進財、陳銀成寄附，他們是大地主，戴深根是頭人，開始的頭人是楊金水，對漢樂有興趣，來組織這個社團，再來是謝進財，他是做農的，十月農閒時大家相約，學北管，不過，後來他們的土地被徵收後，就搬到中壢了。

同義社因有頭人、礦主參與，故其陣頭文物相當豐富，除神轎精美外，其彩牌、花瓶鼓架更是大溪社頭中形制最獨特者，均由當時頭人捐造，至今仍是同義社出陣時的開路牌。

15、樂豳社

設立於昭和二年（1927），日治時期，位居頭寮「林厝底」的梅鶴山莊的林姓家族，是當地的仕紳望族，在其子弟林源欽出面號召，邀集地方五十多位居民組成社頭，共同參與普濟堂遶境，因此，樂豳社的社務在林厝支持下，以林家「梅鶴山莊」為社館，購買樂器、聘請老師，發展出實力堅強的北管鑼鼓班，一直到現在，北管仍然是樂豳社最主要的陣頭。〔註107〕而當時亦雕

〔註106〕徐亞湘，《桃園縣本土戲曲、音樂團體調查計畫報告書》（桃園：桃園縣立文化中心，1995 年），頁 176。

〔註107〕黃淑芬，《2001 大溪文化節「神恩・豆香・木器馨」～深度報導系列～》（桃園：大溪鎮歷史街坊再造協會，2001 年），頁 87。

造了華麗之陣頭文物，其彩牌亦爲當地人所讚賞，惜已損壞不復見，至今木雕文物僅見鼓架殘存。

二、大溪社頭的共通性

　　大溪社頭的成立實與大溪的族群遷移、產業發展與仕紳的推動息息相關，而在這背後支持社頭成立的核心則是信仰，大溪社頭會在日治大正至昭和年間如雨後春筍般成立，其所圍繞的均與所屬地方宮廟及普濟堂之關聖帝君遶境儀式有關，以下筆者分別說明大溪社頭的共通性：

（一）明顯的行業別特色

　　大溪社頭於日治時期普遍均設有北管組。樂器習練其實早在社頭成立前即已普遍存在於大溪地區，在早期電視、電影未普及的年代，鄉民們在業餘時期習練什音、四平、北管樂等以爲樂，平時除可增進鄉民之間的感情，亦可在鄉里廟會時演奏北管增添熱鬧性，故其北管的習練均與其在地方公廟之廟會或其信仰神明之慶典有關。故在本研究範圍之二區五街庄均有其所屬社頭產生，以下分別介紹：

1、大嵙崁區之月眉庄

　　月眉庄產業以農業爲主，早期至此區拓墾者有李姓及江姓望族，因其以農爲主業，故世代奉祀農業祖師五穀先帝，故早在農作團參與街區普濟堂遶境前，此區之農民即已利用農餘時，召集對北管有興趣者一起練習北管以爲娛樂，並於農曆四月二十六日之五穀先帝聖誕之祭典演奏北管，直至大正、昭和年間，普濟堂遶境盛大舉行，加上當時的遶境審查制度，使得月眉地區亦組成農作團參與遶境以祈平安。而農作團其祀神爲五穀先帝，故爲一行業別明顯之社頭，其早期成員以農人爲主。

2、大嵙崁區之大溪街

　　日治時期成立之十五個社頭中，大溪街的社頭就有九個之多，因其經濟力較豐，各行各業均於此聚集，加上當時大溪街區仕紳富豪因受關聖帝君保佑而投資致富，因而力倡普濟堂遶境，故當以礦工爲主之同人社立社並參與遶境時，在大溪地區引起了很大的迴響，於是乎其他職業團體亦組社參與遶境，工匠協義社、雜商興安社即是在此背景下立社參與遶境，其他職業團體亦不落人後，如作土水的慶義社、以大溪郡役所人員爲主的慶安社、以大溪勞動階級爲主的共義團及以大溪富紳爲主之大有社等皆是，另一地方公廟福

仁宮，亦為此區多數社頭的信仰中心，由表 3-7 可知，此區多數社頭均參與農曆二月初十之福仁宮開漳聖王聖誕遶境，且日治時期之「拼戲」多位於福仁宮前，可見福仁宮亦是牽繫街區社頭的引線。另由其祀神亦可得知其社頭之行業別，祀奉財神爺之興安社，其成員屬性以大溪街區之零售商為主；祀奉巧聖先師之協義社，其成員屬性以大溪木器從業人員為主；祀奉荷葉先師之慶義社，其成員屬性以大溪作土水的從業人員為主；祀奉關聖帝君之同人社早期則以礦區從業人員為主，共義團之成員屬性則以大溪地區勞動階層人士，如木工、輕便鐵車夫、礦工為主。

表 3-7　大溪社頭信仰及成員屬性一覽表

分布區域	產業特色	在地公廟（祀奉神明）	社頭名稱	社頭成員屬性	社頭之祀神	例 行 祭 典
月眉地區	農業為主	月眉觀音山寺（觀音）	農作團	以農民為主	五穀先帝	農曆二月初十：福仁宮開漳聖王聖誕遶境 農曆三月初十前往北港進香 農曆四月二十六日五穀先帝誕辰排場 農曆六月二十四日普濟堂關聖帝君聖誕遶境
大溪街區	商業為主	福仁宮（開漳聖王、財神爺、巧聖先師、荷葉先師、媽祖）普濟堂（關聖帝君）土地公廟	同人社	以礦業從業人員為主	關聖帝君	農曆二月初十：福仁宮開漳聖王聖誕遶境 農曆六月二十四日普濟堂關聖帝君聖誕遶境
			共義團	以勞動階級為主	關聖帝君	農曆二月初十福仁宮開漳聖王聖誕遶境 農曆六月二十四日普濟堂關聖帝君聖誕遶境
			樂安社	以社會網絡聚集人員為主	關聖帝君、西秦王爺	農曆二月初十福仁宮開漳聖王聖誕遶境 農曆六月二十四日西秦王爺生 農曆六月二十四日普濟堂關聖帝君聖誕遶境
			慶安社	以大溪郡役所人員為主	關聖帝君、西秦王爺	農曆二月初十福仁宮開漳聖王聖誕遶境 農曆六月二十四日西秦王爺生 農曆六月二十四日普濟堂關聖帝君聖誕遶境

			興安社	以街區零售商為主	關聖帝君、財神爺	農曆二月初十福仁宮開漳聖王聖誕遶境 農曆三月十六財神爺生聖誕 農曆六月二十四日普濟堂關聖帝君聖誕遶境
			大有社	以街區富紳為主	關聖帝君、王天君	農曆六月十六日王天君生 農曆六月二十四日普濟堂關聖帝君聖誕遶境
			協義社	以木器業從業人員為主	巧聖先師	農曆正月初七巧聖先師魯班忌辰 農曆五月初七巧聖先師魯班誕辰 農曆二月初十福仁宮開漳聖王聖誕遶境 農曆六月二十四日普濟堂關聖帝君聖誕遶境
			慶義社	以泥水業人員為主	荷葉先師	農曆九月二十四日荷葉先師聖誕東勢進香 農曆二月初十福仁宮開漳聖王聖誕遶境 農曆六月二十四日普濟堂關聖帝君聖誕遶境
內柵地區	農業礦業	仁安宮（玄壇元帥）		以農、礦業人員為主	玄壇元帥、關聖帝君、媽祖	農曆三月初三玄壇元帥趙公明生 農曆六月二十四日普濟堂關聖帝君聖誕遶境
三層地區	農業礦業	福安宮（媽祖）	新勝社	以礦業人員為主	媽祖、關聖帝君	農曆三月二十三日福安宮媽祖誕辰 農曆六月二十四日普濟堂關聖帝君聖誕遶境
			福安社	以農業人員為主	媽祖、五穀先帝、關聖帝君	農曆三月二十三日福安宮媽祖誕辰 農曆六月二十四日普濟堂關聖帝君聖誕遶境
			樂國社	以農、礦業人員為主	關聖帝君	農曆三月二十三日福安宮媽祖誕辰 農曆六月二十四日普濟堂關聖帝君聖誕遶境
烏塗窟地區	農業茶業礦業	龍山寺（觀音佛祖）	同義社	以茶業、礦業人員為主	田都元帥、關聖帝君、媽祖、土地公、虎爺	農曆六月二十四日普濟關聖帝君聖誕遶境 農曆八月二十三日田都元帥誕辰遶境、演劇

		永安社	以茶業人員爲主	西秦王爺、關聖帝君、土地公	農曆二月十九烏塗窟龍山寺觀音媽聖誕 農曆六月二十四日西秦王爺生 農曆六月二十四日普濟關聖帝君聖誕遶境 農曆九月十九日台北木柵忠順廟進香

資料來源：黃淑芬，《2001 大溪文化節「神恩・豆香・木器馨」～深度報導系列～》，大溪鎮歷史街坊再造協會，2001 年。筆者田調所得：筆者田調所得各社祀神，依據下列原則有社館者，依其社館所祀神尊，位於正位者爲第一位，龍邊爲第二位，虎邊爲三位。無社館者，依受訪者所述其社團主神爲第一位，無明確主神者，則以正爐主所奉神尊爲第一位，副爐主所奉神尊爲第二位。

3、三層區之三層庄

三層地區之地方公廟爲「福安宮」，其主祀神媽祖，故三層地區之慶典爲農曆三月二十三媽祖聖誕，而隸屬於此區之社頭有福安社與新勝社，福安社其祀神除媽祖外，尚有農業祖師五穀先帝，因其初期成員多數爲三層地區美華里及福安里之農民爲主，故有「作田社」之稱，其職業特色鮮明；新勝社祀神除媽祖外，尚有礦業保護神關聖帝君，且其成員多爲大溪烏嘴尖之礦場從業人員，故又稱爲「炭工社」，其職業別亦甚鮮明。此兩社之成員早期即有習練北管之休閒娛樂，大正、昭和年間因大溪地區之社頭紛紛正名，遇有廟會均會出陣參與，在當時亦形成一種社頭之間的文藝比賽，故常不惜重資打造其木雕文物，新勝社正是在此背景下募捐經費購置樂器，聘請樂師，教導北管排子，購造彩牌、繡旗、雕塑桃柳二將軍等物，以添遊行之壯觀，大正十五年（1926）《臺灣日日新報》有報導三層新勝社亦甚整頓，可見當時遶境盛況，除出陣娛神外，其另一目的爲社頭財力及向心力的展現。

4、三層區之烏塗窟庄

烏塗窟地區之地方公廟爲龍山寺，其祀奉主神爲觀音佛祖，但由同義社及永安社之祀神可以得知其組成與原鄉休閒娛樂有關，因同義社至今仍祀奉戲神田都元帥，永安社祀奉戲神西秦王爺，而其社頭成員與其地方產業相關，同義社之組成人員爲烏塗窟虎豹坑一帶茶農，而隨著此區礦產的開發，部分茶農亦轉以礦業爲主，故其同業相聚情形亦甚，其中因其成員部分爲礦區工作者，故較有經濟力得以購置木雕文物，同義社之彩牌即爲當時頭人所寄附。永安社成員爲烏塗窟娘子坑附近茶農，其組成亦爲同鄉情誼之聯繫，故亦爲職業特色明顯之社頭。

5、三層區之內柵庄

內柵地區居民之原鄉保護神為「玄壇元帥」，大正十三年由鄉民呂球生、簡天養等士紳召議集資建成「仁安宮」，每年農曆三月初二日為元帥千秋聖誕慶典日，分十姓輪值籌辦慶典盛事，而此區居民應早期已有團聚練習北管之習慣，除同鄉之休閒娛樂外，更可於元帥聖誕慶時鼓樂以增加熱鬧氣氛，並於普濟堂遶境時出陣參與盛會，因內柵居民以務農為主，故其社頭成員以農民為主，後因礦業發展，農民亦兼以礦業，故其性質改以半農半礦為主，但至今日，社員屬性已包涵各行各業之從業人員，其職業別之特色已漸次消失。

（二）大溪社頭的自發性

如前文所言，大溪社頭雖有西皮福祿之分，但均為其所屬信仰而生，且共同目的均在成為其所屬神明聖誕慶典之轎前音樂，其中多數社頭是為普濟堂遶境而成立，其他信仰主神非關聖帝君者亦受邀一同參與遶境為關聖帝君祝賀，其信仰之間的分際比基隆、宜蘭之軒社少，故大溪地區未曾發生過西皮福祿之爭，而筆者究其另一原因，實是大溪社頭成員之自發性。

1、因信仰而自發

大溪子民因信仰而參與社頭，而大溪的信仰除鄉土保護神外，另有因行業別而生之信仰，隨著大溪產業的發展與轉變，原以茶、農為生之居民，改以半礦半農或半茶半礦之生活型態，因此大溪地區居民之行業別是有重疊的，故在社頭成員的招募上，各社基於輸人不輸陣的榮譽感，努力找人參與，故各社成員略有重複，也因成員之自發性，每年遶境無不使出渾身解數擴充陣容，使得社運越加盛大，遶境越加熱鬧。

另大溪社頭雖多數信奉關聖帝君，且參與普濟堂遶境盛會，但並不隸屬於普濟堂，每年之遶境均由社頭主導，舉凡人員的訓練、調度、要出哪些陣頭、要出多少陣頭、要花用多少經費，都是由社頭自行決定，普濟堂管理委員會並不干涉，也會尊重社頭頭人們的意願及意見，社頭與普濟堂之間是以「關聖帝君」做為維繫基礎，一年只有一次的「迓帝君祖」是多數社頭成立的唯一目的。〔註108〕

〔註108〕吳敏惠，《大溪普濟堂關聖帝君聖誕　無形文化資產調查及保存計畫成果報告書》（財團法人綠色旅行文教基金會，2009年），頁56～57。

而每年的農曆六月遶境前夕，大溪子弟們即開社館準備出陣用具，或聚集團練陣頭技藝，夜夜鑼鼓聲不斷，各社無不加緊腳步練習，而這一切都是為了要將陣頭最好的技藝在關聖帝君面前完美演出。

2、自發性的表現

大溪子民自發性參與社頭，其表現可由大溪北管練習及子弟戲演出、陣頭文物的擴充、社頭經費物資來源三個面向觀之。

（1）子弟戲的拼戲

日治時期大溪看戲風氣盛行，遇廟會慶典，在地商紳會聘請他地職業戲班來大溪表演，養成了看戲之風氣，且當時各社間流行「拼戲」，各社為贏得好口埤，無不下重資以培養子弟戲，訓練自己社頭成員上台搬演梨園。

「拼戲」即對台比賽或同台拼棚之意，有職業戲團及子弟班兩種，拼戲時指定同一戲目，比賽文武場的技藝、默契、各角色的身段、做表、唱詞、架勢、功夫等，公開而公平，如有錯誤、優劣，立竿見影，表露無遺，於是拼戲之子弟團，莫不是屬兵秣馬，使出渾身解數，全團同心演出，全力以赴。〔註109〕

另拼戲亦為社頭財力與人力雄厚的展現，大溪日治時期即有三大子弟戲——同人、興安及協義社，此三社常於廟會慶典時搭台演子弟戲以拼戲，依《臺灣日日新報》報導，大正十三年（1924）此三社開始拼戲較勁，連演三天，此後年年盛況空前，並影響他社亦開演子弟戲以娛神，故有言「憨子弟迓熱鬧」，誠如《臺灣日日新報》〔註110〕所載：

> ……。其他興安社協義社同人社樂安社外十二社。亦籌備。欲在普
> 濟堂前。開演子弟劇。屆時定有一番之盛況也。

（2）陣頭文物的擴充

由報刊之報導，遶境除了比各社人氣，亦比陣頭文物，故各社無不出資添購陣頭文物，舉凡繡旗、北管組樂器及制服等，另至他地參與遶境學習，為大溪社頭帶進新的裝飾文化，如大有社之萬國旗即為大正十四年（1925）參與新竹城隍遶境所見，《台南新報》〔註111〕有言：

〔註109〕劉慶茂，《崁津五十一》（著者未出版，2001年），頁157。
〔註110〕不者撰者，〈大溪準備迎神〉，《臺灣日日新報》第4版，臺北：臺灣日日新報，1926年7月23日。
〔註111〕不著撰者，〈新竹特訊‧城隍遶境盛況〉，《台南新報》第5版，1925年9月

……。而各戶大半裝飾萬國旗。宮燈。設備香案恭敬神輿。其隊伍
次序。先由督隊路關登遠。次大鼓隊二十二陣。大溪街大有社音樂
隊。新樂同文和樂振樂同樂集樂六子弟團。……

次年《臺灣日日新報》〔註112〕報導大溪迎神盛況即有說明大有社使用萬
國旗裝飾：

……。歷年最著名社頭。有大有社興安社協義社同人社。各具競爭
優勝之勢。本年如三層新勝社亦甚整頓。其餘十五六社。及其他樂
隊十餘陣。頗見整齊。而興安社之繡旗。雖非新色而在遊庄之時。
五花十色若大有社之旗幟。有模染萬國之符號。及繡緞縫錦色彩奪
目。人多稱秀雅。□洋樂隊北管。及童男女之挑花籃舉花燈者。兩
社均見良好。當日行扮神將者五六百人。隨香之信仰者。數千人。
計約六千人之多。是地方稀有暑天之熱鬧云。

另由以上可知，日治時期之大溪迎神，各社為展現其社頭實力，均努力
擴充其陣頭文物，因而演變成社頭文物競賽，而彩牌亦是此文物競賽中社頭
門面的代表，故各社無不重金雕造。

（3）社頭經費物資來源

社頭之經費來源主要是緣金之收取及外界贊助，其中緣金收取為每社常
例，在此不贅述，但往年每逢關聖帝君聖誕，整個大溪是總動員的狀態，除
福仁宮、普濟堂會贊助公賞金牌、補貼車資及點心費外，未入會者亦會捐金
捐資贊助遶境，其項目如贊助金錢、車陣、食物等，因每年遶境適逢酷暑時
節，故贊助飲品者甚多，且鄉親的熱情更是讓外地來之隨香客感受到大溪濃
厚的人情味，而這些都是大溪社頭自發性的最佳例證。

（三）大溪社頭中的頭人色彩與其自給自足並回饋地方的特色

筆者田調過程中，發現大溪社頭中均有頭人色彩，因要支持龐大之社
務，如果僅靠緣金之收取，實是難以維持，故頭人的角色在日治時期佔有相
當重要的地位，另社頭亦是一社團組織，因信仰之故，社頭亦有回饋地方的
特色。

---

10 日。

〔註112〕不著撰者，〈大溪迎神盛況〉，《臺灣日日新報》第 4 版，臺北：臺灣日日新報，
1926 年 8 月 5 日。

1、日治時期的頭人色彩及自給自足

如前文所言，大溪社頭之成立係當地仕紳推動所致，而這些仕紳在當時因投資獲利，其經濟力充足，藉由參與地方事務提高社會地位，故除擔任普濟堂經理人，盛大辦理遶境慶典外，亦加入社頭組織中，而成為社頭中之頭人，而頭人於大溪社頭之角色，除發起人外，亦為社頭金緩不足時之出資者，亦使大溪社頭不用普濟堂捐助也能自給自足，且有能力回饋地方。

日治時期成立之社頭，多數社頭是為普濟堂遶境而組社，但社頭運作及遶境的參與均不用普濟堂金援，而遶境所需之陣頭文物亦由各社自行雕造，每次出陣所費不貲，其經費如僅依靠社員之緣金實屬不足，而此時定有一頭人出面囊括，稱為「攬尾」，以同人社為例，其初期成員大多為礦工，當時為雕造神轎而由基隆、桃園、大溪之社員同共捐資雕造，但神轎造價不斐，社員所捐不敷支出，這時同人社之頭人黃丙南出面總攬，請見圖3-2。烏塗窟之同義社亦同，其神轎造資不足部份亦由同義社之頭人攬尾。樂關社之成立與運作亦與頭寮林家有關。協義社亦由東興家具行的老闆李烏番發起。新勝社之頭人為大溪炭礦的負責人。由此可知，大溪社頭中有著濃厚的頭人色彩。

2、回饋地方的表現

大溪社頭除自給自足外，因其信仰關係，亦有回饋地方之舉，如普濟堂是鸞堂公廟化的結果，由當地仕紳發起鳩建，於明治四十年起工，聘請葉金萬興築，四十一年竣工，民國五十四年改建，改建之時，大溪主要社頭莫不捐金以修築，如三川門石雕面壁即為協義社所敬獻，東西向牌樓及牌樓下之大石獅為興安社及樂安社捐獻。另民國六十七年有同人社捐廟地及前廊地板地磚舖設，共義團捐後殿及庭院地磚，及其他多社亦參與獻金修築福仁宮，如此可知，大溪社頭除自給自足外，亦能回饋地方。

三、彩牌是社頭的重要標誌

日治時期大正至昭和年間，是大溪社頭的繁華的時期，當時社會普遍流行迎神賽會，尤以遶境慶典為甚，而遶境出陣之隊伍，除比人場，亦比文物之陣容，各社莫不盡全力招募社員及擴充陣頭文物，而在出陣參與遶境的同時，亦是一種互相比較互相模仿，故出陣時所展現的即是當時的流行，透過互相比較互相模仿，使得陣頭文物愈加華麗愈加精緻，彩牌即是在此一流行

下的產物。

普濟堂遶境各社頭為展現其對關帝信仰之虔誠，無不投下巨資人力以充實陣頭，除了使遶境陣容盛大熱鬧外，其表演性陣頭亦相當有可看性，其中又以其陣頭文物最值得研究，而木器之鄉當然亦是木雕彩牌最具代表性。

（一）出陣的型態

大溪普濟堂關聖帝君繞境活動各社頭的的排列順序是有一定的原則，其繞境隊伍的結構如下：引導、紅彩、八音、獅陣、福德正神、各社頭、隨香香客。前五項為整體繞境隊伍的前鋒陣，負責開路、通報信眾。其中，社頭所擔任的角色，除了遶境音樂的吹打，搭配神將之演出，更是遶境隊伍中最熱鬧最引人注目的，其中大溪老社特有之彩牌更是一歷史的見證，其華麗的外表下，蘊含的的是大溪日治時期的繁華歷史。

（二）彩牌的作用

以大溪鎮一百年社頭出陣時之空間位置而言，如圖 3-13，燈突位於陣頭最前方，一來作為隊伍之前導，有點照光明（照路）之意，二來也為陣頭排場增添聲勢，〔註 113〕再來是彩牌（可為木雕彩牌或頭旗），為陣頭之門面，有昭告神明來臨之意，亦是社頭經濟實力與榮譽之表現，再來為北管陣及各式彩旗，彩旗後則是僮仔及將軍，接下來為香擔及神轎，最後則是壓陣之風帆旗。彩牌乃社團陣頭前導的告示牌，上面大都會將社團的團名、地名刻在木牌上，或繡在在垂懸的錦帳上，以昭告觀禮眾人，此社頭的名號與所在之地。〔註 114〕

而其中之木雕彩牌的位置通常是在陣頭隊伍的前方（僅次於燈凸）或神轎前面，是陣頭的標的，木雕彩牌在整個隊伍中占的份量並不多，卻是不可缺少的一環，基本上不表演、不執行任何儀式，負責前導開路工作，並向沿途信眾宣告神明的來臨。日治時期成立的老社或是被稱為大社的社頭，如同人社、協義社等，其前鋒陣包含的項目較多，包括：燈凸（一說紗燈）、彩牌（精緻、繁複的木雕作品）、頭旗（繡有社名矩形繡旗）、公賞旗或優勝旗

〔註 113〕 林君玲，《陣頭、文物與展演 論蘭陽地區北管陣頭文物的展演及其文化意涵》，國立臺北藝術大學傳統藝術研究所碩士論文，2006 年，頁 15。

〔註 114〕 賴明珠，〈原型與變異——試論戰前大溪木器產業的源起與開展〉，《民俗曲藝》第 152 期，2006（6），頁 72。

圖 3-13　彩牌出陣時的位置

圖片來源：筆者攝於 2011 年 7 月 23 日普濟堂遶境。

等。後期較晚成立，或是社員規模較小的社頭，其出陣的隊伍就傾向簡便、單純，有時僅是一面頭旗代表。〔註 115〕

　　如此可知，彩牌之有無對大溪的社頭而言實是地位的象徵，而彩牌亦是一個社頭成員多寡及社頭經濟實力展現之象徵，有彩牌的社頭通常是日治時期即已參與遶境之老社，早期遊街時，經濟實力雄厚的社頭才有能力雕製彩牌，且遶境時彩牌上方會懸掛由廟方或信徒所贈送的金牌，以彰顯此一陣頭之社員向心力與經濟實力，也是社頭成員的自傲與榮譽之表現。

（三）與頭旗的關係

　　以陣頭文物而言，能代表社頭標誌的有二種，一種是繡旗式的頭旗，一種是木雕製的彩牌，一般而言，早期一般社頭僅有繡旗式的頭旗，其優劣的區別在於繡工之精緻度及繡旗上圖案之繡製，其特性是顏色豐富討喜，以金

〔註 115〕黃淑芬，《2001 大溪文化節「神恩・豆香・木器馨」～深度報導系列～》（桃園：大溪鎮歷史街坊再造協會，2001 年），頁 70。

線繡製有華麗大方的感覺，且因繡旗屬布質，故便於收藏存放，出陣時亦不會因碰撞而損壞。

清同治開始，宜蘭地區開始出現西皮福祿之爭，械鬥頻乃而受當局注目，日治時期日人頒布嚴法制止，〔註116〕加上大正年間皇太子遊台之舉促成社會奢靡之風，遂由械鬥轉為社頭間之文物競賽，〔註117〕於是各社團無不添置社頭文物，其中彩牌與鼓架為當時各社之財力象徵，而大溪彩牌之出現，雖與西皮福祿之爭無關，但筆者大膽假設，同人社第一面彩牌應是模仿自基隆地區，也因其為礦工團體，故在雕製彩牌時亦將社頭對平安之祈願化為彩牌上圖飾，而各社間亦為輸人不輸陣，紛紛雕製屬於自己社頭之彩牌。

但彩牌有其不便利性，因雕工細緻，在出陣時由兩人扛抬做為前導，故常會因碰撞而損壞，日治後期，昭和十一年（1936）開始，日政府即已開始革新台灣的傳統戲劇，昭和十二年（1937）更隨著戰事的吃緊，使得日政府在推行皇民化政策時，亦將台灣的傳統戲劇完全禁絕，亦即「禁鼓樂」，此時期之大溪文衡帝君遶境亦遭禁止，子弟戲不再搬演，社頭不再遶境，所以相關遶境之民俗文物只得被封存於倉庫中。

大溪社頭經過禁鼓樂的沉寂，與日治時期相同之出陣型態，二次戰後亦曾曇花一現，但隨著北管戲沒落，本來重北管子弟戲的社頭亦改以醒目神氣的神將為主，已鮮少有社頭再雕製彩牌，大多改以恢復頭旗之使用，而各社亦不再以彩牌為較量重點，但以大溪而言，彩牌代表的歷史意涵是繡旗式的頭旗無法取代的。

綜合以上所言，大溪社頭之成立實因豐富的地理條件造就了高經濟力的產業發展，加上時代演變、山區資源開發、大料崁溪水運帶來的經濟效益，促使了紳商的形成，也這些富紳間除了政治、經濟的交互參與外，對於教育、信仰上的著力亦出力出資不少，因此得以在迎神祭典盛行的大正年間，直接或間接的促使大溪社頭的成立，故大溪社頭不單是信仰力量的凝聚，也是大

〔註116〕林君玲，《陣頭‧文物與展演 論蘭陽地區北管陣頭文物的展演及其文化意涵》，國立台北藝術大學傳統藝術研究所碩士論文，2006年，頁40。大正九年（1920），日人施行「台灣治安維持法」、「台灣治安警察法」及「無賴和防犯條例」且嚴格執行，才扼止了西、福二派鬥爭滋事。

〔註117〕李清蓮，《宜蘭之西皮、福祿百年考》，引自林君玲，《陣頭‧文物與展演 論蘭陽地區北管陣頭文物的展演及其文化意涵》，國立台北藝術大學傳統藝術研究所碩士論文，2006年，頁13。

溪產業經濟、歷史人文交互作用下的結晶,而彩牌代表著社頭及其所信奉之神明,故其文化內涵深遠,值得深究,下一章即是筆者對大溪彩牌所做之分析與研究。

第四章　日治時期大溪之彩牌研究

第一節　彩牌的起源與發展

一、彩牌的發展歷程

　　以陣頭文物而言，做為前導開路之儀仗性文物有三種，一種是頭旗，一種是繡旗式的彩牌，又稱為彩旗，一種是木雕彩牌。木雕彩牌是大正年間開始流行的一種雕飾華麗的木堵框構彩牌，亦稱為彩牌。早期而言，一般社頭僅有頭旗或彩旗，社頭向心力強、財力豐沛者才會再另雕製木雕彩牌，而木雕彩牌之存在亦代表了此一社頭之成員盛、神明興，再加上出陣時掛上社員捐贈之金牌，則更顯得此一社頭氣派非凡。而此章節，筆者將介紹彩牌未流行前的頭旗使用情形，及木雕彩牌（簡稱為彩牌）的發響、流行與落沒。

（一）頭旗、彩旗與彩牌作用

　　「旗」，輕薄織品，古時搖旗擂鼓以壯大軍容，《管子・兵法》：「三官：一曰鼓，鼓所以任也，所以起也，所以進也。二曰金，金所以坐也，所以退也，所以免也。……三曰旗，旗所以立兵也，所以利兵也，所以偃兵也。」[註1] 可見旗在古代是軍令的象徵，是軍隊之陣容表現。而在社頭出陣時，旗亦是出陣陣容的代表，故旗之使用在社頭中甚為廣泛。所以旗在北管社頭中是種類最多、數量最龐大的文物，且因用途和形制的不同而有不同的稱謂，

〔註1〕　李勉註譯，〈兵法第十七〉，《管子》（中華文化復興運動推行委員會，國立編譯館中華叢書編審委員會主編），頁 321～322。

如出陣時擺置於北管陣頭前方的頭旗或彩旗；穿插於陣頭中的三角旗、茭刀旗、八仙旗、十二門人旗……等；列在陣頭之後的壓陣帥旗等，又可分為單面旗及雙面旗。〔註2〕故各社莫不以旗之多寡、旗面繡工細緻華麗度為較量，故日治時期常可見新製彩旗或繡旗之彩牌為遶境前導之報導，大溪興安社日治時期即以繡旗華麗量多見著，亦曾因新製繡旗數十面而刊載於《臺灣日日新報》〔註3〕，而在此眾多繡旗中以頭旗或彩旗為各社相較高下之文物，經濟力較豐沛之社頭，莫不至有名繡莊訂製裝繡華麗之頭旗或彩旗。

其中頭旗、彩旗之位與彩牌等同，唯形狀上頭旗較屬長方形，彩旗較屬正方形，彩牌之形制又更多樣，單以大溪地區就可分成三種形制，另彩旗較頭旗構件多樣，通常有獅頭瑞獸、寶塔、龍、八仙、南極仙翁及旗身，由多樣構件構成一吉祥歡慶畫面，而彩牌上之紋飾，除上述外，更是分堵分區雕飾戲齣、祥禽瑞獸、花卉瓜果等動植物紋飾，紋飾題材多樣，雕工細密，其藝術性更甚於頭旗與彩旗。

此三者皆屬儀仗性前導文物，具有「引導」、「起始」的意涵，旗身上方的文字具有指示性，用以告知民眾此陣頭所屬之社團，除了有社團的名號之外，有些會另標示戲神名。〔註4〕而頭旗、彩旗為各社均有之文物，但彩牌就不一定是各社均有，唯有社頭財力較豐沛者才會再另外雕製彩牌，且出陣時需由 2 人一組抬顧，有時彩牌上會懸掛社員捐贈之金牌，更彰顯社頭之財力與凝聚力。而出陣時，無論是頭旗、彩旗或彩牌之二側通常會搭配一對燈突，燈突就如同隊伍前進時的眼睛，雖無實際點燈照亮之舉，但其代表意義為點照光明。

由以上推斷，筆者認為此三種儀仗性前導文物，裝飾性由簡而繁，頭旗先，彩旗次之，彩牌最甚，其普及性則反之，故彩牌得以物以稀為貴，成為各社鎮館之物，但為何如此精雕之文物僅大量流行於日治時期，為何現在的社頭甚少再製，其原因為何？請見下文分曉，下文將介紹木雕彩牌的發響、流行與沒落。

〔註2〕 林君玲，《陣頭‧文物與展演 論蘭陽地區北管陣頭文物的展演及其文化意涵》，國立台北藝術大學傳統藝術研究所碩士論文，2006 年，頁 17。

〔註3〕 見附錄一：不著撰者，〈祭典記盛〉，《臺灣日日新報》n04 版，臺北：臺灣日日新報，1924 年 7 月 31 日。

〔註4〕 林君玲，《陣頭‧文物與展演 論蘭陽地區北管陣頭文物的展演及其文化意涵》，國立台北藝術大學傳統藝術研究所碩士論文，2006 年，頁 18～20。

（二）彩牌的發響與流行

據目前筆者所整理之資料，木雕彩牌最早作用的確切時間未可知，約始於清末，據筆者推測可能是一種原鄉文化的移入，因其雕飾內容物與中國傳統雕飾物件，如廟宇石雕、木雕等，題材雷同，故筆者推測爲一原鄉文化的移入。而其大量流行約於日治大正年間，鹿港木雕大師李松林於大正十年（1921年），雕製一面「玉如意雙龍綵牌」〔註5〕，並於大正十二年（1923年）雕製了一面任誰看了都會承認精彩的「玉琴軒綵牌」〔註6〕，由此可見，彩牌早已存在於當時軒社。

筆者再詳細推敲其於日治時期大量流行的原因有以下幾點：

1、由西、福械鬥轉爲文物競賽

由於日治時期日人頒布嚴法制止滋事械鬥行爲，加上大正年間皇太子遊台之舉促成社會奢靡之風盛行，西、福兩派子弟的競爭作風開始改變，由原本的械鬥對抗模式逐漸轉爲音樂技藝與道具行頭上的相互較量。〔註7〕

西皮、福祿之爭導於蘭陽平原，而且僅存於台灣東北部的北管子弟社團間，日治時期在台灣中部雖有「軒」、「園」之爭，但不似東北部這般長期與嚴重的械鬥。時間起於十九世紀中期清中葉，日治時期大正初年，西、福之爭仍盛，尤以迎神賽會時更是競相奏樂，謂之「鬥場」，互不相讓，直至大正九年（1920），日政府爲強化地方治安，除當時現行之「台灣治安維持法」與「台灣治安警察法」兩項苛法外，增加頒布「無賴和防犯條例」並嚴厲執行，才使得西、福兩派各自反省謹慎，使得滋事械鬥行爲不再，不過，此西、福之爭，改以文物之爭代替，加上大正年間皇太子遊台之舉促成社會奢靡之風盛行，西福兩派子弟的競爭作風開始改變，由原本的械鬥對抗模式逐漸轉爲音樂技藝與道具行頭上的相互較量。各社團於此時期紛紛對自己的陣容、行頭、道具、裝飾方面大加研究改進增設，如購置雕龍刻鳳之大鑼槌，五花十

〔註5〕邱士華，《木雕・暢意・李松林》（雄獅圖書股份有限公司，2005年），頁22。文中提及「玉如意雙龍綵牌屬於「軟式」平底之綵牌，底下掛著刺繡之錦帳。

〔註6〕邱士華，《木雕・暢意・李松林》（雄獅圖書股份有限公司，2005年），頁25。文中提及「玉琴」軒綵牌屬於「硬式」綵牌，不會在其下吊掛錦帳，其外型仿照樂器中的「磬」，大溪彩牌均屬於「硬式」彩牌。

〔註7〕李清蓮，《宜蘭之西皮、福祿百年考》（蘭陽雜誌社，1976年），頁112、113；林君玲，《陣頭・文物與展演　論蘭陽地區北管陣頭文物的展演及其文化意涵》，國立台北藝術大學傳統藝術研究所碩士論文，2006年，頁41。

色人物花鳥之鼓架，每面價值數千圓之風帆旗，大小繡旗，團員制服制帽等，無不爭奇鬥巧，而以宜蘭地區而言，以往子弟團的出陣，社團有無面子往往視陣頭中彩牌數量的多寡而定，因爲當初彩牌製作的金額常需花上好幾甲地。〔註8〕

　　故筆者推測，此一文物較量行爲，在西皮、福祿之爭受日本當局取締後，即已揭開序幕，之後又受到日本皇太子遊台之舉，更使得當時之社頭紛紛調整或新製陣頭文物，下文筆者將以當時之報導來說明日本皇太子遊台促使陣頭文物新購或翻新。

2、皇太子遊台促使陣頭文物新購或翻新

　　木雕彩牌之流行及廣爲仿製，筆者推測應與日本皇太子遊台有關，其原因爲日治時期舉凡日本皇太子遊台、日本殿下或皇妃訪台，均有南北管等台灣陣頭受邀演出，如《臺南新報》曾報導：

> 皇太子殿下抵臺南，夜觀賞臺人仕紳準備之宋江陣、北管、南管、詩意閣、雅樂十三音、弄龍等，殿下對十三音最感興趣，並賞臺南樂局一百二十圓。〔註9〕

> 皇太子殿下於臺北「御行臺」觀賞「本島」之南管、北管、什音等，音樂團體三十組、神將六組、詩意閣十九組，合計五十餘組，一千七百餘人參與遊行行列。〔註10〕

　　一九二三年（大正十二年），日本皇太子遊台，當局要求台北市各界派出藝閣與民俗陣頭遊街供其觀賞，參加的團體多達五十餘陣，顯示當時台北市仍保有不少民俗藝陣。〔註11〕而各軒社因日本皇太子訪台，爲表示對皇太子的敬意並壯大社團聲勢陣容，各社均不惜鉅資，翻新或添購新行頭：

> 去月二十五日。稻艋各團體。以臺灣慶祝賽會所用行列。仰皇太子

〔註8〕　林君玲，《陣頭、文物與展演　論蘭陽地區北管陣頭文物的展演及其文化意涵》，國立臺北藝術大學傳統藝術研究所碩士論文，2006年2月，頁37～41。

〔註9〕　參考自徐亞湘，《日治時期臺灣戲曲史論：現代化作用下的戲種與劇場》（臺北市：南天，2006年），附錄：日治時期臺灣戲曲大事記，頁356。不著撰者，《台灣日日新報》，1923年4月28日。

〔註10〕參考自徐亞湘，《日治時期臺灣戲曲史論：現代化作用下的戲種與劇場》（臺北市：南天，2006年），附錄：日治時期臺灣戲曲大事記，頁357。不著撰者，《台南新報》，1923年3月31日、4月25日、4月27日、5月6日。

〔註11〕林勃仲、劉還月，《變遷中的台閩戲曲與文化》（台北：臺原出版社，1990年），頁64、65。

殿下臺覽。經審查委員審查採點。決定分甲乙兩種。已如既報。聞授以賞品。詩意閣以特製紀念銀盃。音樂團以特製紀念旗。此等賞與費用。皆由奉迎委員會經費支出。……音樂團如靈安社有五十年之歷史。裝出生花美麗匾額。繡起奉迎大旗。衣服新整。堪稱光彩奪目……。〔註12〕

日大正十二年日本皇太子有遊臺之舉，臺北市之音樂團如靈安社、共樂軒等，為表示歡迎，不惜鉅資，新製繡旗彩牌，團體式各樣衣帽數千套；又新購樂器為數甚多，鼓架、鑼槌、雕刻花鳥人物者數百具。於是奢靡之風蔓延各地。宜蘭從前無組織之子弟，亦一變其姿態，組團體，立名號，凡繡旗、彩牌、鼓架、鑼槌、樂器、團體冬夏衣帽等，應有盡有。〔註13〕

以上報導，大正十二年日本皇太子遊台之舉，確實促成了台灣地區子弟社團之活躍，而在此之前成立之社頭，財力雄厚者或早已有雕製彩牌，日本皇太子遊台時奉迎委員會決定以臺灣慶祝賽會之方式來歡迎日本皇太子，故各社為表示對皇太子的敬意及展現社頭聲勢，整修或新製陣頭文物。而在此時期成立之社頭，亦模仿老社，紛紛新製陣頭文物，於是乎，自大正十二後，彩牌名稱就可見於報刊中：

臺北大稻埕霞海城隍。昨舊五月十三日午後一時。依年例遶境。其熱市竟呈意外盛況。……故午後一時起遶境。竟較例年更為熱鬧。其行列近二萬人。通過時間約二點鐘。由香廈神郊金同順。以青花造成之路關大鼓吹彩牌大燈先導。次神龍獻瑞。……音樂團之靈安社。乃稻江最古參之音樂團。例年行列均得優勝。本年更推陳出新。凡有舊用之繡旗及服色。一概不用。特投萬金。新調中國式美麗繡旗二十對。洋式優銀繡旗二十對。上等洋樂全付。鼓架彩牌新調工整。子弟員則白洋服。紅皮鞋。白洋帽之齊備……。〔註14〕

〔註12〕 不著撰者，〈臺北通信・催物獎賞再報〉，《台南新報》第五版，1923 年 5 月 6 日，第 7610 號。

〔註13〕 李春池，《宜蘭縣志卷二人民志禮俗篇》（宜蘭縣文獻委員會，1963 年），頁 31；林君玲，陣頭、文物與展演　論蘭陽地區北管陣頭文物的展演及其文化意涵，國立臺北藝術大學傳統藝術研究所碩士論文，2006 年 2 月，頁 41。

〔註14〕 不著撰者，〈臺北通信　城隍遶境狀況〉，《台南新報》第 5 版，第 8018 號，1924 年 6 月 17 日。

新鄉城隍繞境日。迫在目前。本年因枷局已出賞格。故各團體甚然
踴躍籌備。是日欲裝機關活動藝閣。即溫昌成氏外八名。且各子弟
班增造彩牌。添設洋樂隊不鮮屆時當有一番盛況。此……。〔註15〕

新竹街威靈公。賑孤繞境日。定於中元日舉行。現已出賞。即特等
一二等公賞金牌。計共三十餘面。又公賞繡旗十支。現分為米商團。
藥種商團。本島人州廳團。青果團阿片小賣團。布商團。飲食商團。
獸肉商團。金銀細工團木匠團。蔬菜團外四十一團。各子弟班。又
增造彩牌。添設西洋樂隊。如新樂軒子弟班有巧造二千餘圓之鼓架。
□裝藝閣八擱云。〔註16〕

既報宜蘭街奉祝御大祭。本島人音樂團繞街。去十五日。午後一時
起。以煙火為號。各團陣頭。彩旗樂隊。齊集公園。……繡旗。鼓
樂彩牌等。皆裝飾美麗。……〔註17〕

　　由以上諸多報導可知，大正十二年後有新調工整或增設彩牌之報導，而
所謂「新調」為「新制（製）」之意，大正年間因廟會祭典頻繁，遶境時為狀
大陣頭陣容，才有新制彩牌之舉，而此時亦因遶境活動頻仍，各社頭之間多
了很多模仿的機會，原本老社且資金雄厚的社頭才有的彩牌，現階段已普遍
成為一種流行的代稱，各社間爭相仿製，而其雕製之華麗程度，就看各社的
社團資金而定了，而此時期，各社除了投下巨資雕製彩牌，亦出資雕造鼓架、
大鑼槓、燈托、香擔、春榭等木刻文物，而這也是大溪日治時期成立之社頭
得以留下這些雕工精細之彩牌、鼓架、大鑼槓、燈托、香擔之原因。

3、北管子弟戲興盛

　　由《台灣日日新報》大正至昭和年間之報導，可得知大溪北管子弟在日
治時期非常興盛，同人、興安、協義為當時三大子弟班，其中報導常提及同
人、興安、協義三社常有拼戲，另參考劉慶茂，《崁津五十一》中有關北管子
弟之敘述，可知當時大溪青年子弟之休閒娛樂為參加北管子弟，而子弟戲為

〔註15〕　不著撰者，〈新竹特訊・準備迎神〉，《台南新報》第 5 版，第 8459 號，1925
　　　　　年 9 月 1 日。

〔註16〕　不著撰者，〈新竹特訊・籌備迎神〉，《台灣日日新報》第 4 版，第 9095 號，
　　　　　臺北：臺灣日日新報，1925 年 9 月 3 日。

〔註17〕　不著撰者，〈宜蘭奉祝　各音樂團參加　特等賞總蘭社〉第 4 版，第 10267 號，
　　　　　臺北：臺灣日日新報，1928 年 11 月 19 日。

何與彩牌流行相關，筆者就《崁津五十一》中所記載之當時曾演出之戲齣約有三百齣，而劉慶茂先生共記錄了大溪常演出的一百多齣戲名，而彩牌中雕繪最精彩之部分即是堵心中之戲齣，筆者大膽假設，當時各社雕造彩牌時，在堵面的配置上，至少有三面堵心內容爲戲齣，於田調過程中，筆者亦試圖找出彩牌中戲齣之名稱，但大部分已不可得知，筆者只能依其人物之行頭穿戴、手持兵器或座騎來臆測，其主要戲齣故事均以三國演義或封神演義爲主，但再比對劉清茂於《崁津五十一》之大溪常演出戲齣名稱，〔註18〕興安社彩牌之戲齣應爲「薛丁山與樊梨花」之「樊江關」、「空城計」、樂安社彩牌戲齣應爲「長坂坡」等，但當時之北管戲戲齣多，角色行當各有特色，難從戲名看出是哪則演義故事，但彩牌中之人物雕繪，可謂活靈活現，如同戲齣在彩牌上演出一般，故筆者認爲子弟戲與彩牌之間實有密切的關聯。

　　而一般而言，彩牌大部分存在於有北管子弟戲之社頭，而大溪現存有彩牌之社頭，於日治時期亦均有聘師學曲或搬演子弟戲，再反觀當時《台灣日日新報》所報導之迎神盛況及子弟戲拼戲情形，可知子弟戲在當時風靡全大溪，看戲、唱戲是最佳休閒娛樂，故在此背景下雕製之彩牌亦有戲齣活靈活現其中。

4、日治時期迎神祭典頻繁，各社頭間互相學習模仿

　　日治時期各地迎神祭典頻繁，規模較大者有宜蘭羅東奠安宮祭典、稻江霞海城隍遶境、法主聖君遶境、三峽清水祖師遶境、崁津迎神、新竹城隍遶

〔註18〕　劉慶茂，《崁津五十一》（著者未出版，2001年），頁159。北管戲在大溪常演戲目表：天官賜福、寶蓮燈、天蕩山、雙救駕、斬經堂、太平橋、五龍會、玉麒麟、忠義節、紫台山、藍芳草、藍田帶、天界山、麒麟閣、取五關、寶珠記、藥茶計、金龜記、討貢、敲金鐘、探五陽、烏盆計、雌雄鞭、羅成寫書、水淹七軍、九曲堂、羅通寫北、蘆花蕩、玉門關、太行山、送京娘、紫花宮、大補缸、奪武魁、打登州、遊江南、鬧西河、大河東、困河東、破慶陽、打春桃、雙花樹、困南唐、加官晉祿、雙卜卦、空城計、未央宮、金水橋、三進士、南天門、彩樓配、麒麟山、蝴蝶盃、沙陀國、雙花會、黃金台、鐵板記、回龍閣、五台山、走三關、生死板、樊江關、蘆花河、斬黃袍、鐵板記、延陵關、斬蛟龍、渭水河、打金枝、大拜壽、斬花雲、臨潼關、晉接隋、晉陽宮、飛虎山、清官冊、黑風帕、生死板、天水關、長坂坡、黃鶴樓、獻西城、法門寺、鳳華山、雙玉環、困南唐、取木棍、白虎堂、破洪洲、機房訓子、魚腸刺、秋香打洞、回磻、別磻、雷神洞、反西涼、金銀山、葫蘆谷、打桃園、櫻桃會、小登基、大保國、二進宮、三進宮、玉堂春、三司審、烏龍院、鐵弓緣、回家、沙河灣、祭七里、慈雲走國、歸天、幡桃會、醉八仙、金沙灘。

境、大甲鎮瀾宮媽祖北港進香、鹿港迎神、北港媽祖遶境、嘉義城隍祭典等，各地之祭典，除了促使各地子弟團之產生，遶境時之鬥奇爭巧，更是促使社頭間相互交流、學習與模仿。且各地均有財力豐厚、子弟團興盛之社頭，如稻江霞海城隍遶境時有稻江音樂團靈安社、共樂軒等，並常參與各地之迎神祭典，且常登於報刊中；基隆得意堂子弟團亦常受邀至他地演出。新竹則有同樂軒、同文軒、新樂軒、和樂軒、振樂軒等，亦常至他地巡演。北港有新協社、德義堂麗聲社、和樂軒、集雅軒、新樂社、集英社、集斌社等。而日治時期諸多社頭，常南來北往參與各地祭典盛會，甚或受邀至各地演出，以下為幾則報刊中所報導之社頭間往來的報導。

　　去十八基隆得意堂子弟班。來謝鎮南媽祖大時鐘兩個。在天后宮前。演唱兩天。廿二廿三廿四。嘉義義興軒演唱三天。此後大稻埕艋舺平樂社長義軒協義軒。先後將來演唱。每班子弟戲謝媽祖及旅費。須開千金。即主人翁應酬費。亦將近五百云。〔註19〕

　　臺南市北管過雲軒。一行約五十人。將束裝來北。於舊曆五月十三日。參加霞海城隍繞境行列。該軒亦能登臺演唱。希望在城隍廟附近築臺。一展其技臺南音樂團之來北。以此次為嚆矢。近年以來。稻艋各軒音樂團多有至南。向大天后宮媽祖進香。即於宮前演唱。接連數日。該宮董事其他關係者。極力招呼。設備宿所。供給茶飯。時或設筵□洽。又各商團聯絡。有製金牌以贈之者。有製綢旗以贈之者。所費不資。此番過雲軒來北。禮尚往來。想不至落寞而歸知已。〔註20〕

　　舊曆七月十五日。恭迎新竹城隍遶境一事。而稻江靈安社青年子弟團亦要來竹參加行列。想當年之設備。必較勝於去年之熱鬧云。〔註21〕

　　新竹街西門和樂軒之子弟班。日前往臺南天后宮。及北港朝天宮。

〔註19〕　不著撰者，〈赤崁短訊・演子弟戲〉，《台灣日日新報》第 6 版，第 7140 號，1920 年 4 月 27 日。
〔註20〕　不著撰者，〈過雲軒將來北〉，《台灣日日新報》第 6 版，第 7550 號，1921 年 6 月 11 日。
〔註21〕　不著撰者，〈新竹通信・準備迎神〉，《台南新報》第 5 版，第 7352 號，1922 年 8 月 21 日。

演謝聖母去十八日順途來大甲街鎮蘭宮開演是日午前十一力四十六分北上之列車到甲。有當地之保正出爲紹介。採街。一至街路各商店皆放爆竹曷彩……是夜當街之紳商及軒園賞金牌十餘面綢旗二十餘支也。〔註22〕

宜蘭東嶽到聖大帝祭典。例年于古曆三月二十八日舉行。各界爭奇鬥巧。裝扮故事。列成隊伍。昇神繞境。而本年人力組合員一同。爲策商業振興。踵事增華。務盡雅觀。以期屆時助長人氣。經得公紳□議。既正籌備一切事宜聞是日祭典。基隆得意堂聚樂社兩音樂團。均擬參加祭典值東爲表示酬勞微意對各團體及詩意閣入選者自特等至三等。各贈□堵繡旗一旒。以外相當獎賞。〔註23〕

由上述報導，可知日治時期，各社頭盛行至他地參與遶境，一方面可以展示社頭實力，一方面又可獲得審查單位金牌或公賞旗之獎賞，而在參與的過程中，無形的也吸收了他社優點，以大溪之社頭而言，曾至他地參與遶境且有載於報刊中的有大有社及興安社。大溪大有社曾於大正十四年、十五年參加新竹城隍遶境〔註24〕，興安社則於昭和二年參與台北法主聖公遶境。

新竹威靈公爺。於古曆中元日。舉行賑孤遶境。至巳刻由廟口發三炮啓程。其隊伍齊整。蜿蜿擁途如長蛇。遙自臺中並州下各處之觀客。陸續而至者。約有六萬餘人。至下午一時。人山人海幾爲擁擠。而各戶大半裝飾萬國旗。宮燈。設備香案恭敬神輿。其隊伍次序。先由督隊路關登遠。次大鼓隊二十二陣。大溪街大有社音樂隊。新樂同文和樂振樂同樂集樂六子弟團。稻江音樂團次即諸藝閣。其齣月係織女弄金梭綿布商團。水蛙記生魚商團。拖拐仙姑福生洋藥店。劉晨阮入天臺採藥自動機關藝閣。係溫杏春外八名漢藥商團。楊貴妃戲鸚鵡。恒安泰布商。黛玉葬花。管現人鄭肇基氏。麻姑擲米成珍珠新豐期米店。孫悟空偷桃。金萬興雜貨商。天女散花客雅第三保有志者一同次即舉枷隊。六眾爺。新竹音樂團。拈香信士。涼傘香擔。軍牢。神輿等。至下午五時。在北門外鄭氏家廟前屬壇賑孤。

〔註22〕 不著撰者，〈大甲通信‧子弟班來演〉，《台南新報》第5版，第7966號，1924年4月26日。
〔註23〕 不著撰者，〈宜蘭仁聖帝 祭典先聲〉，《台灣日日新報》第4版，1929年4月28日。
〔註24〕 請參照附錄一之《臺灣日日新報》報導。

然後入廟。即寶位安座大吉。〔註25〕

新竹街城隍。例年古曆七月十五日。由竹邑及五十三庄住民。分團準備鼓樂詩意？種種餘興隊。恭迎繞境。兼行恤孤。本年早季南部多歉收。惟竹邑收成。與客歲無差。故紳商各界。無不努力鼓舞。現正籌備盛舉。由管理人及紳商。協定米穀商。材木商。獸肉商。藥種商。彩帛商。木匠土水匠金銀細工商銀紙店青果餅舖雜貨商阿片小賣島人州廳職員保甲、會社、街役場島人吏員島人信組銀行諸團體。分擔籌備樂隊及詩意。且聞屆期。臺北靈安社共樂軒桃園鈞天社大溪大有社諸弟子團亦將到竹參加廟之管理爲獎勵起見。將購金牌大小三十餘面。分作一等至十等。贈呈優秀者云。〔註26〕

來十九日。即古曆七月二十二日。稻江人士。照年例恭迎法主聖公繞境。聞本年爐主。爲米商高調和號。現正極力鼓舞。勸誘各地方音樂團參加。至日前聲明加入者。有板橋平安樂社。大安安樂軒。古亭市共進軒。士林集英社。大溪興安社等。而爐主爲獎勵各音樂團。詩意閣計特製彩牌一面。價格百二十圓。欲賞優勝音樂團。風帆大彩旗三旗。價格各八十圓。欲賞一二三等入賞音樂團。竝囑金銀細工商。特製金牌。大中小三面。欲賞入賞詩意閣。屆期欲聘請北署係員。暨關係者等。在審查所。詳爲審查。又聞基隆。淡水各音樂團中。亦有踴躍。欲出而參加者。由此觀之。當日熱鬧可想而知也云云。〔註27〕

由此可知，當時各社頭盛行至外地參與迎神祭典，大溪社頭財力豐盈者亦參與他地祭典盛會，而此時也是互相學習模仿的最佳契機，也因此將遶境時他社的裝扮裝飾學回大溪，再影響其他的社頭。

除各地迎神賽會頻仍造就了彩牌的仿製與流行外，日期時期之博覽會亦使得多社得以在博覽會時互相觀摩，其中北港媽祖遊台北是台灣博覽會中大規模的祭典造勢活動，1935 年 11 月 17 日祭典當日，遠從台南、嘉義及近郊

〔註25〕 不著撰者，〈新竹特訊・城隍遶境盛況〉，《台南新報》第 5 版，第 8468 號，1925 年 9 月 10 日。

〔註26〕 不著撰者，〈竹邑城隍・繞境先聲〉，《台灣日日新報》第 4 版，第 9430 號，1926 年 8 月 4 日。

〔註27〕 不著撰者，〈法主聖公繞境　製優勝牌彩牌金牌獎賞各音樂團藝閣〉，《台灣日日新報》第 4 版，第 9796 號，1927 年 8 月 5 日。

基隆等各地寺廟團體、陣頭，約五十幾個大小媽祖神轎、藝閣、詩意閣，約
上萬人的遊行隊伍繞行台北市城內外，而此次媽祖行列遶境亦設有審查制，
分別授與參與團體優勝旗或優勝金牌〔註 28〕，可以想見，參與之團體為了壯
大出陣隊伍的聲勢，各社間無不精心裝飾出陣陣容，而精雕細琢之彩牌在此
時應已成為各社不可或缺的文物。

（三）彩牌的沒落

　　如此形制優美，雕工細緻之彩牌，於大正、昭和廣泛流行使用，但昭和
十二年（1937）中日戰爭爆發，日本推行皇民化政策，其中之禁鼓樂更禁止
帶有中國民族色彩的宗教信仰、戲曲表演（關於禁鼓樂說明請見下文），此政
策影響所及全台的迎神賽會盛況不再，各軒社亦不再出陣或至他地參與遶
境，於是各社出陣時文物只得被收置於倉庫中，直至二次戰後後才又重新被
整理使用，其間約五、六十年代曾再度流行，大溪共義團即於民國六十年仿
同人社形制雕製一面彩牌，其形制亦是平安圍爐式，製法為黑框捲草之草龍
「軟團」構成，由多片堵面入堵構成舖面，因其雕製時間為民國六十年，但
形制為平安圍爐式，實屬日治中後期遺風。

　　除了禁鼓樂之影響，隨著時代更迭，北管子弟戲之沒落亦是造成彩牌沒
落的原因，以前電視、電影未普及，休閒娛樂就是看子弟戲，有觀眾就有演
出者，各社之間為了拼戲，還聘師教授，日治時期之同人社、興安社、協義
社之北管戲子弟班常於福仁宮前拼戲，至今還讓老一輩回味不已，但後來因
電視、電影的普及，加上北管戲唱詞作表、身段很難為戰後的年輕人欣賞及
領會，加上口白用的是難懂的官話（轉訛京音），難學難懂，再加上道具、戲
服、行頭裝飾老舊，失去視覺感受，〔註 29〕而使得北管戲子弟班沒落，隨著
工商發展，青年子弟也無暇參與北管之練習，因此，與北管相關之文物，如
鼓架、大鑼槌等多數被擱置於倉庫中不再使用。

　　另外，北管戲沒落、北管木刻文物老朽後，出陣型態亦轉變成視覺效果
較好之神將、龍隊為主，故以前壯大陣頭陣容的木刻文物鮮再使用，彩牌不
再是各社出陣時的焦點，多以車載擺置於出陣隊伍最前端，少以人力抬舉，

〔註 28〕　程佳惠，《台灣史上第一大博覽會》（臺北市：遠流，2004 年），頁 157～158；
　　　　　《始政四十周年紀念臺灣博覽會誌》（臺北：始政四十周年紀念臺灣博覽會，
　　　　　1939 年），頁 667。
〔註 29〕　劉慶茂，《崁津五十一》（著者未出版，2001 年），頁 158。

其代表意義已不似從前重大。之後雖有多社新製彩牌，但有些材質改以白鐵代替，其製法亦不再是以黑框入堵方式，而是整面同色雕飾，其雕製內容簡化許多，或以龍、鳳構圖，或以單個演義故事呈現，吉祥花果、祥禽瑞獸亦較少運用，雖大面氣派，但古意盡失。

二、日治時期的美學思想及對大溪彩牌的影響

大溪彩牌的雕製年代大多爲日治時期，其原因誠如前文所述，清末至日治時期可謂大溪最繁榮的時期，此時期不僅產業發展繁榮，富商仕紳輩出，其繁榮富裕景象不只表現在商業活動上，亦表現在常民生活中，其最大表現可由大溪老街的街屋立面一窺，此建築風格正是日治時期建築美學的最佳呈現。

而大溪彩牌乃是大溪過往繁華的最佳見證，亦是大溪有清以來至日治時期的美學表現，但因彩牌實屬民俗文物，爲出陣時之儀仗性前導文物，大體上沿襲中國傳統裝飾美學，使得大溪彩牌以漢式風格爲主。不過因是日治時期的產物，所以亦添加了些許日式及洋式風格，故形成以漢風格爲主，混搭和、洋的風格，有關漢、和、洋風格圖說請見本節大溪彩牌的漢、和、洋風格解說。

（一）大溪老街牌樓立面的建築美學

大溪老街的精彩街屋立面始自明治三十三年（1900）政府公告之「台灣家屋建築規則」，大正元年（1912）更由桃園廳長西美波，向台灣總督佐久間馬提出「大料崁街市區改正計畫」，強制興建，拓寬道路並整建街屋立面，大正八年（1919）開始市區改正，並於大正八～九年（1919～1920）陸續施工完成，而此街屋立面裝飾不僅是商家財力的展現，〔註30〕更是大溪地區日治時期建築美學的最佳典範。

1、大溪老街街屋的建築風格

關於大溪老街街屋風格分析之說法，歷來已有多位學者研究，依李乾朗街屋風格分期，屬華麗的巴洛克式，這時的建築風潮以仿樣式建築爲主流，所以立面趨向繁麗，常以水泥塑造或洗石子作成的巴洛克圖案裝飾，或結合傳統的吉祥圖案，各戶頗有爭奇鬥艷之勢，同時山頭高低起伏，使天際線豐

〔註30〕 王辰祐，《大溪老街牌樓裝飾之研究》，國立臺灣藝術大學美術學院造形藝術研究所碩士論文，2007年，頁35。

富多變。〔註31〕另依傅朝卿日治時期建築分期，大溪老街屬第二期形制期，此期爲西方歷史式樣在台灣最爲興盛，建築大多引用日人於明治維新時習自歐美之西方歷史式樣，顯現設計者的東洋化台灣的意圖，設計方法上，受限於西方歷史建築的構成，因此相當形制化。〔註32〕

　　而筆者認爲諸多學者中，以林會承教授之說法最能表現其中的精神。根據《大溪、三峽、老湖口老街街屋立面測繪與研究》之說，老街屋依其裝飾紋路將可分爲純西式花草、純中式圖案，以中式爲主、西式爲輔，以西式爲主、中式爲輔，中西各半等五種，其中中式圖像具有濃厚的異國風味，西式圖像有古希臘及巴洛克式建築的影子，但多經過變形，原始圖形的比例不高，再加上洗石子後，也產生另一種風格，此外有少部分圖像則係匠師創造出來的，以及延襲自日式家紋的觀念，綜合言之，日治時期之建築新觀念，搭配本土匠師的詮釋施作，呈現出一場西式構架，中式身段的裝飾藝術，其形式的結果，若與西方作法比較，其圖像較諸古希臘、新古典式建築都繁複、花俏得多了，與巴洛克式建築比較，則有些相似的裝飾，但似乎是將一座大型的此種建築的裝飾品全數濃縮在十六平方公尺上，若與洛可可式建築比較，則顯得稍爲收斂，同時其文樣的變形不若此式的誇張及浮華，與新藝術運動的建築比較，其相似點在於同樣具有創作的性格，相異點爲紋路過於古典，反之，若與本土漢族傳統裝飾比較，則有如將一座木作透雕的圖案全數擺置在一個平面上，前者講究虛實的氣韻穿透，後者則濃密而毫不透氣，氣份凝重，也就是說，大溪街屋的立面作法，似東似西，但也非東非西，在國人眼中爲西式作法，在外人眼中則具有異國風味，若要勉強地將一名稱加諸其上，只能說大溪街屋立面是本土、西方與日本文化共同影響，在一些具有創意的匠師製作下，所塑造出來別具一格的「大溪式樣」。〔註33〕

　　而這種屬於大溪街屋中式、西式、日式混搭之裝飾美學，在大正時期造就了「大溪式樣」，而此時期正是日本藝文界的黃金期。1920 年代是所謂日本

〔註31〕李乾朗、俞怡萍，《古蹟入門》（台北：遠流出版社，2003 年），頁 72～73：王辰祐，《大溪老街牌樓裝飾之研究》，國立臺灣藝術大學美術學院造形藝術研究所碩士論文，2007 年，頁 38。

〔註32〕傅朝卿，《日治時期台灣建築（1895～1945）》（台北：秋雨文化，1999 年），頁 5：王辰祐，《大溪老街牌樓裝飾之研究》，國立臺灣藝術大學美術學院造形藝術研究所碩士論文，2007 年，頁 40。

〔註33〕林會承，《大溪、三峽、老湖口老街街屋立面測繪與研究》（台北市：街政院文化建設委員會，1989 年），頁 63～65。

野獸派傾向最為盛行的時刻，影響所及，帶動了個人主義的高漲，〔註34〕而受法國自由思想的日本，此時期的美學思潮亦透過女姓思想、藝文、繪畫之自由思想正在萌芽拙壯，影響所及，臺灣之美學思想亦受日本影響，而經濟力豐厚，商家頂立的大溪街區，亦受其自由思想影響，匠師們吸收新知，開始嘗試新的美學裝飾風格，在建築上如此，在大溪的木雕風格上亦是如此，日治中後期家具開始出現傳統與現代混搭之手法，賴明珠老師稱其為日治時期和洋變體風家具。〔註35〕

而大溪彩牌是日治時代下大溪美學的產物，雖然同家具亦屬於木器，但因其屬陣頭出陣時之儀仗性文物，有其不可變動性，不似家具可大幅採用新技法及新裝飾元素，大部分仍需保留漢文化思想，故其形制、紋樣與技法大致上屬於漢式風格，再添加少許和式元素和西洋元素。而大溪彩牌相較於宜蘭、新竹、彰化地區之彩牌，不似他地繁密複雜精細，也不似他地舖面面積大，其構圖簡樸，細緻耐看，亦有其獨特性。

2、大溪彩牌與大溪街屋立面風格比較

大溪街屋之裝飾元素，依林會承，《大溪、三峽、老湖口老街街屋立面側繪與研究》指出，分為中式的裝飾文樣、西式圖樣及日式家紋，又以中式紋樣與彩牌較相似，西式圖樣與日式家紋少之。其中以中式的裝飾紋樣佔大宗，樣式最豐富，又可分為動物紋、植物紋、組合紋等，據其統計，動物紋依其使用次數高低計有：獅子（16座）、鰲魚（5）、麒麟（6）、鳳凰（6）、龍（2）、龍馬（2）、雞（1）、三足蟾蜍（2）、老虎（4）、喜鵲（2）、象（4）、鶴（1）、老鷹（3）、蝙蝠（2）、鯉魚（1）、鹿（1）、鳥形脊獸（1），其中以獅子佔最多數，龍只佔兩座，為一特例。而筆者統計大溪彩牌中之動物紋（彩牌戲齣裡的座騎不計），雖僅存8舖，其種類多樣，有祥禽瑞獸、水族昆蟲等，且動物紋使用次數較大溪街屋立面多出 2 倍之多，依其使用次數共計有鵲鳥（17次）、蝙蝠（14）、龍（13）、鳳凰（8）、獅（7）、松鼠（5）、鷹哥（5）、老鷹（3）、象（3）、馬（2）、虎（2）、綬帶鳥（2）、狴犴（2）、麒麟（2）、鶴（1）、牛（1）、鹿（1）、狻猊（1）、三足蟾蜍（1）、魚（4）、蟹（2）、蛙（1）、蝦

〔註34〕 李松泰，〈外域影響中的臺灣西洋美術──日據時期〉，《臺灣美術研究論文選集2・「島嶼風情」──日治時期臺灣美術之研究》（台中市：臺灣美術館，2008年），頁30。

〔註35〕 賴明珠，〈原型與變異──試論戰前大溪木器產業的源起與開展〉，《民俗曲藝》第152期，2006（6），頁32。

（1）、螳螂（1）、螽斯（1）、椿象（1）。

（1）動物紋之比較

其使用動物紋相同者有獅子、麒麟、鳳凰、龍、老虎、象、老鷹、蝙蝠、鯉魚、鹿、三足蟾蜍、鶴，其代表意涵請參見本章第三節之紋飾分析。其中較特殊者為老鷹之使用，其代表意涵一般均以「萬里鷹揚」、「獨立鷹揚」為主，但以中國傳統紋飾而言，老鷹通常非單獨使用，且顯少出現於寺廟裝飾，有趣的是，大溪街屋立面及大溪彩牌均有使用老鷹，或許正如林會承，《大溪、三峽、老湖口老街街屋立面側繪與研究》所猜測，是一種軍國主義的象徵，但筆者於田調過程中未能求得答案，或許這是日治時期流行的紋飾吧！

另外，大溪街屋立面龍之使用僅有 2 座，但大溪彩牌卻使用 13 次之多，僅慶義社及樂安社未使用龍紋，或許是街屋立面裝飾為常民使用，彩牌為儀仗性文物，代表著神明，有其尊卑之分，故彩牌使用較廣泛。另大溪街屋立面有用雄雞，彩牌則未見，原因可能是街屋立面屬商家建築，故有「起家」之意，彩牌則為遶境開路用，故不用。最後，大溪街屋立面未使用昆蟲，水族亦僅使用鯉魚，或許是街屋立面為水泥施作，較難雕塑昆蟲或蛙、蝦、蟹之故，也或許是因為已有其他代表富裕、科甲或多子多孫之紋飾，故未使用。

（2）植物紋之比較

植物紋使用方面，大溪街屋立面，據林會承，《大溪、三峽、老湖口老街街屋立面側繪與研究》統計，有牡丹、松、竹、梅、蓮霧、佛手瓜、桃子、葫蘆、番石榴、芭蕉及部分無法辨識者，而這些紋飾八成以上亦出現在大溪彩牌中，筆者統計大溪彩牌之植物紋有：牡丹（19）、仙桃（13）、菊花（9）、石榴（9）、佛手瓜（8）、山茶（6）、蓮霧（6）、南瓜（5）、葡萄（5）、荔枝（2）、苦瓜（2）、蓮花（2）、梅（2）、月季（2）、芭樂（1）、竹（1），草花（無法辨識之花草）（61）。其中牡丹為花王，代表著富貴；桃子代表長壽，本為中國人喜愛，故使用次數頻繁。蓮霧，因其腹大，意涵為富大，故被使用在街屋立面及彩牌中，但如此廣泛使用，則為大溪特有，或許是商家及社頭為祈財富之故。另一較特殊者為番石榴之使用，次數不多，但街屋立面（和平路 77 號）及彩牌（同人社 a11-2，以下有關彩牌堵面位置請參照本章第三節）均有使用，可能是番石榴多籽之故，亦被用來象徵多子多孫，此亦為

大溪特有。另外,彩牌比街屋立面多了許多祈子拜物,如石榴、南瓜、葡萄、荔枝、苦瓜等,此類紋飾均有其腹大多籽蔓長之特性,用以祈求子孫綿延,或許商家以祈求財富、富貴之訴求爲主,故較少使用,僅以葫蘆、芭蕉等表示。

另外,大溪街屋立面中有日本家紋之使用,彩牌中則無,但日本家紋中之八瓣菊(和平路 34 號)洽與彩牌中之菊花雷同,彩牌中除瓶花中之菊花(協義社 d201),及菊花單獨使用(同義 b203、協義 e103、協義 e203、慶安 b203),另有一種爲半菊(興安 b103-2、b103-15、b203-2、b203-15),其功用爲卡子花,而大溪彩牌如此廣泛運用菊花、形式亦如此多樣,或許亦與日治風格有關,因「十六瓣八重表菊紋」爲日本皇室的家徽,代表著日本的國徽,也因此,菊紋在日本地位崇高,而廣受一般民眾所喜愛,因此亦有以菊紋爲家紋者,一般而言,以不與皇室家徽重覆者即可,而大溪日治時期之彩牌亦受日式風格影響,故菊紋之使用亦多。

(3)組合紋及器物紋方面

街屋立面與彩牌差異甚大,除了瓶花及琴棋書畫使用相同外,彩牌之精彩度更甚街屋立面,街屋立面未使用神仙人物,而彩牌多了戲齣,戲齣裡刻畫著三國或封神演義故事,其背景有山水樹木、庭台樓欄、宮圍城牆等,配上主題之人物座騎,或突圍出陣或兩方僵持,其主將戎裝背靠旗,威風凜凜、副將蹤馬跟隨、小兵搖旗吶喊,構成一幅精彩又緊張之場面,而其演義故事皆以忠孝爲訴求,使得彩牌除了精緻富可看性外亦多了教化功用。

(4)捲草之運用

大溪街屋立面與彩牌有一共同處,就是捲草之使用,捲草大量出現在大溪街屋立面,其形貌多樣,有大葉莨苕葉形(和平路 58 號),有小葉細長似飄帶形(和平路 49 號),有菊花蔓草形(和平路 22 號),有藤蔓有花之形(和平路 50、52、54、56 號等),亦有配上龍頭造形之草龍形(中山路 27 號),因其蔓長翻捲,裝飾起來相當有華麗感,而彩牌亦有四舖使用,均爲屏風式彩牌,且主要位置均位於中心扇面之最下端,其用意在於舖面之收尾裝飾,使其「曲矩」式硬團框構加以柔性線條之蔓草或捲草,有一種剛柔相融之美。

而其形貌亦多樣,若以彩牌與街屋立面相比較,興安社之捲草(a05)爲藤蔓有花之形,配上花籃,與大溪街屋樣式同形,爲大溪街屋立面使用次數

最多之捲草形，興安社另有一種「鳳頭捲草」（b102、b202、c101、c201）其形爲鳳凰之身與翅、尾，特化成爲捲草，與街屋立面之草龍形相同，或許我們亦可將其稱爲「草鳳」；協義社之捲草（a06）爲牡丹花瓣形，與菊花蔓草形之形制相同，爲中間花朵配上捲草之運用；慶義社之捲草（a05），雖爲牡丹花瓣形，但其捲曲葉片較似蕨類，爲一特例，不似大溪風格，洋味較重；慶安社之捲草（a06），爲捲草似飄帶形，但配合流蘇串珠，亦爲大溪一特例。

　　由以上分析比較，大溪街屋立面與彩牌比較，大溪街屋立面未有神仙人物使用，彩牌則廣泛使用，除了戲齣外，尚有仙人座騎、僮子、八仙、二十四孝、垂釣老翁、頑童、樂舞百戲等；動物紋之使用多半相同，但稍有差異，街屋立面少有龍之使用，彩牌則廣泛使用，昆蟲亦僅彩牌使用；植物紋則大致雷同，尤以本土水果及捲草之運用，多樣且豐富，另彩牌多了菊花及祈子拜物之運用；其他紋方面則少有相同，但以彩牌使用種類較多。

（二）大溪木雕風格的轉變

　　二十世紀前葉殖民政府相當注重木工技藝的推廣與獎勵，除木器教育上的「工業講習所」，亦定期在各州、郡、街舉行木器競賽以擢拔優秀木工及雕刻藝匠，大溪郡當時亦有優秀匠師受到當時郡守的器重。〔註36〕而此日人重視木器推廣時代背景，加上市區改正的牌樓裝飾影響，大溪木器的雕製風格亦受改變。

　　據賴明珠所言，十九世紀中期至二十世紀初期，大溪木器以束腰、直腿、橫根、馬蹄足等清式漢體元素爲組構要件；紋飾大多採夔龍、鼎爐、如意、卷雲、唐草花、回文等，模擬自中國建築、青銅器、玉器或瓷器上，具有尊貴崇高象徵意涵的抽象圖紋。然而至二十世紀前期，來臺唐山師匠或大溪木匠，則廣泛運用模擬自然界動、植物的裝飾紋樣，如蟠桃、靈芝、蝙蝠、荷花、牡丹、松鼠、葡萄等寫實圖案，以託寓遷徙移民追求福祿壽喜的俗世欲望，構形理念上，匠師也普遍受到日本西洋文化的啓迪，開始朝向多元化、機能化的方向發展。〔註37〕如此說明了爲何大溪彩牌爲何使用自然界之動植紋如此廣泛。

〔註36〕賴明珠，〈形式‧變貌：大溪木器形式風格之探索〉，《民俗曲藝》第152期，2009（12），頁210。

〔註37〕賴明珠，〈形式‧變貌：大溪木器形式風格之探索〉，《民俗曲藝》第152期，2009（12），頁208～209。

除以上所言，大溪雖以神桌家具聞名，但最細緻之木雕作品當屬大溪社頭中之神轎，以同人社而言，於大正六年（1917）由同人社社員捐造，當時聘請大溪有名唐山師父（筆者認為陳朝枝之可能性極高，因其名亦在捐造牌匾上）來大溪雕造，彩牌可能是神轎雕造完後再接著雕造的，因其材質相同（黃揚木，俗稱狗骨仔），且雕造技法相同（神轎之雕刻堵亦為入堵），紋飾亦類似，故可將其兩者做一比較。其他如大有社，因當時為富紳組成，故其神轎亦是當時一時之選，雕工細緻，亦可為日治時期大溪神轎之代表，惜彩牌已遺失，另外協義社之神轎雖為民國 37 年雕造，但協義社為大溪木器社，木匠好手集一社所製之神轎亦相當有看頭，且據耆老林宜賢表示，協義社之神轎有黃龜理參與，故亦可做為與彩牌比較之指標。

1、雕製技法方面

彩牌與神轎同屬木製品，彩牌單面雕飾，神轎則為四面或六面組合，因其主要觀賞面均為單面，故彩牌及神轎之雕刻堵均為單面透光雕，而彩牌與神轎之技法相同之處為「入堵技法」，神轎之雕刻堵皆為方形，內雕人物、祥禽瑞獸或吉祥花果，堵面框構為鑿孔接榫之曲矩，框構之顏色有與堵心同，亦有比堵心深色者，此雕製法與屏風式與扇面式彩牌相同，此形式之框條均為直線。而彩牌另有平安圍爐式，其框構為軟團，因此可彎接成香爐或花瓶外框，因此外形上比較有變化。

2、紋飾使用方面

彩牌與神轎不同處為彩牌有戲齣堵面之安排，神轎則無，其他紋飾皆可相通，但神轎使用之紋飾多以組合型呈現，如花卉配鵲鳥、水果配花鳥、瑞獸配花鳥等，且其中主題紋飾皆以雙數為主，但彩牌之扇面配置以中心扇分隔，再分左右扇，因此，有些主題左右扇各雕飾一個，合起來才成雙，也有些主題是單獨存在的，如蛙、昆蟲、蟹等僅雕飾一個，其中之角牙（托角牙子），則常以花卉、瑞獸、水果單獨出現，另一差別處為，神轎中有僮子持旗、球、戟、磬寓意祈求吉慶之主題，但彩牌無，僅有蝙蝠啣磬牌，寓意福慶；另彩牌有老鷹之使用，神轎則無。其他紋飾內容大致相同，以下分別就紋飾主題相互比較說明之。

（1）神仙人物之運用

彩牌與神轎之神仙人物使用甚廣，以二十四孝題材而言，彩牌中僅同人

社使用此題材，同人社之神轎與彩牌均雕有二十四孝故事，彩牌因為單面雕飾故有 2 則二十四孝故事，神轎因為六面組合，每面亦雕有二則二十四孝故事，故彩牌之堵面安排似與神轎相似，另外神轎未見八仙人物，僅以暗八仙表示。

僮子之運用，在神轎與彩牌中運用甚廣，其形象多樣，但大多有守護功能，其中尤以神轎轎頂之有翼仙子，本為長袖長袍之中國人形象，但在慶安社彩牌（c103、c203）中則改以短衣短裙，較西洋式仙女樣貌出現。另樂舞百戲之主題亦於協義社神轎及興安社彩牌（b102、b202）使用。

（2）花卉與祥禽瑞獸之組合

共同主題有梅樹配鵲鳥（喜上眉梢）、牡丹配鵲鳥或雙鳳（雙鳳朝牡丹）、菊花配鵲鳥（舉家歡喜）、松鼠配南瓜或葡萄（多子多孫）等。不同處為神轎多了竹子配鹿（鹿竹長春）、蓮花配鷺絲（一路連科）或寶鴨、牡丹配雙獅或雙象，這些主題鮮見於彩牌，另芭蕉配老虎或兔子、松鼠（老鼠）配葫蘆、苦瓜等主題，均取其多子之意涵，有多子多孫之寓意，與彩牌中松鼠配南瓜或葡萄有異曲同工之妙。

（3）其他組合紋

共同主題有瓶花（平安），如牡丹花瓶，代表著富貴平安、菊花瓶代表舉家平安，而此瓶花形之裝飾僅出現於屏風式彩牌（協義 d101、d201，慶義 c101、c201，慶安 a08-1、a08-2），不見於平安圍爐式彩牌，是因平安圍爐式中花瓶形已為框構之一，而屏風式彩牌屬硬式框構，未有花瓶形之配置，但平安為社員共同之祈願，故以瓶花形式裝構於彩牌中，而此舉使得屏風式中之瓶花正與平安圍爐式之花瓶相呼應、雙獅戲繡球、古樹頭之水果盤、水果籃配水果或捲草等。

綜合言之，彩牌與神轎均為出陣時之儀仗性文物，故在雕飾法、材質及紋飾使用上均有很大的共通性，彩牌單面，神轎四面或六面，故神轎之紋飾組合類型之運用多於彩牌，兩者之紋飾意涵其實是相通的，故彩牌可謂是神轎裝飾藝術之縮小版。

（三）大溪彩牌的漢、和、洋風格

大溪木器業清代時期，為因應鄉紳豪族興建宅第及製作家具之故，常自唐山聘請唐山之木作師傅至大溪興建製作，再加上地利之便，鄰近角板山，

使得材料取得方便，因此發展出形制優美之漢式家具及木製品，但隨著滿清將臺灣割讓給日本後，使得原本之漢式家具產生了變異，日治時期之家具及木作，更添入日本之和式風及洋風，使得大溪之木作產生了漢洋和體式，但因彩牌屬出陣時儀仗性文物，礙於禮俗，不敢有大變動，故仍以漢式風格為主，再融合了些許和、洋風格，以下筆者就大溪彩牌中漢、和、洋風格說明之。

1、彩牌中的漢式風格

整體而言，大溪彩牌屬漢式風格，由其形制講起，其形制為中國常用之形，平安圍爐式為香爐配寶瓶，香爐之香煙裊裊不絕，代表子孫萬代不斷，寶瓶則寓意平安，均為中國傳統紋飾，屏風式及扇面式亦取其形，亦是中國人常用之物。而紋飾運用方面更是漢式風格之表現，舉凡演義故事，取材自三國演義或封神演義之故事，要傳達的是中國人的傳統忠孝節義精神；神仙座騎及八仙人物之使用，亦為中國特有，代表趨吉避凶，祈求吉祥，福壽綿延之意；龍、鳳、麒麟等瑞獸亦均有其吉祥意涵（詳見本章第三節之分析），雲紋、回紋等，自古以來即常被用來象徵祥瑞或做為構框、畫面補白之用，以上，由形制到紋飾說明大溪彩牌為漢式風格為主，但因其流行時間為日治時期，故亦存在些和、洋風格，分析如下。

2、彩牌中的和、洋風格

雖然使用次數少，但仍可於彩牌中發現，其中乾漆之使用，為日治風格一大特色，乾漆之使用，使得木頭原色得以呈現，而平安圍爐式彩牌之堵面一般而言，均使用乾漆，可由彩牌背面與正面做一顏色相較即可得知。另台灣水果之使用亦屬日治時期一大特色，蓮霧、芭樂、荔枝之使用，亦可見於彩牌中，見圖 4-1。而慶安社之太陽紋（a02），雖與中國傳統之雙龍護珠雷同，但此處已將雙龍位置降至彩牌堵面中，太陽紋獨立出來，已較偏和式風格，見圖 4-2。另外菊花紋亦在彩牌中廣泛使用，有單獨裝飾、組合裝飾、甚至是半菊使用，樣式多樣，也與日本人喜用菊紋類似，見圖 4-3。而最後連珠雖為中國傳統紋飾，但日治時期常被用以搭配盾牌，而彩牌中之共義團（a01）亦有使用圍於堵面周圍，雖共義團彩牌為六十年代作品，但連珠之使用與大溪街屋面立面（和平路 29、48、49、56、58、61、78、79、82、83 號、中山路 13、15、29 號）相同，更可說明其為日治後期遺風，另慶安社（a06）之連珠亦與捲草搭配，與大溪街屋立面和平路 52 號同，見圖 4-4。

圖 4-1　台灣水果紋圖示

4-1-1 樂安社（a05-2）　　　4-1-2 樂安社（a05-1）　　　4-1-3 同人社（a11-2）

圖 4-2　慶安社太陽紋

慶安社（a02）

圖 4-3　彩牌中之菊紋

| 4-3-1 興安社
（b103-2） | 4-3-2 慶安社
（b203） | 4-3-3 同義社
（b203） | 4-3-4 協義社
（d201） |

圖 4-4　彩牌中之連珠紋

4-4-1 共義團（a01）　　　　　　　　4-4-2 慶安社（a06）

　　彩牌中之西洋風格有慶義社之翻捲蔓草紋（a05），其樣式與大溪街屋及其他彩牌之捲草紋相異，田調過程中有木雕師父表示此紋飾鮮見，不是中國傳統之捲草紋，比較像法國草，[註38] 因此爲西洋風格之作，見圖 4-5，另慶安社洋化有翼仙子（c103、c203），應爲中國傳統紋飾中有翼仙子之洋化，傳統紋飾爲長袍水袖之古典人物，但慶安社之有翼仙子則多了洋味，著短衣短裙，翅膀較大，線條較柔美，頗有浪漫之氣，故爲彩牌中洋式元素，見圖 4-6。

圖 4-5　慶義社捲草紋

〔註38〕筆者於 101 年 10 月 24 日訪問大溪林天生木雕廠之鑿花師傅所得。

圖4-6　神轎與彩牌中之有翼仙子圖示

同人社神轎之有翼仙子

慶安社（c203）

以上分析，彩牌之形制及紋飾以漢式為主，再融合和式、洋式風格，但其中之和式、洋式又帶點中國味，正如大溪街屋立面似東非東、似西非西，自成一風格之「大溪風格」。

三、禁鼓樂後彩牌風尚大減

依《臺灣日日新報》所載有關大溪文衡帝君遶境祭典之報導觀之，自大正四年（1915）開始報導，社頭名稱正式出現，始於大正七年（1918）年同人社之報導，其後每年均有報導文衡帝君遶境盛況，有逐年愈盛之勢，大溪社頭在往後幾年間紛紛成立，來大溪與會的香客亦是香客如雲，由《臺灣日日新報》之報導，不難想像當時熱絡之景，但自昭和十一年（1936）報導完〈大溪迎神異常熱鬧〉後，就不再復見有大溪文衡帝君遶境之報導，因昭和十二年（1937）起，日政府為推行皇民化政策所施行之禁鼓樂，大大衝擊了臺灣本土廟會之運行。

（一）日治時期的禁鼓樂

「禁鼓樂」一詞，非日治時期所特有，清代時即已慣用於國喪期間禁止民間演戲、娛樂之專有名詞，而此種國喪期間，避去一切歌舞音曲以表同

戚，《尚書・舜典》即以「遏密八音」表示，日治時期，遇天皇、皇后、親王、內親王、女御之死，一切戲劇、音樂等相關娛樂亦需停止數日不等以表肅靜，一般行文以「停止歌舞音曲」表示。〔註 39〕以上均是國喪期間，為表哀戚而禁歌舞戲樂的政策，此政策僅是短暫性的停止，並未對台灣的傳統戲曲活動造成太大的影響。

而一般戲曲藝人所謂之「禁鼓樂」，通常是指蘆溝橋事變後，日政府為推動皇民化對傳統戲曲禁止，但徐亞湘則有另一見解，徐氏將台灣戰爭期之「禁鼓樂」分成三個階段，第一階段為事變之前；第二階段為事變之後；第三階段為臺灣演劇協會成立之後。其中更提及事變前一年，昭和十一年（1936），臺灣為配合邁開國家非常時期緊急事項的第一步，已經出現積極「取締」臺灣戲劇或者是「勸導」降低臺灣戲劇演出比例的議論，此時期尚未強制取締，但已可見當時臺灣部分州廳的警察機關，為配合時局對振興國民精神（作興民風）與加強民眾教化的要求，將「關心」的重點放在電影、戲劇及其他一切演藝興行物的革新上。〔註 40〕

事變之後，日本近衛內閣確立了國民精神總動員的實施與推展，臺灣總督府為配合日本國內對新的戰爭情勢，也積極推動皇民化運動，對臺人進行極端的同化政策，以期「煉成」忠誠的「天皇子民」，成為日本帝國戰爭動員的一環及後盾。隨著皇民化運動的全面推動，戲劇亦開始被納入「總動員」體制，也就是戲劇應該更積極地擔負起時代的責任。而這些戲班不是被輔導成日本式的新劇演出，就是無力（無願？）「改良」而自行解散。昭和十七年（1942）年三月十四日，在皇民奉公會中央本部的指導下臺灣演劇協會成立，此標示臺灣戲劇正式進入國家一元的統制時期，使得臺灣戲曲演出幾乎完全絕跡。〔註 41〕

以上可知，所謂的「禁鼓樂」早在事變前即已開始，但並未徹底實行，但隨著戰事吃緊，皇民化運動的積極推行，台灣傳統戲劇戲班被迫轉型為日本式的新劇或自行解散，使得台灣傳統戲劇被完全禁絕。

〔註 39〕 徐亞湘，《日治時期臺灣戲曲史論：現代化作用下的劇種與劇場》（臺北市：南天，2006 年），頁 252～253。

〔註 40〕 徐亞湘，《日治時期臺灣戲曲史論：現代化作用下的劇種與劇場》（臺北市：南天，2006 年），頁 253。

〔註 41〕 徐亞湘，《日治時期臺灣戲曲史論：現代化作用下的劇種與劇場》（臺北市：南天，2006 年），頁 256～263。

（二）昭和末年禁鼓樂對大溪社頭的影響

以上所指台灣傳統戲劇是指內台戲，亦即在劇場演出之臺灣戲曲而言，外台戲的部分，則因其依生環境、活動場域主要是在廟會慶典及民俗祭典中，而這個部分在皇民化運動初期因「民風振興」及「反映非常時局」所需，民間普遍（不得不）響應配合「寺廟改善」、「祭典改善」與「陋習、迷信破除」等政策，外台戲於是與牲豬、肉山、飯擔、燒金紙、爆竹、道士等，皆被列入「不合於現代生活形式的改善」項目而遭廢止，所以，外台戲之「禁鼓樂」，應與其活動場域的驟變有相當的關係，地方廟宇、祭典之主事者，不敢違抗甚需配合時局，當然就不會再聘請戲班演出，當戲班的戲路幾乎斷絕，「禁鼓樂」也就益形徹底。〔註42〕

而大溪普濟堂文衡聖帝祭典，在日治時期屬知名廟會慶典，《臺灣日日新報》自大正四年（1915）即有報導當時盛況，之後每年均有報導，直至昭和十一年（1936），《臺灣日日新報》〔註43〕亦有報導，且其中可見大溪街主導祭典的團體極力廢止披枷塗面的陋習，在此可見大溪亦開始受「禁鼓樂」之影響：

> 既報大溪郡大溪街普濟堂文衡聖帝祭典。爲舊曆六月二十四日。是日午前九時起。神輿繞境。路關照例。由廟出發。經公園轉出新街。月眉。田心子。尾寮。頭寮。埔尾內柵。午後四時入街回廟。參加團體。凡二十餘團。有三層新勝社。共樂軒之什音及花籃。以少女多數肩挑行列。而大有社之洋樂隊三十餘卻。又有烏塗塗圍之小兒獅陣。興安。同人協義。永安。樂安其他各社之音樂繡旗燦行。蜿蜒數里之途。上下兩街。各廟演戲。是日爲農村閒散期。觀眾比較例年倍加。街路擁擠不開。不下五萬餘人。聞恒例之披枷塗面諸惡習。本年得當街方面委員。溪聲俱樂部。青年團極力宣傳廢止。

而以大溪而言，其祭典相關報導，至昭和十二年三月仍有刊出〈大溪街福仁宮例祭廟前賽豚‧觀客擁至〉，仍可見戲班演出之報導，但是年已不復見大溪文衡聖帝祭典相關報導。原因是昭和十二年（1937）四月，台灣總督府

〔註42〕徐亞湘，《日治時期臺灣戲曲史論：現代化作用下的劇種與劇場》（臺北市：南天，2006年），頁257～258。

〔註43〕不著撰者，〈大溪迎神‧異常熱鬧〉，《臺灣日日新報》n04版，臺北：臺灣日日新報，1936年8月13日。

爲加緊推行皇民化運動，下令強迫所有報紙及各種刊物廢止漢文版之前，戲曲的相關報導多刊載在漢文版中，然而，台灣傳統戲劇活動亦隨著中日戰爭的爆發而受到壓制與取締，開始所謂的「禁鼓樂」時期，戲曲相關報導遂於報刊中絕跡。〔註44〕而大溪文衡聖帝祭典亦於昭和十二年開始取消遶境，只保留祭典儀式，於是乎，遶境時的文物只得被擱置於倉庫中，直至二戰後。

第二節　大溪彩牌的形制分析

一、大溪彩牌的形制

　　大溪彩牌，除外形上爲一中間高兩邊逐級降低之形狀，其整體結構的安排上，也正可與中國美學思想相呼應。中國傳統建築講究軸線空間布局，也就是軸線對稱，彩牌亦屬軸線對稱構圖。古云：「然古人言宮室位置，則云前朝後市，左祖右社。」〔註45〕古人宮室建築原則，前朝后市，左祖右社，主宮殿位於中軸線上，宮室位於二側，左右互相對稱，使得建築達到左右均衡，而大溪彩牌亦承襲了中國建築之軸線對稱之空間布局，中間扇面高起，兩旁肩部對稱並逐級降低，使其整體形制屬對稱均衡的畫面，也使畫面呈現穩重感。

　　大溪彩牌扇面以軟構之草龍（軟團）或硬構之拐子龍（曲矩）爲框構，並嵌入多片不同形狀之堵面，這些堵面有的構成具體的形狀，有的構成簡單的幾何圖形，筆者依其堵面構成之扇面，再將扇面形制分爲平安圍爐式、屏風式及扇面式。另以下各堵位之名稱，因尙無正式名稱，因此筆者參照格扇門之名稱而定。

> 格扇門的基本形制是分上下兩部分，上部爲主，稱格心，用木櫺條組成格網，用以糊紙或綢絹，是格扇採光的部分；下部爲裙板。格心與裙板之間爲絛環板，如格扇較高，則在格心之上和裙板之下可增加一道絛環板。一扇格扇用四周木框組成框架，框架左右的立框稱邊挺，上下橫向的邊框稱抹頭，因爲格扇由格心、裙板和絛環板

〔註44〕　徐亞湘，《臺灣日日新報與臺南新報戲曲資料選編》（臺北縣中和市：宇宙，2001年），頁3。

〔註45〕　（明）鄧士龍輯；許大齡，王天有主點校，〈菽園雜記六〉，《國朝典故》卷之七十八，（北京市：北京大學，1993年），頁1683。

幾部分組成，所以抹頭從上到下有好幾道，因此一扇格扇的高低和複雜程度就看有幾道抹頭而定，於是格扇就有二抹、三抹、四抹、五抹與六抹之分。〔註46〕

　　而大溪彩牌之扇面系由多面格扇組成，不同處在於，彩牌無裙板，且上下縧環板有二道至三道，因此，以下有關彩牌扇面名稱之介紹，皆採用格扇之部位名稱，筆者再依其堵面位置將其分為中心扇（編號代碼為 a）、中心扇兩邊對稱位置稱為左右扇，左右扇又依次分為左一扇（編號代碼為 b1）、右一扇（編號代碼為 b2），左二扇（編號代碼為 c1）右二扇（編號代碼為 c2）等，以此類推，其中 1 代表左扇，2 代表右扇，其位置說明如圖 4-7。

圖 4-7　大溪彩牌扇面名稱位置圖

扇面名稱	右4扇	右3扇	右2扇	右1扇	中心扇	左1扇	左2扇	左3扇	左4扇
代　碼 （左1右2）	e2	d2	c2	b2	a	b1	c1	d1	e1
格心編號	e201	d201	c201	b201	a01	b101	c101	d101	e101
編碼原則	各扇格心先編碼，再由上而下依次編碼								

（一）平安圍爐式

　　大溪彩牌之外形雖有圓弧亦有方矩，但同中有異，其中同人社、同義社、共義團之彩牌之框構為盤曲的捲草紋，亦稱草龍或軟團，其線條圓潤、流暢，其中心扇格心亦由草龍團圍成一香爐形，爐肚內雕飾著演義故事（戲齣），彩牌中位置編碼為 a01，上縧環板則以地名及社名雕飾為主（彩牌中之編碼為同人 a02、同義 a04、共義 a04），其爐肚圈圍（同人、同義 a09～a11；共義 a10～a13）配以八寶、松鼠葡萄、瓜果雕飾，下縧環板則以動物紋飾為主；中心扇左右兩側，則是以草龍團圍而成之花瓶形，花瓶之瓶肚（b101、b201）亦雕飾著演義故事，位於瓶口（同人、同義 b103、b203；共義 b102、b202）及瓶頸之上縧環板（同人、同義 b104、b204；共義 b103、b203）則以花卉、禽鳥紋飾為主，位於瓶底之下縧環板（同人、同義 b105、b205；共義 b104、b204）則以花卉、瓜果之植物紋飾為主，如此中軸線上一香爐，配以左右兩寶瓶，是謂平安圍爐式也，而此形制代表的是祈求平安、全家（全社員）團聚，是

〔註46〕樓慶西，《戶牖之藝》（臺北市：龍圖騰文化，2012 年），頁 18～19。

大溪在清末、日治時期，從事礦業之社頭成員最大的祈願，因此，此形制彩牌之社頭屬性亦多半與礦業相關。

而此平安圍爐形制，最大特色為香爐和花瓶造形框構之使用，如前文所言，屏風式之彩牌屬硬式「曲矩」框構，無法構成香爐和花瓶形狀，但亦有香爐和花瓶紋飾之使用，如此使得屏風式彩牌得以和平安圍爐式彩牌相呼應。

以下筆者就平安圍爐式彩牌做介紹：

1、同人社彩牌

其墨繪框線之枝骨雕製清楚，線條流暢簡潔，以軟團形式構成中間香爐，兩旁圍以花瓶之平安圍爐式彩牌，其爐心雕飾著戲齣（封神演義第三十三回：黃飛虎泗水大戰，傳達正義及正氣的涵意），爐心周圍更飾以八寶、松鼠葡萄、瑞獅戲球等，祈願吉祥、好運及多子多孫；爐口雕以水族，祈願富足多子，爐口上方配以靈芝紋內雕祥禽花卉，靈芝紋看似爐煙裊裊往上昇，裊裊爐煙中又有二僮子舉匾揭示大溪同人，香爐的下方雕飾一老鷹，有萬里鷹揚之意；花瓶口上方分別雕飾仙人帶騎，手持武器，有守護同人社之意；花瓶口飾以二十四孝；瓶心亦雕飾戲齣（封神演義第二十二回：西伯侯文王吐子；封神演義六十六回：洪錦西岐城大戰，均有忠孝節義之意涵），花瓶下方再飾以八寶、水果紋飾，象徵吉祥、祈願多子多孫；最後彩牌兩旁分別以龍紋收邊，有雙夔龍守護彩牌之意，請見圖4-8，及參見圖4-9之描線示意圖。

2、同義社彩牌

其墨繪框線之枝骨雕製清楚，線條流暢簡潔，以軟團形式構成中間香爐，兩旁圍以花瓶，構成平安圍爐式彩牌，其爐心雕飾著戲齣（應為封神演義二十八回：子牙兵伐崇侯虎，表達仁義之心），爐心周圍更以花鳥水果、松鼠葡萄、瑞獅戲球等，祈願吉祥、好運及多子多孫；爐口以紋雲鋪底並書明烏塗窟同義社，爐口上方配以靈芝紋，靈芝紋看似爐煙裊裊往上昇，內飾鶯哥茶，寓意吉祥，香煙之上再配一老鷹，有萬里鷹揚之意，香爐下方則以蝙蝠啣磬牌，代表福慶，磬牌上頭書明寄附者姓名；花瓶口上方分別雕飾龍紋，有雙夔龍守護彩牌之意；花瓶口飾以荷花及菊花；瓶心亦雕飾戲齣（均有忠孝節義之意涵），花瓶下方再飾以花鳥、水果紋飾，象徵吉祥、祈願多子多孫，而其持撐杆頭則飾以哼哈二將，亦有守護之意，請見圖4-10、圖4-11。

圖 4-8 大溪平安圍爐式彩牌——同人社彩牌

圖片來源：筆者攝於福仁宮，2010 年 4 月 1 日。尺寸：長 134 公分、寬 125 公分、厚 15 公分。

圖 4-9　大溪同人社彩牌描線示意圖

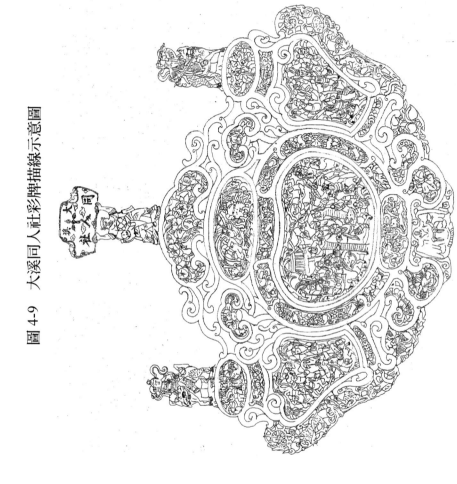

同人社彩牌描線圖／林柑萍描繪／2012 年 6 月

圖 4-10 大溪平安圍爐式彩牌──同義社彩牌

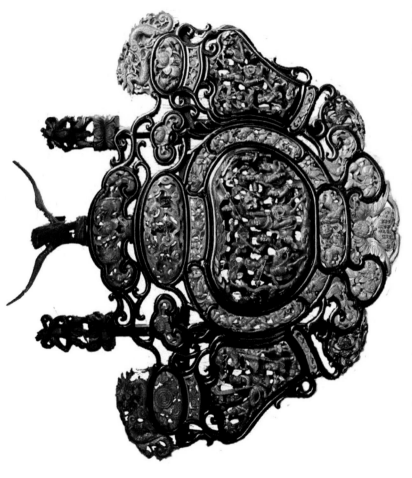

圖片來源：筆者攝於同義社，2012 年 8 月 9 日。尺寸：長 125 公分、寬 88 公分、厚 15 公分。

圖 4-11　大溪同義社彩牌描線示意圖

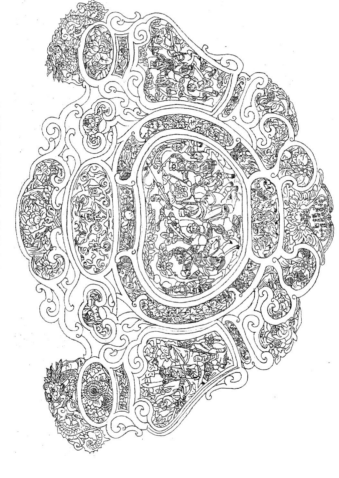

同義社彩牌描線圖／林柑萍描繪／2012 年 7 月

3、共義團彩牌

為枝骨墨繪框線軟團形式構成，最上圍雕飾著南極仙翁領著八仙祝壽之圖；中間香爐，兩旁圍以花瓶，形成平安圍爐式彩牌，其爐心雕飾著戲齣（封神演義第四十三回：聞太師西岐大戰，傳達忠臣及邪不勝正的涵意），爐心周圍飾以八寶、水果，祈願吉祥及多子多孫；爐口雕以雙鳳朝牡丹，爐頸則以紋雲鋪底並書明大溪共義團，香爐下方則雕飾水族及雙獅戲球，祈求科舉順利，好運連連；花瓶口飾以回首麒麟；瓶肚亦雕飾戲齣（左面內容亦為聞太師西岐大戰，均有盡忠及邪不勝正之意涵；右面為封神演義第二十一回：文王誇官逃五關，意涵孝道），花瓶下方再飾以花卉、水果紋飾，象徵富貴、祈願多子多孫，最後兩側以雙夔龍守護收邊，請見圖 4-12、圖 4-13。

（二）屏風式

以興安社、協義社、慶義社及慶安之彩牌框構則以曲矩（拐子龍）為主，為一拐來拐去的回紋構造，其扇面至少有七折，至多有九折，因其框構以直線造形為主，形似一屏風，而其與屏風相異之處，在於屏風多有裙扇，但彩牌中未見裙扇之佈局，與二抹頭之屏扇極為相似，故為屏風式。

屏風式彩牌之屏面安排，亦以中軸線為中間扇，其位置最高、面幅最大、最為醒目，往兩側可分為左一扇（彩牌中之編碼b1）右一扇（b2）、左二扇（c1）右二扇（c2）、左三扇（d1）右三扇（d2）及左四扇（e1）右四扇（e2），請參見圖 4-7，各扇面左右對稱，再依次往兩旁逐級降低，形成一穩重的構圖。

其扇面裝飾亦因扇面位置而有不同，中間扇之格心（a01）以戲齣為主，慶安社於格心旁分飾花瓶，瓶中插有吉祥花飾，協義社之格心兩旁則以禽鳥花卉裝飾為主，上縧環板則以地名、社名為主，扇面頂端橫披處再飾以吉祥花卉或雙龍護珠紋飾；下縧環以花卉、禽鳥、昆蟲、水族、松鼠葡萄為主，最後扇腳處再以捲草紋或蝙蝠花籃收尾。左一扇右一扇之扇面安排，格心亦以演義故事或八仙人物為主，上縧環板位置則以花卉、雙龍、雙鳳裝飾為主；下縧環板則以花卉及瓜果植物為主。左二扇右二扇之扇面安排，格心部位主要以則以博古清供、花瓶飾物為主，慶安社異於他社，以神仙帶騎、長翅天使加瓜果植物裝飾。左三扇右三扇之扇面安排，則以八寶法器、瓜果飾物、蝙蝠、獅座、象座裝飾為主。左四扇右四扇之扇面安排則以收邊為主，讓牌

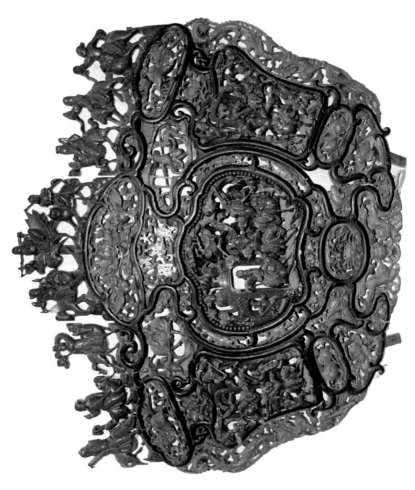

圖 4-12 大溪平安團爐式彩牌——共義團彩牌

圖片來源：筆者攝於共義團，2010 年 3 月 21 日。尺寸：長 126 公分、寬 110 公分、厚 18 公分。

圖 4-13　大溪共義團彩牌描線示意圖

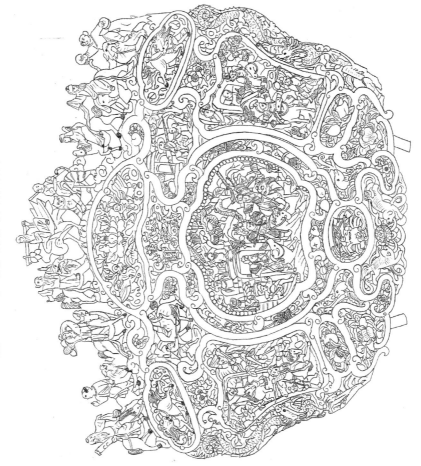

共義團彩牌描線圖／林柑萍描繪／2012 年 7 月

面結構完整，似有仙人或僮子分守兩端，故其紋飾大多以神仙人物爲主，亦有以雙鳳守護之構圖。

1、興安社彩牌

以曲矩方式呈現，並於曲矩轉折處鑿孔接榫，使結構穩固，將彩牌畫面區分爲三大塊，其雕飾之人物較其他社頭多樣，人物表現身形纖細瘦長，座騎亦以清瘦有神之姿表現，衣冠之雕飾更是不含糊，帥盔戎裝衣帶亦是力求表現，整面彩牌於透雕技法下更顯枝節細緻精密，唯某些細節處可能因上漆之故，視覺稍有模糊之感。

彩牌最上方爲雙龍護珠，有守護之意；中間扇格心雕飾戲齣（薛丁山與樊梨花之樊江關，意涵孝道與愛情故事）；上緣環板則以雲紋鋪底，其上書明大溪興安社，下緣環板則雕飾喜上眉梢，其下扇腳處再以雙鳳朝獅頭花籃收尾；左右扇之格心亦雕飾戲齣（三國演義第二十八回：會古城主臣聚義、第九十五回：武侯彈琴退仲達，又名空城計，寓意忠義精神及以智取勝），其外框構再以花卉蝙蝠裝飾，其中花卉有半菊之運用，爲日式風格表現。框構最外圍再雕飾雙夔龍及草鳳團圍樂舞百戲、香爐器物，雙夔龍有守護之意，樂舞百戲則說明了興安社子弟戲興盛，香爐則可與平安圍爐式中之香爐相呼應，請參見圖 4-14、圖 4-15。

2、協義社彩牌

彩牌中間扇最上方爲老鷹（代表萬里鷹揚），往下依次爲牡丹、雲紋爲底上有協義社字樣，格心爲戲齣（封神演義四十二回：黃花山收鄧辛張陶，代表正義、邪不勝正），其下爲松鼠葡萄及牡丹捲草；左右扇之格心雕飾花鳥、瓶花、香爐、古樹頭及戲齣（封神演義第六十四回：羅宣火焚西岐城，代表正義、邪不勝正），其外框構再以獅、虎、雙龍、仙人帶騎裝飾，有守護彩牌之意，另亦裝飾有花卉、水果、瑞獸（象座、獅座）。另其紋飾中之香爐與花瓶則可與平安圍爐式相呼應，見圖 4-16、圖 4-17。

3、慶義社彩牌

彩牌中未使用龍紋裝飾，其鋪面構置，最上方爲雙鳳朝牡丹，有吉祥、守護之意；中間扇格心雕飾戲齣（三國演義第五十九回：許褚裸身戰馬超，寓意勇猛、盡忠守節）；上緣環板則以雲紋鋪底，其上書明大溪慶義社，下緣環板則雕飾花鳥題材，其下再以法式捲草收尾，此捲草較似蕨類，不同於大溪其他彩牌式樣，洋風較重；左右扇之格心亦雕飾戲齣（三國演義第四十四

圖 4-14 大溪屏風式彩牌——興安社彩牌

圖片來源：筆者攝於福仁宮，2010 年 3 月 22 日。尺寸：長 120 公分、寬 76 公分、厚 6 公分。

圖 4-15　大溪興安社彩牌描線示意圖

圖 4-16 大溪屏風式彩牌——協義社彩牌

圖片來源：筆者攝於協義社，2010 年 8 月 2 日。尺寸：長 127 公分、寬 69（含鷹 84）公分、厚 5 公分。

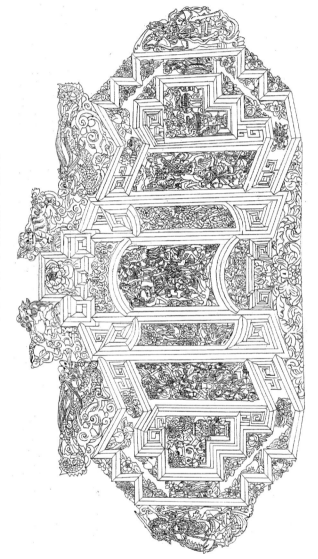

圖 4-17　大溪協義社彩牌描線示意圖

協義社彩牌描線圖／林柑萍描繪／2012 年 7 月

回七星壇諸葛祭風、第八十八回：渡瀘水再縛番王，傳達的是以智取勝）、瓶花（連連平安、富貴平安），其外框構再以花卉、八寶、水果裝飾，其中花卉有半花及四分之一花之運用，與他社不同，最後，彩牌兩側則有二僮子做舉牌之姿，有抬舉、守護之意，見圖 4-18、圖 4-19。

4、慶安社彩牌

彩牌最上方爲太陽紋，有光明正義之意；中間扇格心雕飾戲齣（三國演義第五十九回：許褚裸身戰馬超，寓意勇猛、盡忠守節）；上縧環板則雕飾二僮子舉慶安社牌匾，四周再裝飾以禽鳥花卉、瓶花（富貴平安）、昆蟲瓜果（寓意多子多孫），下縧環板則雕飾金魚蘆花（金玉滿堂），扇腳處以流蘇串珠捲草收尾；左右扇由上而下之配置爲雙龍守護、花卉禽鳥，格心與他社不同，雕飾著八仙人物，其下再雕飾花卉及水果，其外框構再則以佛手瓜、石榴、仙人帶騎、有翼仙子及雙鳳爲飾，其中仙人帶騎、有翼仙子及雙鳳均分守兩側，有守護之意，而其中有翼仙子爲洋味較濃之圖飾，爲大溪彩牌中洋式風格之作，見圖 4-20、圖 4-21。

（三）扇面式

樂安社之形制，有別於大溪其他社頭，其形制典雅，似一扇面展開形，故筆者以之名爲扇面式，其框構亦以曲矩爲主，扇心部分爲一圓形構圖，雕飾著演義故事，與兩旁邊挺間雕飾著瓜果植物並留有空間，有別於大溪其他彩牌牌面完全雕飾，扇心上方又一小扇面，扇面上揭示著樂安社，小扇面上方再飾以牡丹花，並雕飾著大溪二字，圓形扇心下方則裝飾著三多圖，並以拐子龍互對。扇心左右兩側之扇面，格心部分雕飾著演義故事，上縧環板雕飾著鳳凰，下縧環板雕飾著捲草花卉。左二右二扇雕飾著禽鳥花卉，再以拐子龍做爲外側邊框的裝飾，使整個扇面結構完整，精緻耐看。

大溪樂安社之彩牌，形爲磬形書卷，單面見光透雕，萬壽回文框，雲紋飾大溪樂安社，以四果表多利、多福、大富及長壽，內襯圓形堵飾歷史演義刀馬人（三國演義第四十一回：趙子龍單騎救主、第四十二回：張益德大鬧長坂橋，表達的是忠義精神及劉備摔子之愛才惜將），其下再擺一清供果盆，喻意多子、多福、多壽，其上有雙鳳、狻猊拱護，底下再飾吉祥草花，兩旁分飾祥禽瑞花喻意富貴白頭、壽帶長春，種種組合成一幅既吉祥、高貴又大方之圖案，見圖 4-22、圖 4-23。

圖 4-18　大溪屏風式彩牌──慶義社彩牌

圖片來源：筆者攝於慶義社，2010 年 8 月 3 日。尺寸：長 110 公分、寬 73 公分、厚 5 公分。

圖 4-19　大溪慶義社彩牌描線示意圖

慶義社彩牌描繪圖／林柑萍描繪／2012 年 7 月

圖 4-20　大溪屏風式彩牌——慶安社彩牌

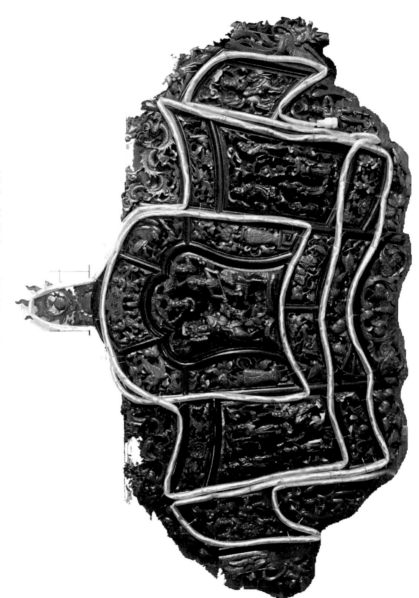

圖片來源：筆者攝於慶安社，2010 年 4 月 22 日。尺寸：長 148 公分、寬 80 公分、厚 10 公分。

圖 4-21　大溪慶安社彩牌描線示意圖

慶安社彩牌描線圖／林柑萍描繪／2012 年 7 月

圖 4-22　大溪扇面式彩牌——樂安社彩牌

圖片來源：筆者攝於田心仔國小，2010 年 8 月 1 日。尺寸：長 115 公分，寬 75 公分，厚 8 公分。

—164—

圖 4-23 大溪樂安社彩牌描線示意圖

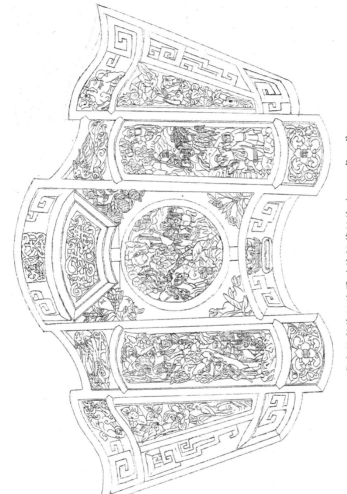

樂安社彩牌描線圖／林柑萍描繪／2012 年 7 月

二、彩牌的雕製技巧

大溪彩牌之扇面構成有三個重要元素，一是框構，二是入堵技巧，三是雕繪，框構決定彩牌的造形，入堵的技巧增加彩牌扇面的變化性及加強結構的穩定性，雕繪則是增加彩牌的華麗度及可看性。

（一）彩牌的框構

大溪彩牌之扇面最主結構為枝骨之框構，有直線框構的拐子龍團構，又稱為「曲矩」，及曲線框構的草龍團構，又稱為「軟團」，其中屏風式及扇面式屬直線框構，平安圍爐式屬曲線框構，其枝骨除興安社為紅木色外，其餘均為黑色線條，也因其為黑色線條，使得整扇彩牌堵面分明，而枝骨與枝骨間鑿孔接榫，互相搭接，使得結構完整，讓彩牌不致因碰撞而崩壞。

框構枝骨除了「曲矩」與「軟團」之別外，其枝骨之亦有不同加工方式，依宋《營造法式》中格子門框之加工方式〔註47〕，大溪彩牌共有三種形式，同人、同義、共義團之彩牌枝骨均為半圓弧素面，又稱為「素通混」之形式，興安、協義社之彩牌曲矩框條側面圖為三角形，又稱為「單混出單線」形式，慶安、慶義、樂安社為半圓弧素面配上壓邊線條，又稱為「通混壓邊線」形式，如此，增加彩牌之繁複性，使得彩牌之框構亦有不同的視覺效果。

（二）入堵的技巧

彩牌之扇面是由不同區塊的堵面組合而成，不同的堵面雕飾著不同的紋飾，真可謂是一方一天地，其中依堵面的空間位置不同，亦裝飾有不同的紋飾，且依顏色為區分，居要位之中心扇格心，顏色最深，居副位之堵面顏色較淺，使得觀賞者之視覺焦點會自然而然的落在中心扇格心上，且中心扇格心通常雕飾著繁複的戲齣，也就是演義故事，雕刻手法精緻細膩，人物表情生動，遠觀細賞皆宜，唯一令人有憾的是，這些戲齣在子弟戲及彩牌中生動上演，現代觀者卻不得而知其戲齣名稱。

而此技法與中國家具傳統技法中之「嵌木」略同，「嵌木」即是運用不同顏色之木材鑲嵌，使其因顏色差異而產生不同的視覺效果，最著名為「茄苳入石柳」，〔註48〕但此技法產出之作品屬小面精細之作，彩牌則是大面創作，

〔註47〕 樓慶西，《戶牖之藝》（臺北市：龍圖騰文化，2012年），頁10。
〔註48〕 網路資源：臺南・家具產業博物館，網址：http://www.fmmit.com.tw，2012年

鑲嵌手法略同，但呈現之視覺效果差異卻頗大。

　　而筆者再從彩牌背面觀之，發現不同形制、枝骨之彩牌有著不同的榫接法，以平安圍爐式彩牌而言，因其為「軟團」框構，故枝骨之榫合面較不似直線型框構易榫接，故運用相當多「鳩尾榫」，也無形間增加了枝骨間的強度，使得細長枝骨得以有較大之承載力。

　　另外，這種結合曲團框構與入堵之技法，可使整面彩牌之脹縮減少，使彩牌歷久不因木頭之脹縮而變形損壞，其背面並加以橫桿支撐，除可架桿抬舉，更是可以加強結構及彈性，使彩牌更加牢固。

（三）雕繪的技巧

　　彩牌之觀賞面僅限於正面，因此其雕刻技法均以單面見光透雕〔註 49〕為主，且彩牌為社頭之表徵物，所以在雕飾方面力求精密華麗，因此每一面之造價均所費不貲。每扇彩牌之堵面雕飾均有其代表意涵，其雕工細密，尤以格心之戲齣雕飾為甚，其人物、座騎、背景雕飾更是以內枝外葉手法雕製，多層鏤空，主將身穿靠裝，後背靠旗，騎著坐騎拿著武器呼之欲出，配角人物在一旁助陣，兵卒小僮則在一旁搖旗吶喊，主配角間透過內枝外葉手法雕製更顯得層次分明。另外因演義故事強調的是征戰的情形，各將帥兵卒均手持槍器刀具，有的廝殺、有的騎馬奔馳、有的搖旗吶喊，人物表情更是細膩生動，因此使觀者不禁讚嘆其精細之雕工。

　　大溪彩牌顏色以黑、褐色系為主，此顏色變化，除本身木質不同外，上漆時亦以不同顏色之漆塗繪。另框構，又稱為枝骨，以黑色枝條團構為主，使人遠看即可見其主要堵面或形制，格心部分顏色通常為較深之褐色，絛環板之木色則為較淡褐色，使得顏色有輕重之分而造成視覺焦點之逐次轉移。

　　另外，其紋飾之運用，更是有級次之分，格心部分為戲齣，上下絛環板為動植物紋飾為主，框構有些則飾以回紋，另外襯底則以雲紋為主，扇面之連接加強固定則以植物紋中之水果紋飾為主，使得整個畫面充斥著中國傳統紋飾，耐看又有意涵。

---

　　12 月 9 日。

〔註 49〕李朝朗，《台灣古建築圖解事典》（臺北市：遠流出版事業股份有限公司，2003年），頁 127。所謂「見光」，指的就是加工處理，反之不見光即不特別加工。棟架的雕花材，常只有正面施雕，背面省略之，故稱「單面見光」。

第三節　大溪彩牌的紋飾分析

　　紋飾是一種民俗象徵符號，而這些象徵符號乃是先民們經由觀察、體現的表現，其中蘊涵著先民的智慧與美的追求。

　　這些民俗象徵符號，自古以來便確立了一種被俗民公認的，或被稱之爲「約定俗成」的民俗傳承法則，每當人們在民俗文化生活中相互交往和交流的時候，始終要受到一個個或一連串的象徵符號所觸動，從而感受到那些民俗事象的價值所在，正因爲有這樣永不停頓的信息傳送，才潛移默化地塑造了人們的民俗性格，才創造了凡有人煙處都有民俗信息的世界，於是，才不間斷地培養並增強了人們的民俗文化歸屬感。〔註50〕

　　大溪彩牌因屬民俗文物，故在紋飾的運用上，亦明顯表達了常民的祈願，筆者將大溪彩牌之紋飾稍做分類，依其屬性分爲神仙人物紋飾，動、植物紋飾及其他，而這些紋飾符號本身系一指符，是視覺上的總稱，但其主要作用在於其紋飾符號在人的心理所產生的意義，稱爲所指，也就是其紋飾符號背後的象徵意涵。而這些紋飾符號有些單一呈現，有些二者搭配，有些多者相搭，其代表意涵又更廣遠，足見大溪彩牌亦是中國符號美學的集大成。

一、大溪彩牌之堵面分配與紋飾

　　大溪彩牌之堵面分配，如前文所言，爲一中間高兩邊逐級降低之形狀，故可將其堵面配置分爲位於中軸線之中間扇，筆者以 a 爲其堵面代碼，並以中心格心爲 a01，其雕飾內容皆爲戲齣，再從上而下分別編碼（請參見圖 4-7）；接下來是第一級次之左一扇及右一扇，中國傳統以左爲尊，故筆者以 b1 爲左一扇堵面代碼，並以中間堵面爲 b101，再從上而下分別編碼，如此類推，b2代表右一扇，c1 代表左二扇、c2 代表右二扇、d1 代表左三扇、d2 代表右三扇、e1 代表左四扇、e2 代表右四扇，各扇再由上往下分別編碼，如圖 4-18～圖 4-25 表示，並於表 4-1 中標示各堵面位置之裝飾內容，另紋飾內容與各彩牌之裝飾位置請詳見下一節。

〔註50〕　烏丙安，《民俗學原理》（瀋陽：遼寧教育出版社，2001 年），頁 213。

圖 4-24 同人社彩牌各堵面位置標示圖

圖 4-25 同義社彩牌各堵面位置標示圖

圖 4-26　共義團彩牌各堵面位置標示圖

圖 4-27　興安社彩牌各堵面位置標示圖

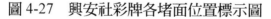

圖 4-28 協義社彩牌各堵面位置標示圖

圖 4-29 慶義社彩牌各堵面位置標示圖

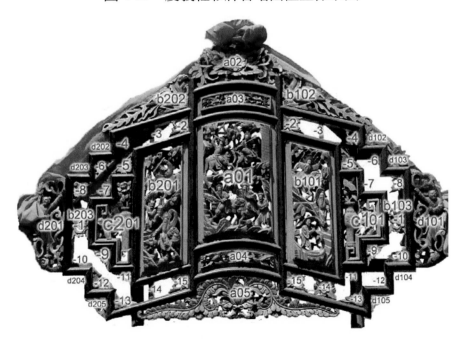

圖 4-30　慶安社彩牌各堵面位置標示圖

圖 4-31　樂安社彩牌各堵面位置標示圖

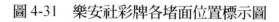

表 4-1　大溪彩牌各堵面位置及裝飾內容標示

區位	堵面編碼	平安圍爐式				屏風式		扇面式	
	形制	同人社	同義社	共義團	興安社	協義社	慶義社	慶安社	樂安社
中央堵	a01	戲齣 界牌關：黃飛虎泗水大戰（封神演義第三十三回）、萬意精神、正氣精神	戲齣 子牙兵伐崇侯虎大戰（封神演義第二十八回）、萬意仁義之心	戲齣 聞太師西岐大戰（封神演義第四十三回）、邊框有護珠裝飾、萬意盡忠守節及邪不勝正	戲齣 薛丁山與樊梨花之樊江關、萬意愛情故事及衝突後的團結合作退敵	戲齣 黃花山收鄧辛張陶（封神演義第四十二回）、萬意邪不勝正	戲齣 許褚裸身戰馬超（三國演義第五十九回）、萬意勇猛及盡忠守節	戲齣 許褚裸身戰馬超（三國演義第五十九回）、萬意勇猛及盡忠守節	戲齣 劉備擇子：趙子龍單騎救主（三國演義第四十一回）、萬意守節及愛才惜將
	a02	2 僅子彈牌揭示大溪同人社	老鷹 （鷹揚獨立或萬里鷹揚）	a02 南極仙翁＋八仙 -1：南極仙翁騎鶴； -2：李鐵拐手拿鐵杖騎虎； -3：呂洞賓背寶劍騎馬； -4：曹國舅手持拍板騎馬； -5：劉海手持金錢戲金蟾； -6：漢鍾離手拿羽扇騎獅； -7：荷仙姑持荷騎鹿； -8：藍采和拿小扇騎俊猊； -9：張果老拿魚鼓騎馬	雙龍護珠 （顏色較深、應為翻修構件）	老鷹 （鷹揚獨立）	牡丹 （富貴）	太陽＋水紋	雲紋＋大溪

		牡丹＋鵲鳥（富貴喜慶）	鳳凰＋牡丹（雙鳳朝牡丹）	雲紋＋大溪團安社	牡丹（富貴）	雲紋＋大溪慶義社	2 僅子孫扇形牌匾＋慶安社	扇形框＋雲紋＋樂安社
a03	山茶＋綬鳥（春光長壽）							
a04	水族 蝦蟹蛙魚蘆花（雙魚吉慶、順利登科得子）	雲紋＋烏達窟同義社	雲紋＋大溪共義團社	喜鵲＋梅樹（喜上梢梢）	雲紋＋協義社	草花＋鵲鳥	a04-1：甲蟲藤蔓 螳螂＋椿象＋南瓜藤蔓 a04-2：鵲鳥＋螽斯＋苦瓜藤蔓	三多盆（仙桃、石榴、蓮霧）
a05	喜鵲＋梅樹（喜上梢梢）	仙桃＋草花（長壽）	水果 蓮霧	雙鳳＋蔓草花＋獅頭花籃	松鼠葡萄（子孫綿延）	洋武捲草	4 金魚＋水紋＋蘆花（金玉滿堂）	a05-1：荔枝（立子） a05-2：蓮霧（大富）
a06	獅子＋繡球（獅子滾繡球、好事在後頭）	獅子＋繡球（獅子滾繡球、好事在後頭）	水族 蝦蟹蘆花（順利登科）		牡丹＋捲草（富貴綿長）		流蘇＋串珠＋捲草	a06-1：佛手（吉祥） a06-2：仙桃（長壽）
a07	老鷹（鷹揚獨立）	蝙蝠嘲磬（福慶）＋陳、戴、銀成、黃深根、黃連財、劉阿諒寄附＋流蘇	獅子＋繡球（獅子滾繡球、好事在後頭）				a07-1：鵲鳥＋竹 a07-2：鷹哥＋仙桃	
a08	a08-1、a8-1 如意框＋牡丹（富貴如意）	a08-1、a8-1 如意框＋牡丹（富貴如意）	a08-1、a8-1 草花				a08-1：牡丹＋花瓶（平安富貴） a08-2：山茶＋花瓶（長春富貴）	
a09	八寶 a09-1：蒲扇 a09-2：胡蘆	a09-1、a09-2 鷹哥	a09-1：垂釣老翁＋頑皮童子 a09-2：牧牛童子					
a10	a10-1、a10-2 松鼠葡萄（多子多孫）	a10-1、a10-2 松鼠葡萄	a10-1、a10-2 草花					
a11	水果 a11-1：佛手 a11-2：芭樂（多子）	a11-1、11-2 鷹哥	八寶 a11-1：犀角（勝利） a11-2：琴					

區域	編號							
	a12	a12-1、a12-2 綬帶+書	a12-1、a12-2 鶯哥+茶花（鶯哥茶）	八寶 a12-1：書 a12-2：棋盤				
	a13	瓜瓞綿延（子孫綿延）a13-1：南瓜 a13-2：苦瓜	水果+草花 a13-1：仙桃（長壽）a13-2：石榴（多子）	a13-1：仙桃（長壽）a13-2：南瓜（多子）				
	a14			a14-1、a14-2 金魚吐水（金玉滿堂）				
	a15		a15-1、a15-2 草花					
左一扇	b101	戲齣 文王誇官逃五關（封神演義第二十一回）	戲齣 子牙兵伐崇侯虎（封神演義第二十八回）	戲齣 聞大師西岐大戰（封神演義第四十三回）	戲齣 古城會：曾古城主臣聚義（三國演義第二十八回）	戲齣 七星壇諸葛祭風（三國演義第四十四回）	牡丹+鵲鳥	戲齣 八仙：李鐵拐+漢鍾離+荷仙姑+藍彩和　薛仁貴征遼
	b102	仙人攜騎（門神、守護神角色）	龍	麒麟	鳳頭捲草+樂舞百戲	鳳凰	老虎	鳳凰
	b103	二十四孝 親嚐湯藥	蓮+蓮蓮	草花	b103 -1：拂塵器物 -2：半菊 -3：鵲鳥草花 -4、-5：草花 -6：蝙蝠 -7：草花 -8：蝙蝠 -9：草花 -10：蝙蝠	-1：葫蘆+捲草 -2：半草花 -3：（缺漏） -4：半草花 -5：蝙蝠 -6、-7：（缺漏） -8：半草花 -9、-10：四分之一草花 -11、-12：（缺漏）	月季+鵲鳥	草花+捲草

b104	牡丹（富貴）	仙桃（長壽）	草花	-11：草花 -12：蝙蝠 -13：草花 -14：鵲鳥草花 -15：半菊		草花
b105	三枚古錢＋綬帶（三元及第、連中三元）	牡丹	草花	-13：四初之一草花 -14：草花 -15：半草花		仙桃
b106	水果 仙桃（長壽）	水果 石榴（榴開百子）				
右一層 b201	戲齣 洪錦西岐大戰（封神演義第六十六回）	戲齣 子牙兵伐崇侯虎（封神演義第二十八回）	戲齣 臨潼關，雷震子救父：文王詬官逃五關（封神演義第二十一回）	山茶＋綬帶鳥（萬壽長春）	戲齣 空城計：武侯彈琴退仲達（三國演義第九十五回）	八仙：呂洞賓＋曹國舅＋張果老＋韓湘子 戲齣 渡瀘水再擒番王（三國演義第八十八回）
						戲齣 薛平貴征遼
b202	仙人騎騎（門神、守護神角色）	龍	麒麟	鳳頭捲草＋樂舞百戲	獅子	龍
						鳳凰
b203	二十四孝 泊渝泣杖	菊花	草花	b203 -1：拂塵器物 -2：半菊 -3：鵲鳥草花 -4、-5：草花 -6：蝙蝠 -7：草花（修補） -8：蝙蝠 -9：草花 -10：蝙蝠 -11：草花（修補）	b203 -1：蒲扇＋捲草 -2：半草花 -3、-4：（缺漏） -5、-6：蝙蝠 -7：四分之一草花 -8：蝙蝠 -9：四分之一草花 -10：（缺漏） -11：四分之一草花 -12：蝙蝠 -13：四分之一草花	菊花＋鵲鳥
						草花＋捲草

	編號						
	b204	牡丹	草花		-12：蝙蝠 -13：草花（修補） -14：鵲鳥草花 -15：半菊	-14：（缺漏） -15：半草花	月季
	b205	三枚古錢＋綬帶（三元及第、連中三元）	草花	牡丹			蓮霧 （大富）
	b206	水果 石榴（榴開百子）	水果 石榴（榴開百子）	石榴（多子）			
左二扇	c101	龍（守護）	龍	鳳頭捲草＋香爐＋八寶（書）＋桌＋盆花	戲齣 羅宮火焚西岐城（封神演義第六十四回） 蓮＋花瓶＋蕉葉＋古錦頭＋仙桃（連年平安）	人物帶騎（持扇騎麒麟）	鵲鳥＋牡丹
	c102			龍	龍	佛手柑＋草花	蛙狎
	c103			如意捲草	-1：芭蕉人物 -2：回紋 -3：象啣牡丹 -4：仙花 -5、-6：草花 -7：荔枝（修補） -8：南瓜 -9：草花（修補） -10~-11：佛手（修補） -12：草花（修補） -13：獅座 -14：回紋	有翼天女	
	c104			如意捲草			

扇	編號	位置1	位置2	位置3	位置4	位置5	位置6	位置7
右二扇	c201	龍（守護）	龍	鳳頭捲草＋香爐（畫）＋八寶＋八寶＋果＋盆花		牡丹＋花瓶＋花（平安富貴）	人物帶騎（持扇騎麒麟）	鵲鳥＋山茶
	c202				龍		石榴＋草花	痤扞
	c203			如意捲草（修補）	羅宣火焚西岐城（封神演義第六十四回） -1：持荷人物 -2：回紋 -3：象嘴牡丹 -4：仙花 -5：草花 -6：蓮霧 -7：荔枝 -8：南瓜 -9：草花 -10～11：佛手（修補） -12：草花 -13：獅座（修補） -14：回紋		有翼天女	
	c204			如意捲草				
左三扇	d101				牡丹＋花瓶＋香爐＋器物（子孫富貴平安）	僮子＋雲紋	鳳凰	回紋
	d102					石榴＋四分之一草花		
	d103					蓮霧＋草花		
	d104					缺漏		
	d105					四分之一草花		

扇	編號	菊花＋花瓶＋古樹＋古樹頭＋佛手＋蓮霧＋仙桃（舉家平安）	童子＋雲紋	鳳凰	回紋
右三扇	d201				
	d202		缺漏		
	d203		缺漏		
	d204		缺漏		
	d205		四分之一草花		
左四扇	e101	持劍（修補）帶騎　人物			
	e102	草花			
	e103	菊花（修補）			
	e104	草花（修補）			
	e105	石榴			
右四扇	e201	持劍（修補）帶騎　人物			
	e202	草花			
	e203	菊花（修補）			
	e204	草花（修補）			
	e205	石榴（修補）			

二、彩牌中之神仙人物紋飾

大溪彩牌中之神仙人物紋飾，依筆者統計，有歷史演義人物、八仙、二十四孝、耕樵漁讀、樂舞百戲、仙人座騎、騎馬神將、兵卒、有翼仙子、僮子等。

神仙人物之紋飾，在彩牌中堵面安排均位於格心（a01），是視覺焦點主要位置，其中又以歷史演義人物位居正中央（a01）及左右二側之扇面（b101、b201），且其演義故事以三國演義與封神演義為主，因彩牌為繞境時陣頭之文物，普濟堂祀奉關聖帝君，以忠孝節義聞名，而彩牌中演義人物之雕製有其教化功能，在視覺焦點處雕製演義故事，以祈主神忠義精神彰顯，並使觀者在觀賞彩牌之餘，達到領略傳統道德——忠、孝、節、義及仁、義、禮、智，並使觀者透過圖像欣賞，達到潛移默化之功。

除歷史演義人物外，八仙在大溪彩牌中亦有使用，慶安社的左一扇右一扇分飾八仙圖樣，共義團彩牌頂圍亦以南極仙翁領八仙騎瑞獸持法寶裝飾，相傳八仙過海為西王母祝壽，每人各持不同的法寶，各顯神通過海，故八仙之使用有祝壽之意，並有驅邪息災之意義。

另外二十四孝、耕樵漁讀、樂舞百戲亦被運用在彩牌裝飾上，大溪同人社彩牌，裝飾有二十四孝之「親嚐湯藥」及「伯渝泣杖」，要宣揚的是中國傳統孝道，耕樵漁讀表達的是常民悠閒的生活情形，另外興安社有雕飾樂舞百戲來宣告其子弟戲在大溪的重要地位。

最後，仙人座騎、騎馬神將、有翼仙子及僮子之使用，其主要作用有門神或守護神之意義，通常成對出現，分守彩牌左右兩側。

以下，筆者以表 4-2 來說明大溪彩牌中神仙人物紋飾題材與裝飾位置。

三、彩牌中之動、植物及其他紋飾

動物紋飾之使用源於動物崇拜，或有實際動物，或有傳說動物，皆因人類畏懼或敬仰其能力，希望能擁有其能力，或受其庇佑。而植物因其會開花結果，其花盛開，引人入勝，枝葉繁茂，代表著子孫昌盛，其果實種子更是新生命開始的象徵，因此，動、植物紋飾廣泛被裝飾於彩牌中。

大溪彩牌中之動、植物紋飾，筆者將其分成三類，分別是瑞獸，祥禽、水族及昆蟲類，並列表說明其裝飾位置。

表 4-2 大溪彩牌之神仙人物紋飾題材與裝飾位置

主題	戲	齣	仙人座騎	僮子	八仙	二十四孝	有翼仙子	樂舞百戲	南極仙翁	芭蕉人物	持荷人物	垂釣老翁
裝飾位置	同人 a01-黃飛虎泗水大戰 同人 b101-文王訪官逃五關（臨潼關、雷震子救父） 同人 b201-洪錦西岐城大戰 同義 a01-子牙兵伐崇侯虎 同義 b101-子牙兵伐崇侯虎 同義 b201-子牙兵伐崇侯虎 共義 a01-聞太師西岐大戰 共義 b101-聞太師西岐大戰 共義 b201-文王訪官逃五關 興安 a01-薛丁山與樊梨花（樊江關） 興安 b101-會古城主臣聚義（古城會） 興安 b201-武侯彈琴退仲達（空城計） 協義 a01-黃花山收鄧辛張陶 協義 c101-羅宣宣火焚西岐城 協義 c201-羅宣宣火焚西岐城 慶義 a01-許褚裸身戰馬超 慶義 b101-七星壇諸葛祭風 慶義 b201-渡瀘水再擒番王 慶安 a01-許褚裸身戰馬超 樂安 a01-趙子龍單騎救主（劉備擇子） 樂安 b101-薛仁貴征遼 樂安 b201-薛仁貴征遼	同人 b101-文王訪官逃五關（臨潼關、雷震子救父） 同人 b203-伯渝泣杖	同人 b102 同人 b202 協義 e101 協義 e201 慶安 c101 慶安 c201	同人 a02 慶義 d101 慶義 d201 慶安 a03 共義 a09-1 共義 a09-2	慶安 b101-李鐵拐、漢鍾離、荷仙姑、藍采和 慶安 b201-呂洞賓、張果老、曹國舅、韓湘子 共義 a02-2 李鐵拐 a02-3 呂洞賓 a02-4 曹國勇 a02-5 劉海 a02-6 漢鍾離 a02-7 荷仙姑 a02-8 藍采和 a02-9 張果老	同人 b103-親嚐湯藥 同人 b203-伯渝泣杖	慶安 c103 慶安 c203	興安 b102 興安 b202	共義 a02-1	協義 c103	協義 c203	共義 a09-1

（一）動物紋飾

1、瑞獸

龍，爲四靈〔註51〕之一，爲中國人最常用之吉祥動物，種類及形象多樣。古人把龍分爲四類：天龍代表天的更新力量，神龍能夠興雲佈雨，地龍掌管地上的泉水和水源，護藏龍看守著天下的寶物〔註52〕，而其在彩牌之運用爲看守保護之作用爲主，因此通常放置於頂圍之雙龍護珠，或彩牌之左右扇之上縧環板及彩牌之左右側，有守護彩牌之意，古有夔龍拱璧，大溪則是「雙龍護牌」；麒麟，四靈之一，麒爲雄，麟爲雌，古人認爲麒麟是仁獸，性溫順，有迎賓送子的意義腳踩法器，作舉頭望日之狀〔註53〕，彩牌之運用，多爲神仙人物之座騎；及共義團左右二瓶瓶口之裝飾；獅、狻猊：獅子爲百獸之王，代表尊嚴富貴。又與「師」諧音，有「太師少保」之意，祝人官運亨通，飛黃騰達，彩牌中之運用通常裝飾於中心扇（a06）之下縧環板，題材多爲「雙獅戲繡球」，代表好事不斷，另一作用爲仙人之座騎，此時稱爲狻猊；虎，兇猛威武、有力，爲人所羨慕，象徵著勇氣，彩牌中之運用，通常爲神仙人物之座騎；牛，民間認爲牛是一種神物，具有靈性，力大，能負重，爲台灣昔時農家重要勞力表徵，彩牌中牛紋飾多爲神仙人物之座騎，共義團另有雕飾二僮子戲牛，代表著農家文化；象，性情溫和，爲太平盛世之象徵，在彩牌中之運用甚少，一爲協義社兩扇邊框間之卡子，二爲共義團之仙人座騎；松鼠，多產，意謂子孫繁榮，通常與多子植物搭配，如葡萄藤或南瓜，意謂多子多孫。

2、祥禽、水族及昆蟲

鳳凰，四靈之一，雄爲鳳，雌爲凰，爲百鳥之王，彩牌中之運用，如同「龍」之地位，通常爲「鳳凰護牌」，分踞彩牌左右扇之上縧環板或左右扇之最外側邊；鷹，與「英」諧音，表示傑出，獨冠群倫，在大溪彩牌中使用甚廣；綬帶鳥，綬與「壽」同音，常與吉祥花卉搭配，與牡丹配，謂「富貴長

〔註51〕 《斷句十三經經文‧禮記／禮運》，臺灣開明書店斷句，頁45。麟鳳龜龍。謂之四靈。

〔註52〕 管梅芬，〈吉祥動物篇〉，《吉祥圖像故事全集》（臺南市：文國書局），2005年，頁2。

〔註53〕 李朝朗，《台灣古建築圖解事典》（臺北市：遠流出版事業股份有限公司，2003年），頁115～116。

表4-3　大溪彩牌之動物紋（瑞獸題材）及裝飾位置

主題	龍	麟	獅	虎	挲扞	猴	象	牛	馬	鹿	松鼠	蝙蝠	三足蟾蜍
裝飾位置	同人 c101 同人 c201 同義 b102 同義 b201 共義 c101 共義 c201 興安 a02 興安 c102 興安 c202 協義 c102 協義 c202 慶安 b102 慶安 b202	共義 b102 共義 b202	同人 a06 同義 a06 共義 a02-6 共義 a07 協義 b202 協義 c103-13 協義 c203-13	共義 a02-2 協義 b102	樂安 c102 樂安 c202	共義 a02-8	協義 c103-3 協義 c203-3 共義 a02-4	共義 a09-2	共義 a02-3 共義 a02-9	共義 a02-7	同人 a10-1 同人 a10-2 同義 a10-1 同義 a10-2 協義 a05	同義 a07 興安 b103-6 興安 b103-8 興安 b103-10 興安 b103-12 興安 b203-6 興安 b203-8 興安 b203-10 興安 b203-12 慶義 b103-5 慶義 b203-5 慶義 b203-6 慶義 b203-8 慶義 b203-12	共義 a02-5

壽」，與山茶配，謂「春光長壽」；鵲，鵲爲報喜鳥，常與吉祥花卉搭配，彩牌中多與「梅花」搭配，意謂「喜上眉梢」；蝙蝠，與「福」同音，裝飾於四周角落，或是角牙處，稱爲「賜福」，蝙蝠銜磬，謂之「福慶」。

彩牌中水族類紋飾有魚、蛙、蝦、蟹，此類水族善於繁殖，因些通常亦有多子多孫，子孫繁茂之意涵，另外，魚與「餘」諧音，又可分金魚和鯉魚，「鯉」與「利」音同，「金魚」與「金玉」同音，有「金玉滿堂之意；蛙，善繁殖，其卵數量多，且蛙鳴代表雨將至，有天降甘霖之意，因此有祈求多子多孫之意，亦有慶收豐年之意；蝦、蟹，均有殼甲，且產卵數多，有多子多孫之意，另蝦呈腰形彎曲，有彎彎順之意，蟹另有「科甲」之意。通常裝飾於中心扇或左右二扇之下縧環板位置，通常非單一水族出現，會搭配其他水草蘆華或其他水族類，形成一幅水族奇趣，也意味著富裕有餘。

彩牌中之昆蟲紋較少，有螳螂、螽斯及椿象，而這些都是繁殖快的昆蟲，《詩經·國風·周南·螽斯》曰：「螽斯羽，詵詵兮。宜爾子孫，振振兮。螽斯羽，薨薨兮。宜爾子孫，繩繩兮。螽斯羽，揖揖兮。宜爾子孫，蟄蟄兮。」因此以螽斯或螳螂寓子孫滿堂，通常裝飾於下縧環板居多。

以上有關大溪彩牌動物紋飾有關祥禽、水族及昆蟲之紋飾題材及裝飾位置，請詳見表4-4。

（二）植物紋飾

筆者統計大溪彩牌中之植物紋飾，可分爲吉祥花卉與果實類，吉祥花卉計有牡丹、山茶、菊花、唐草、梅及其他花卉；果實類計有蟠桃、石榴、佛手、蓮霧、荔枝、葡萄、南瓜、葫蘆等。牡丹，花中之王，是富貴、榮譽的象徵，常裝飾於左一扇和右一扇之扇面，彩牌之運用爲與花瓶搭配，爲「富貴平安」之意，另與雙鳳搭配，則意寓「雙鳳朝牡丹」；山茶花，爲四季花之一，春季花代表，通常喻意清高，常裝飾於中心扇兩側之扇面，並與綏帶鳥一同裝飾，寓「春光長壽」；菊花，「四君子」之一，盛開於深秋，可製成菊花酒，長期飲用可健身長壽，因此有長壽之意，常裝飾於邊挺兩側，其功用爲填滿框構角落之「塞角」，另慶安社之右扇上縧環板飾有菊花搭配鵲鳥之圖；唐草（捲草紋），蔓長捲曲，有萬代不斷之意，常裝飾於下縧環板下圍之外框處，使彩牌面之結構更完整牢靠。而此捲草紋與大溪老街牌樓立面之捲草紋相仿，大而捲曲，似良茗葉旁延伸之捲草紋，其雕飾捲曲繁密，甚爲精緻；梅花，宋·王銍之〈梅花賦〉：「稟天質之至美，凌歲寒而獨開。」其節

表 4-4　大溪彩牌之動物紋飾（祥禽、昆蟲和水族題材）及裝飾位置

主題	鳳凰	老鷹	鶴	綬帶鳥	鵲鳥	鷹哥	魚	蛙	蝦	蟹	昆蟲
裝飾位置	共義 a03 興安 a05 慶義 b102 慶安 b202 慶安 d101 慶安 d201 樂安 b102 樂安 b202	同人 a07 同義 a02 協義 a02	共義 a02-1	同人 a03 協義 b201	同人 a05 同義 a03 同義 a12-1 同義 a12-2 興安 a04 興安 b103-3 興安 b103-14 興安 b203-3 興安 b203-14 協義 b101 慶義 a04 慶安 a04-2 慶安 a07-1 慶安 b103 慶安 b203 樂安 c101 樂安 c201	同義 a09-1 同義 a09-2 同義 a11-1 同義 a11-2 慶安 a07-2	同人 a04 共義 a14-1 共義 a14-2 慶安 a05	同人 a04	同人 a04 共義 a06	同人 a04 共義 a06	慶安 a04-1（螳螂） 慶安 a04-1（椿象） 慶安 a04-2（蟲斯）

高雅，被寓為花中四君子，常與鵲鳥一同裝飾，意謂「喜上眉梢」；蓮花，周敦頤，〈愛蓮說〉：「出污泥而不染，濯清漣而不妖。」素有花中君子之稱，且與「廉」諧音，比喻清明廉節，慶安社有蓮與花瓶搭配之圖，代表連年平安。

蟠桃，人們常以鮮果或蒸麵桃來祝人壽誕，故寓意長壽；石榴，石榴多子，祝人多子，通常以石榴熟成半開之圖呈現；佛手，俗稱佛手柑，本名「香櫞」，代表「福」、「香圓」、「圓滿」，喻圓滿多福。桃子、佛手、石榴為中國三大吉祥果，合在一起裝飾寓為「福壽三多」，彩牌之運用多為卡子花之功能或為多寶盆之裝飾。蓮霧，臺灣民間因霧外觀上頭尖，下腹圓而大，認為「腹大」，則量也大，象徵有容乃大，尤其，底部臍大稍微內凹，「臍大」臺語諧音「財大」，而「大腹」也是諧音「大富」，所以蓮霧乃代表富貴果〔註54〕，彩牌中之運用亦多為卡子花或多寶盆之裝飾；荔枝，與「立子」諧音，用來預祝人生子，彩牌中僅見卡子花之裝飾；葡萄，葡萄蔓長且結實纍纍，因此有子孫繁茂之意；南瓜、葫蘆腹大多子且蔓長，有子孫萬代之意，通常與松鼠一同裝飾，常裝飾於中心扇面之周圍堵面。

以上有關大溪彩牌之植物紋飾題材及裝飾位置請詳見表4-5。

（三）其他紋飾

彩牌中除神仙人物、動植物紋飾外，尚有其他紋飾，筆者將其分為祥瑞器物、天象地理、幾何圖紋及文字詞句等，祥瑞器物計有暗八仙或八寶（琴、棋書、畫、葫蘆、蒲扇、犀角、芭蕉葉），為民間常用吉祥圖示，趨吉避兇與琴棋書畫裝飾部位均位於彩牌中心扇格心之雕圍；金錢飾物，做四方連續圖案，環環相扣，象徵富貴，彩牌中僅見同人社使用此紋飾，且為三個金錢相疊，喻「連中三元」或「三元及第」；清供博古（香爐、花瓶、如意、書卷等），在博古架上放置不同之香爐、花瓶及花果，意為祈求吉慶，通常使用於左右扇格心之裝飾。

天象地理計有太陽，寓意光明、希望，通常裝飾於彩牌之最上圍，且有雙龍拱護著；雲紋，雲為滋潤萬物之根源，所謂「祥雲獻瑞」〔註55〕，通常非單一裝飾，通常用以其他紋飾之背景裝飾，有補白的作用等。幾何圖紋有

〔註54〕 施鎮洋、李榮聰合著，《鹿港龍山寺天后宮木雕藝術概覽》（鹿港，施鎮洋華泰文史工作室，1999年），頁130。

〔註55〕 李朝朗，《台灣古建築圖解事典》（臺北市：遠流出版事業股份有限公司，2003年），頁122。

表4-5 大溪彩牌之植物紋及裝飾位置

主題 裝飾位置	仙桃	石榴	蓮霧	葡萄	荔枝	芭樂	佛手	南瓜	苦瓜	牡丹	山茶
	同人 b106	同人 b206	共義 a05	同人 a10-1	協義 c103-7	同人 a11-2	同人 a11-1	同人 a13-1	同人 a13-2	同人 a08-1	同人 a03
	同義 a05	同義 a13-2	同義 c203-6	同人 a10-2	協義 c203-7		協義 c103-10	共義 a13-2	慶安 a04-2	同人 a08-2	同義 a12-1
	同義 a13-1	同義 b106	協義 d201	同義 a10-1	樂安 a05-1		協義 c103-11	協義 c103-8		同義 b104	同義 a12-2
	共義 a13-1	同義 b206	慶安 b205	同義 a10-2			協義 c203-10	協義 c203-8		同義 b204	協義 b201
	共義 b104	共義 b204	樂安 a04	協義 a05			協義 c203-11	慶安 a04-1		同義 a03	慶安 a08-2
	協義 c103-4	協義 c105	樂安 a05-2				協義 d201			同義 a08-1	樂安 c201
	協義 c203-4	協義 c205					慶安 c102			同義 a08-2	
	協義 d201	慶安 c202					樂安 a06-1			共義 a03	
	慶安 c101	樂安 a04								共義 b105	
	慶安 a07-2									共義 b205	
	慶安 b105									協義 a03	
	樂安 a04									協義 a06	
	樂安 a06-2									協義 b101	
										協義 c203-3	
										協義 d101	
										慶安 a02	
										慶安 c201	
										慶安 a08-1	
										樂安 c101	

表4-5　大溪彩牌之植物紋及裝飾位置（續）

主題 裝飾位置	梅花	菊花	月季	蓮花	蘆華	竹	蔓草	捲草	草	花
	同人 a05 興安 a04	同義 b203 興安 b103-2 興安 b103-15 興安 b203-2 興安 b203-15 協義 d201 協義 e103 協義 e203 慶安 b203	慶安 b103 慶安 b204	同義 b103 慶義 c101	同人 a04 共義 a06 慶安 a05	慶安 a07-1	興安 a05	協義 a06 慶義 b103-1 慶義 b203-1 慶安 a06 樂安 b103 樂安 b203	同義 a05 同義 b104 同義 b204 同義 b105 同義 b205 共義 a08-1 共義 a08-2 共義 a10-1 共義 a10-2 共義 a15-1 共義 a15-2 共義 b103 共義 b203 興安 b103-3 興安 b103-4 興安 b103-5 興安 b103-7 興安 b103-9 興安 b103-11 興安 b103-13 興安 b103-14 興安 b203-3 興安 b203-4 興安 b203-5 興安 b203-7 興安 b203-9 興安 b203-11 興安 b203-13 興安 b203-14 協義 c103-5 協義 c103-6 協義 c103-9 協義 c103-12 協義 c203-5 協義 c203-9 協義 c203-12 協義 e102 協義 e104 協義 e202 協義 e204 慶義 a04 興安 b103-2	慶義 b103-4 慶義 b103-8 慶義 b103-9 慶義 b103-10 慶義 b103-13 慶義 b103-14 慶義 b103-15 慶義 b203-2 慶義 b203-7 慶義 b203-9 慶義 b203-11 慶義 b203-13 慶義 b203-15 慶義 c201 慶安 b104 慶安 c102 慶義 c202 樂安 b103 樂安 b203

表 4-6　大溪彩牌之其他紋飾及其裝飾位置

主題 裝飾位置	雲　紋	繡　球	花　瓶	太陽珠	古　錢	串珠流蘇	香爐几案	拂　塵	盆　花	蕉　葉	古樹頭	鳳頭捲草	如意捲草	獅頭花籃	洋式捲草	八　寶
	同人 a04 共義 a04 雲安 a03 協義 a04 慶義 a03 慶義 d101 慶義 d201 樂安 a02 樂安 a03	同人 a06 共義 a06 共義 a07	協義 d101 協義 d201 慶義 c101 慶義 c201 慶義 a08-1 慶安 a08-2	雲安 a02 慶安 a02	同人 b105 同人 b205	串珠 慶義 a06 流蘇 同義 a07 慶安 a06	香爐 慶義 c101 協義 c201 協義 d101 几案 雲安 c101 慶安 c201	雲安 b103-1 慶安 b203-1	雲安 c101 慶安 c201	慶義 c101	協義 d201 慶義 c101	雲安 b102 慶安 b202 雲安 c101 慶安 c201	雲安 c103 雲安 c104 雲安 c203 雲安 c204	雲安 a05	慶義 a05	蒲扇 同人 a09-1 慶義 b203-1 胡蘆 同人 a09-2 慶義 b103-1 慶安 c101 犀角 共義 a11-1 琴 共義 a11-2 棋 共義 a12-2 書 同人 a12-1 同人 a12-2 雲安 c101 共義 a12-1 書 雲安 c201

回紋，寓意不斷；壽紋，寓意長壽，幾何圖紋通常使用於框構之造形；文字詞句則都是大溪及社團名稱，其裝飾位置均位於中心扇之上縧環板，而這些紋飾在彩牌之堵面位置，筆者分別以表述之，請參見表4-6。

綜合以上神仙人物、動植物及其他紋飾，搭配彩牌之形制，使得大溪彩牌細緻華麗又有吉祥意涵，使彩牌遠觀或近看細賞皆宜，更重要的是彩牌所代表的時代意義，是日治時期大溪繁華的見證。

四、彩牌戲齣與祀神之關聯性

大溪彩牌舖面之構成紋飾，爲中國吉祥紋飾之匯集，囊集了神仙人物、動植物及其他紋飾，每種紋飾各有其代表意涵，而彩牌中之戲齣更是彩牌精神之所在，正如同廟宇裝飾，配合不同祀神有著不同的主題，以下筆者將以各彩牌之戲齣來探究戲齣內容與社頭祀神之關聯性，但因彩牌戲齣內容無法辨識者居多，筆者以其衣裝打扮、使用兵器及座騎爲依據，以下爲筆對後求得之結果，或許有誤，敬請見諒。

（一）彩牌中之戲齣內容及代表意涵

大溪彩牌戲齣之內容大部分爲封神演義及三國演義，因此筆者就其人物特徵、座騎、手持兵器來判斷所屬章回，以下分別以各社頭之戲齣來介紹。

1、同人社

圖4-33爲同人社彩牌之戲齣，其位於彩牌中之位置，先中間次左後右之順序（以下其他社均以此順序），分別爲a01、b101、b201（依圖4-24編碼），其戲齣內容分別爲黃飛虎泗水大戰（封神演義第三十三回）、西伯侯文王吐子（封神演義第二十二回）、洪錦西岐城大戰（封神演義第六十六回）。

（1）黃飛虎泗水大戰（封神演義第三十三回）

黃飛虎之父黃滾，鎮守界牌關，黃飛虎反朝歌，欲過界牌關，黃滾本想大義滅親，抓住飛虎解往朝歌，豈知被黃明、周紀、龍環、吳謙設計，讓黃飛虎一行人先出界牌關，黃滾見此欲拔劍自刎，黃明下馬，一把抱住黃滾，黃明再計騙黃滾說反商爲飛虎一人所爲，共議到界牌關，再設法拏解朝歌，並設計於飯食間擊鐘爲號，抓拿飛虎，但飯食間，黃滾擊鐘，黃明卻以刀斧手不齊而未動手，而此時龍環、吳謙二將，把黃滾家私打點上車，放火燒了糧草堆，使得黃滾有叛變之實，不得已只好跟著黃飛虎一行一同奔出界牌

關，前往西岐。〔註56〕

戲齣中可見界牌關字樣，黃飛虎身背靠旗，騎著五色神牛，手拿令旗，另一老將騎馬奔出，手持大刀，爲黃飛虎之父黃滾，黃滾右側有一武將，手持斧，爲黃明，另外二位騎馬武生應爲周紀、龍環、吳謙其中二位，此戲齣畫面武將騎座騎飛奔而出，多位兵卒或追趕或搖旗吶喊或徒手接鎗，使得整個畫面凝結在奔出界牌關時最緊張的一刻。而此戲齣中之雖爲黃飛虎反朝歌之叛將，但其所代表的是黃飛虎不向邪惡勢力低頭，所要表達的是正義與正氣。

（2）臨潼關・雷震子救父

文王誇官逃五關（封神演義第二十一回）：文王被囚羑里七年，幸由散宜生買通費仲、尤渾才得以脫身，出了羑里，連夜過了孟津，渡了黃河，過了澠池，前往臨潼關，但費仲、尤渾怕紂王怪罪，又令殷破敗、雷開及三千飛騎追殺文王。而此時南山雲中子算出文王有難，特命雷震子吃了二枚仙杏，弄得青頭紅髮，上下獠牙，又長出兩邊肉翅，再去救文王出五關，雷震子來到臨潼關，與文王父子相認，並喝退殷破敗、雷開等一行人，再背文王出了關，來到金雞嶺，再回終南山回覆師父之命。

戲齣之右上角可見一鳥嘴且背後長翅之人物，就是雷震子，圖中有一將持大刀應爲文王，但故事中的文王形象應爲溫文孺雅之文人，此圖中卻以此武將形象出現，大概是要製造兩方蓄勢待戰之緊張情勢，另二位持雙刀、錘之人物，應爲殷破敗及雷開二人。此戲齣之中心思想爲雷震子報父恩，救父出五關，要表達的是孝道精神。

另共義團彩牌 b201 亦雕繪此主題，其中文王之形象較同人社顯明，與圖 4-32 明代圖稿較相近。

（3）洪錦西岐城大戰（封神演義第六十六回）

洪錦受李登舉薦征伐西岐，與子牙陣營交戰，南宮适首先出營迎戰季康，被季康旁門左道之術召來一犬咬傷，次日再有柏顯忠請戰，鄧九公出營應戰，鄧九公斬了柏顯忠得勝。洪錦陣營落敗，洪錦親自與姜尚迎戰，舌戰之際姬叔明性急出戰，與洪錦交戰，洪錦施法，誘姬叔明入旗門再一刀將姬

〔註56〕 有關此章節封神演義與三國演義之章回內容說明，參閱自網路資料。開放文學，網址：http://open-lit.com，2012 年 12 月 9 日。

圖 4-32　文王誇官逃五關圖稿

圖片來源：（明）陸西星撰；（明）鍾惺評，《新刻鍾伯敬先生批
評封神演義》十卷一百回，北京市：國家圖書館，2011
年，頁 24。該書館藏地：國立台灣大學圖書館總館。

叔明揮於馬下，洪錦收了旗門，再呼「誰來與吾見陣？」此時鄧嬋玉一馬衝
至陣前，舞雙刀應戰，洪錦想誘鄧嬋玉入旗門，反被鄧嬋玉以石打傷。

　　此戲齣筆者依女將持雙刀來辨認，因同人社彩牌戲齣其他二幅為封神演
義，故筆者斷定此幅亦為封神演義，但封神演義中少有女將，僅鄧嬋玉及龍
吉公主，而此畫面中之女將形象與鄧嬋玉較相合，故以此章回為此戲齣內容。
而其所要傳達的是忠孝節義及邪不勝正之意涵。

　　2、同義社

　　圖 4-34 為同義社彩牌之戲齣，其位於彩牌中之位置，分別為 a01、b101、
b201（依圖 4-25 編碼），其戲齣內容應為子牙兵伐崇侯虎（封神演義第二十八
回），b101、b201 應是 a01 之延伸畫面。

圖 4-33　同人社彩牌戲齣

4-33-1 洪錦西岐城大戰

4-33-2 飛虎泗水之戰

4-33-3 文王誇官逃五關

圖 4-34　同義社彩牌戲齣

子牙兵伐崇侯虎

子牙兵伐崇侯虎（封神演義第二十八回）

崇侯虎紊亂朝政、殺害忠臣，使朝歌民不聊生，子牙願代文王討伐，兵至崇城，此時崇侯不在，由其子崇應彪遂令大將黃元濟、陳繼貞、梅德、金成等一同擒拿子牙。次日子牙陣營南宮适出戰黃元濟，未及三十回合，黃元濟不支被一刀揮於馬下，梟了首級。再次日，子牙請文王親自臨陣，麾動旗旛，崇應彪出城應戰，忽見一人，道扮乘馬而來，為子牙也。二者一番舌戰後，陳繼貞與辛甲出陣交戰，兩馬相交、鎗斧並舉，戰在一處，互不相讓，應彪見繼貞戰辛甲不下，命金成、梅德助陣，子牙亦令毛公遂、周公旦、召公奭、呂公望、辛免、南宮适六將齊出，混戰多時，終有呂公望一鎗刺梅德於馬下，辛免斧劈金成，崇兵大敗回城，子牙得勝回營欲再攻城，但文王以仁義為重，怕傷及無辜，不許子牙冒然攻城。

此畫面筆者以 a01 堵之中心人物姜子牙為辨識依據，因演義故事中，子

牙以手持杏黃旗為其特徵，雖封神演義中子牙座騎為四不像，但在此章回有云，子牙道扮乘馬親臨戰場，且兩方交戰，陳繼貞對辛甲、呂公望鎗刺梅德、辛免斧劈金成等畫面，正如畫面中兩方勢均力敵，兩陣均有士兵搖旗吶喊，戰將呼之欲出之感。而此戲齣所要表達的除了邪不勝正外，另有文王不忍傷及無辜百姓，遂令子牙收兵之仁義之心。

3、共義團

圖4-36為共義團彩牌之戲齣，其位於彩牌中之位置，分別為a01、b101、b201（依圖4-26編碼），其戲齣內容a01、b101應為聞太師西岐大戰（封神演義第四十三回），b201應是文王誇官逃五關（封神演義第二十一回），請見同人社戲齣說明。

聞太師西岐大戰（封神演義第四十三回）

魔家四將被哪吒、黃天化、楊戩三人打死，此消息傳到聞太師耳中，惱怒之餘決定親伐西岐，於是提大兵三十萬往西岐出戰，途中在黃花山收了鄧、辛、張、陶四天君一同征西岐，一行人浩浩蕩蕩來到西岐，營安南北，陣擺東西。隨即下戰書，子牙約三日後會兵城下，一番舌戰後，聞太師見黃飛虎在寶纛之下，請飛虎出來相見，聞太師對飛虎曉以大意，但飛虎說明冤屈，聞太師認為飛虎強辯，於是鄧忠走馬搖斧來取黃飛虎，飛虎縱五色神牛，手中鎗赴面交還，張節做鎗也來助鄧忠，周營內有大將南宮适敵住，陶榮使鋼，飛馬前來助戰，武吉撥馬搖鎗，抵住陶榮，兩陣六將翻騰衝殺，辛環見勢，飛至空中，手持鎚鑽，望子牙打來，時有黃天化催開玉麒麟，兩柄銀鎚，抵住辛環，此時聞太師亦催開黑麒麟，使兩條金鞭，衝殺過長，忙取子牙，幸被辛甲救住，一陣廝殺後，聞太師堂得勝鼓回營。第三日再戰，子牙左有楊戩、右有哪吒，敵住太師，鄧忠走馬前來助戰，有黃飛虎前來截住廝殺，張、陶二將來助，有武吉、南宮适敵住，辛環被黃天化阻住，聞太師酣戰之際又把雌雄鞭起，子牙亦祭出打神鞭，將聞太師雌鞭一打兩斷，子牙復祭打神鞭，將聞太師打下騎來，幸有吉立、余慶催馬急救，太師借土遁去了。

a01戲齣可見騎五色神牛者為黃飛虎，飛虎騎五色神牛飛奔出城，城上書明西岐城，子牙持有穗雲帚指揮做戰，旁有武王坐陣，右側為聞太師騎黑麒麟手執鞭急忙竄出，二軍交戰，互不相讓，但聞太師終究落敗，急忙敗逃。b101堵主題應該也是聞太師西岐大戰，右下方持錘者筆者推測為黃天化，左

圖 4-35　聞太師西岐大戰圖稿

圖片來源：（明）陸西星撰；（明）鍾惺評，《新刻鍾伯敬先生批
評封神演義》十卷一百回，北京市：國家圖書館，2011
年，頁 46。該書館藏地：國立台灣大學圖書館總館。

圖 4-36　共義團彩牌戲齣

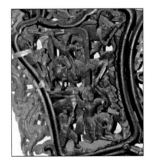

| 4-36-1 | 4-36-2 | 4-36-3 |
| 文王誇官逃五關 | 聞太師西岐大戰 | 聞太師西岐大戰 |

下方持刀者應爲陶榮，右上方爲楊戩，一童子從門關出來，應爲哪吒。此戲齣所要表達的是聞太師盡忠守節之情操，但正邪相爭，終究是邪不勝正。

　　再比對圖 4-35《新刻鍾伯敬先生批評封神演義》之圖稿，頗有神似之處。

4、興安社

　　圖 4-37 爲興安社彩牌之戲齣，其位於彩牌中之位置，分別爲 a01、b101、b201（依圖 4-27 編碼），其戲齣內容 a01 應爲薛丁山與樊梨花之樊江關，b101 應是三國演義第二十八回會古城主臣聚義，b201 應是三國演義第九十五回武侯彈琴退仲達（空城計）。

圖 4-37　興安社彩牌戲齣

4-37-1 空城計　　　　　　　4-37-2 樊江關　　　　　　　4-37-3 古城會

（1）薛丁山與樊梨花之樊江關

　　唐太宗、薛仁貴西征被困在鎖陽關、白虎關一帶。薛仁貴之妻柳迎春奉詔，急調樊江關守將樊梨花援救，樊梨花正擬發兵，薛仁貴之女薛金蓮忽至，責樊梨花按兵不動，因言語頂撞，竟致動武，柳迎春力阻無效，樊梨花負氣收回發兵將令，在薛金蓮認罪后，始言歸于好。

　　圖中女將持劍，男將持蛇矛互爲打鬥，旁有兵卒搖旗吶喊或手持撲刀助陣。此戲齣要表達的是戲曲中之情愛故事及衝突後的合解及團結退敵，此戲齣爲北管戲常登台演出之戲齣，興安社爲日治時期子弟戲大社，故會雕繪此戲齣。

（2）古城會

會古城主臣聚義（三國演義第二十八回）：關公保二嫂，暫時投靠曹操，在此期間張飛在芒碭山中，住了月餘，外出打探玄德消息，偶過古城，入縣借糧，縣官不肯，飛怒，逐去縣官，奪了縣印，占住城池。雲長從許都送二位夫人至此，張飛因誤以爲雲長降曹，故出城揮矛向關公，忽見後有曹軍來到，飛令三通鼓罷斬來將以示眞心，須臾，只見一通鼓未盡，關公刀起處，蔡陽頭已落地，兄弟因而盡釋前嫌。

圖中可見古城上二人，其中一人頭戴翎子，應是趙雲，另一人文生打扮，城下可見張飛縱馬奔馳，關公手持關刀準備迎戰曹軍來將。此戲齣所要表現的是勇猛與忠義精神。

（3）空城計

武侯彈琴退仲達（三國演義第九十五回）：孔明遣兵調將，先引五千兵退去西城縣運糧草，忽有十餘次飛馬報到，說司馬懿引大軍十五萬，望西城蜂擁而來，時孔明身旁無大將，只有一班文官，及二千五百軍在城中，孔明於是計設空城計，令四門大開，每一門上用二十軍士，扮作百姓，灑掃街道，魏兵到時，不可擅動。孔明乃披鶴氅，戴綸巾，引二小童攜琴一張，二小童一人手執塵尾，一童子手捧寶劍，於城上敵樓前，憑欄而坐，焚香操琴。待司馬懿前軍哨到城下，見此模樣，皆不敢進，急報與司馬懿，司馬懿見此狀大疑，於是退兵而去。

圖中可見西城城門大開，孔明在城上憑欄而坐，焚香操琴，旁有二小童，其中一人手捧寶劍，城下有大軍殺到，臨城下者頭戴翎羽，身穿長靠，後背靠旗，應爲司馬懿，馳馬至城下，只見一百姓手持短帚於城門前打掃，臨危不亂，機智退敵。此戲齣所要表現的是孔明以智退敵，而此戲齣亦爲當時北管戲常演出之戲碼。

5、協義社

圖 4-40 爲協義社彩牌之戲齣，其位於彩牌中之位置，分別爲 a01、c101、c201（依圖 4-28 編碼），其戲齣內容 a01 應爲黃花山收鄧辛張陶（封神演義第四十二回），c101、c201 應是羅宣火焚西岐城（封神演義第六十四回）。

（1）黃花山收鄧辛張陶（封神演義第四十二回）

聞太師兵伐西岐城，路經黃花山，收了四鄧忠、辛環、張節、陶榮四員大將，及至西岐城大戰，聞太師對黃飛虎曉以大意，豈廖黃飛虎不聽勸，其

圖4-38　黃花山收鄧辛張陶圖稿

圖片來源：（明）陸西星撰；（明）鍾惺評，《新刻鍾伯敬先生批
評封神演義》十卷一百回，北京市：國家圖書館，2011
年，頁45。該書館藏地：國立台灣大學圖書館總館。

　　將鄧忠走馬搖斧來取黃飛虎，飛虎從五色神牛，手中鎗赴面交還，張節使鎗
也來助鄧忠，周營內有大將南宮适敵住。陶榮使鐧，飛馬前來助戰，武吉撥
馬搖鎗，抵住陶榮，辛環望子牙打來，時有黃天化催開玉麒麟，兩柄銀鎚，
抵住辛環，二軍交戰不下。圖中子牙手持杏黃旗駕四不像、黃天化持鎚守在
子牙旁，鄧忠縱馬搖斧，陶榮持劍，一旁的武吉亦持撲刀抗敵。此戲齣表現
出二軍交戰時激烈情景，但最終還是邪不勝正。

　　（2）羅宣火焚西岐城（封神演義第六十四回）

　　火龍島焰中仙羅宣加入截教行列，駕著赤煙駒，使兩口飛煙劍，來取子
牙，子牙手中劍急架相迎，二獸盤旋，未及數合，哪吒登開風火輪，搖鎗來

圖 4-39　羅宣火焚西岐城圖稿

圖片來源：（明）陸西星撰；（明）鍾惺評，《新刻鍾伯敬先生批
　　　　　評封神演義》十卷一百回，北京市：國家圖書館，2011
　　　　　年，頁 67。該書館藏地：國立台灣大學圖書館總館。

刺。羅宣傍有沒環躍步而出，抵住哪吒。大抵子牙的門人多，不由分說，楊
戩舞三尖刀、黃天化使開雙鎚、雷震子將金棍刷來、土行孫使動賓鐵棍、韋
護使降魔杵亦來助陣，羅宣見子牙眾門人不分好歹，一湧而上，抵擋不住，
忙把三百六十骨節搖動，現出三頭六臂，一手執照天印，一手執五龍輪，一
手執萬鴉壺，一手執萬里起雲煙，雙手使飛煙劍，好厲害。用五龍輪把黃天
化打下玉麒麟、楊戩欲暗放哮天犬來傷羅宣，不意子牙早祭起打神鞭把羅宣
打得幾乎翻下赤煙駒來。

　　c102 畫面中可見羅宣現出三頭六臂駕著赤煙駒，六臂持各種武器，子牙手
持杏黃旗及打神鞭，哪吒持鎗登風火輪應戰，另 c101 亦有神將縱馬欲出。此戲
齣要表達的亦是截教法器多道行高深，終不敵正氣，故有邪不勝正意涵。

圖 4-40　協義社彩牌戲齣

4-40-1 羅宣火焚西岐城　　　4-40-2 黃花山收鄧辛張陶　　　4-40-3 羅宣火焚西岐城

6、慶義社

　　圖 4-41 為慶義社彩牌之戲齣，其位於彩牌中之位置，分別為 a01、b101、b201（依圖 4-29 編碼），其戲齣內容 a01 應為許褚裸身戰馬超（三國演義第五十九回），b101 應為七星壇諸葛祭風（三國演義第四十九回）、b201 應是渡瀘水再縛番王（三國演義第八十八回）。

（1）許褚裸身戰馬超（三國演義第五十九回）

　　曹營趁北風大作之時築土城，因天寒使得土城隨築隨凍，一夜築完土城。細作報知馬超，超領兵觀之，與曹操、許褚相遇，超素聞許褚有「虎痴」之稱，超與許褚動武之際，操曰馬超英勇不可輕敵，引許褚回寨，褚使人下戰書與超，次日，兩軍出營布陣，超挺鎗縱馬高叫虎痴快出，操在門旗下回顧眾將曰：「馬超不減呂布之勇。」許褚不示弱拍馬舞刀而出，馬超挺鎗接戰，鬥了一百餘合，勝負不分，馬匹困乏，各回軍中，換了馬匹，又出陣前繼鬥一百餘合，不分勝負。許褚性起，飛回陣中，卸了盔甲，渾身筋突赤體，提刀、翻身上馬來與超戰，又鬥到三十餘合，褚奮威舉刀，便砍馬超，超閃過，一鎗望褚心窩刺來，褚棄刀將鎗挾住，兩個在馬上奪鎗，許褚力

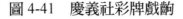

圖 4-41　慶義社彩牌戲齣

4-41-1 渡瀘水再縛番王　　　4-41-2 許褚裸身戰馬超　　　4-41-3 七星壇諸葛祭風

大，一聲響，拗斷鎗桿，各拏半節在馬上亂打。後來操恐褚有失，遂令夏侯
淵、曹洪兩將齊出夾攻。

　　畫面中可見許褚、馬超於馬上僵持不下之景，後有夏侯淵持大刀、曹洪
持劍來助之景。而此戲齣要表現的是勇猛無懼之精神。

（2）七星壇諸葛祭風（三國演義第四十九回）

　　周瑜因未能破曹水軍，急出病來，魯肅急找孔明，孔明七星壇祭風借東
給周瑜火燒曹軍水船，但孔明早料到周瑜必防他，於是請趙雲備小船來接，
等到周瑜派丁奉、徐盛去七星壇殺孔明，孔明早已搭船離去。圖中可見孔明
後有追兵，但孔明已從容至渡口搭小船離去。此戲齣要表現的是孔明機智取
勝之精神。

（3）渡瀘水再縛番王（三國演義第八十八回）

　　孟獲為南蠻渠魁，孔明擒拿後放之，言須降伏其心。後孔明提兵大進，
行至瀘水，有蠻兵守把，糧缺水毒又怕蠻兵來劫，後馬岱截住蠻軍糧車百餘

車，蠻人報入孟獲，孟獲就此聯合蠻人與孔明交戰，被孔明七擒七放，終於收服孟獲。圖中一人為蠻人形象，且背景為水邊，故以此章回解釋。而此戲齣再次表達孔明以智取勝。

7、慶安社

圖 4-42 為慶安社彩牌之戲齣，其位於彩牌中之位置，依圖 4-30 編碼為a01 三國演義第五十九回許褚裸身戰馬超，戲齣內容請見慶義社戲齣說明。

圖 4-42　慶安社彩牌戲齣

許褚裸身戰馬超

8、樂安社

圖 4-43 為樂安社彩牌之戲齣，其位於彩牌中之位置，分別為 a01、b101、b201（依圖 4-30 編碼），其戲齣內容 a01 應為劉備摔子：趙子龍單騎救主（三國演義第四十一回，b101、b201 應是薛仁貴征遼。

（1）劉備摔子，趙子龍單騎救主（三國演義第四十一回）

趙子龍單騎救主，一路敵軍追趕，幸有張飛挺矛相救，終能將阿斗交予玄德手中，但玄德接過，擲之於地曰：「為汝這孺子，幾損我一員大將！」趙

雲忙向地下抱起阿斗，泣拜曰：「雲雖肝腦塗地，不能報也！」後人有詩曰：曹操軍中飛虎出、趙雲懷內小龍眠。無由撫慰忠臣意，故把親兒擲馬前。圖中可見趙雲頭戴翎子，一手揪翎，一手接阿斗，另有一將以雙錘接住阿斗，玄德則立於高處責備阿斗幾害他損失一員大將。此戲齣要表現的是趙雲盡忠及劉備惜才愛將之心。

（2）薛仁貴征遼

此戲齣因下方兵卒所持兵旗有「薛」字樣，故筆者推測應與薛家將有關，而圖中為薛家將帶兵征戰，故應為薛仁貴征遼事略，其故事內容為唐朝貞觀年間，平遼王薛仁貴奉旨進京陪王伴駕，不想遭皇叔李道宗陷害，三赴法場，險喪性命，雖最終平冤昭雪，但已心灰意冷，回家後詐死埋名，決心再不為官，時恰逢西涼六國進犯大唐，唐王李世民決心御駕親征，平定西涼，為求賢才，軍師徐茂公用計騙出薛仁貴，使其擔當征西大元帥，征西路凶險無數，困難重重，多員戰將血灑戰陣，眾多豪杰拼死疆場，薛家將三代盡忠烈，眾英雄浴血破西涼，這才換得貞觀盛世得以太平，大唐天子凱歌還朝。〔註57〕

圖4-43　樂安社彩牌戲齣

4-43-1 薛仁貴征遼　　　4-43-2 趙子龍單騎救主（劉備摔子）　　　4-43-3 薛仁貴征遼

〔註57〕 網路資源。百度百科，單田芳評書。
　　　　網址：http://baike.baidu.com/view/525887.htm，1012 年 12 月 10 日。

（二）戲齣內容與社頭祀神之關聯性

有關彩牌戲齣內容誠如上述所言，論其與社頭祀神之關聯性，首先要來探討社頭主祀神之神格特性，大溪社頭所奉祀神尊又可分為遶境信仰神及行業神，遶境信仰神是指關聖帝君，行業神為巧聖先師及荷葉先師，而大溪彩牌之存在實與文衡帝君遶境相關，彩牌代表著社頭，亦代表其祀奉神明。其中以關聖帝君為主祀神之社頭計有同人社、同義社、共義團、興安社、慶安社及樂安社，關聖帝君之神格特性有正義、正氣、孝道、盡忠守節、仁義、勇猛等，而彩牌能做為社頭的開路牌，代表的亦是神明降臨，故彩牌雕飾內容與神明性格是相呼應的。

就如同廟宇雕飾一般，一般而言，廟宇雕飾常用紋飾亦有神仙人物、祥禽瑞獸及吉祥花果等，且配合其主祀神精神象徵雕飾，而彩牌之戲齣雕刻就如同廟宇雕刻一般，其戲齣雕繪均以主祀神神格特徵為依據，故大溪社頭彩牌之戲齣內容才會多以忠孝節義著稱之三國演義及闡教截教相爭，最後邪不勝正之封神演義為雕繪主題。

其中較不同者為興安社堵心，以樊江關為戲齣內容，應與其子弟戲興盛相關。而其堵心二側之戲齣皆有城門，互為對稱，亦使其畫面達到視覺均衡的效果，而空城計戲齣之雕繪則是強調智慧、盡忠守節，或許是雜商之社需有智慧才得以周轉資金賺大錢。

協義社之主祀為巧聖先師，為木器社之行業神，其彩牌戲齣之表現精神為正義及邪不勝正，或許是木器社之木匠及山上做料的匠工重義氣之故。慶義社主祀神為荷葉先師，為泥水匠之行業神，其彩牌戲齣表現之精神為勇猛、盡忠守節、以智取勝，與其成員特性較為相關，做土水的靠的是力氣，所以會希望勇猛有力，另砌磚造房亦需有巧手智慧，故亦祈願能如同孔明一般有智慧。

有關社頭祀神與戲齣之關聯性，筆者以表 4-7 呈現，由表可明顯發現，彩牌之戲齣雕繪與其主祀神相關，雕繪主題所傳達之寓意正可與其主祀神之象徵精神相互呼應。

表 4-7　大溪彩牌戲齣內容與社頭祀神之關聯性

編號	社頭名稱	社頭祀神	戲　　齣　　主　　旨	文化內涵與象徵
1	同人社	關聖帝君	界牌關：黃飛虎泗水大戰（封神演義第三十三回） 臨潼關・雷震子救父：文王誇官逃五關（封神演義第二十一回） 洪錦西岐城大戰（封神演義第六十六回）	正義 正氣 孝道
2	同義社	田都元帥、關聖帝君、媽祖、土地公、虎爺	子牙兵伐崇侯虎（封神演義第二十八回）	仁義之心
3	共義社	關聖帝君	聞太師西岐大戰（封神演義第四十三回） 臨潼關・雷震子救父：文王誇官逃五關（封神演義第二十一回）	盡忠 邪不勝正 孝道
4	興安社	關聖帝君、財神爺	薛丁山與樊梨花之樊江關 古城會：會古城主臣聚義（三國演義第二十八回） 空城計：武侯彈琴退仲達（三國演義第九十五回）	愛情 忠孝節義 以智取勝
5	協義社	巧聖先師	黃花山收鄧辛張陶（封神演義第四十二回） 羅宣火焚西岐城（封神演義第六十四回）	正義 邪不勝正
6	慶義社	荷葉先師	許褚裸身戰馬超（三國演義第五十九回） 七星壇諸葛祭風（三國演義第四十九回） 渡瀘水再縛番王（三國演義第八十八回）	勇猛 盡忠守節 以智取勝
7	慶安社	關聖帝君、西秦王爺	許褚裸身戰馬超（三國演義第五十九回）	勇猛 盡忠守節
8	樂安社	關聖帝君、西秦王爺	劉備摔子：趙子龍單騎救主（三國演義第四十一回） 薛仁貴征遼	忠義 惜才愛將

第五章　結　論

　　大溪彩牌為大溪社頭財力及社員向心力之表徵物，大量流行製作於日治時期，光復後尚有使用，但因其為精雕之木器文物，因此有些已毀損，目前大溪尚存日治時期流行形制之彩牌共八面，有七面仍於每年遶境中使用，此為其他地區遶境少有之盛況。

　　筆者探究這些雕飾華麗之彩牌為何會於日治時期大流行於大溪地區？非單一原因可為之，與其歷史人文的發展有著很大的關係，大溪素有木器之鄉稱號，其木作始於清代地方富紳豪族之宅第興建與家具製作，此時有多位著名木雕師來大溪承製大木作及小木作，並奠定了大溪木作的基礎，加上緊鄰角板山廣大林場，使得大溪得以技術與材料兼備，此為社頭與彩牌發展的前期（蘊釀期）。日治後，仕紳的興起與產業的發展，更是帶來大溪前所未有的繁榮景象，加上普濟堂遶境之盛行，使得社頭紛紛成立，為了彰顯社頭的財力與向心力，社員們出資捐造神轎、彩牌、鼓架等文物，而彩牌又被視為社頭的門面，因此其價值與象徵意義自是不可言喻，而皇太子遊台更促使彩牌大量流行，為展現社頭實力及表現對皇太子最大的敬意，各社無不斥資打造或工調新整，無形中也展現了高度的手工藝技巧，此為社頭與彩牌發展的中期（流行期）。日治昭和末年，隨著戰事吃緊，日政府積極推行皇民化運動，致使社頭與彩牌沉寂，此為社頭與彩牌發展的後期（沉寂期），幸而戰後鄉民們重振北管子弟戲，使得子弟戲得以在大溪地區再呈活況，惜因社會娛樂型態轉變，子弟戲逐漸沒落，至今已是鄉民最美的回憶。

　　大溪之彩牌依其堵面安排約可分成三種形制，為平安圍爐式、屏風式及扇面式，其上均雕飾著神仙人物、祥禽瑞獸、花卉瓜果等吉祥紋飾，因其製

作年代爲日治大正年間至二次戰後，因此亦融合了些許和式、洋式風格，但因其屬民俗文物，整體上亦是以漢式風格爲主，就也是大溪彩牌特別之處，而再探究其紋飾內容，其紋飾更是集中國吉祥紋飾之大成，囊括了神仙人物、動、植物及其他紋飾，每一紋飾均有其代表意涵，但因個人能力有限，未能善盡發揮，待日後再做補充。而彩牌中除紋飾外，另有戲齣之雕繪，此爲日治時期大溪子弟戲興盛的最佳證明，而戲齣之雕繪更能與主祀神神格特性相吻，如同廟宇三川門雕繪一般，也因此彩牌爲能成爲陣頭開路牌，代表的亦是神明降臨。

　　由以上彩牌雕製的時代背景及雕製的內容，反應出彩牌實是當時政治、經濟、文化、藝術、教育相互作用下的產物，無形中也反應了時代特色。如此古文物，於其他地區早已被當成鎮館之寶或捐贈至博物館保存，已鮮少於出陣時使用，但大溪地區之彩牌仍年年參與出陣，雖已不再用人力扛抬，上面亦不再懸掛金牌，但其彩牌一出，不但代表著其社頭在大溪的老社、大社地位，也是一種無上的榮耀，筆者有幸得以研究大溪彩牌，亦深感無比榮耀。

參考書目

一、專書

1. 樓慶西,《户牖之藝》,臺北市:龍圖騰文化,2012 年。

2. (明)陸西星撰;(明)鍾惺評,《新刻鍾伯敬先生批評封神演義》十卷一百回,北京市:國家圖書館,2022 年。國立台灣大學圖書館總館藏。

3. 郭喜斌,《再聽台灣廟宇說故事》,臺北市:貓頭鷹出版、家庭傳媒城邦分公司發行,2011 年。

4. 黃文秀,《大溪城上的月光》,桃園縣大溪鎮:黃文秀,2010 年。

5. 吉開右志太著;黃得峰編譯,《臺灣海運史 1895～1937》,南投市:國史館臺灣文獻館,2009 年。

6. 江韶瑩等,《台灣民俗文物辭彙類編》,國史館台灣文獻館,2009 年。

7. 《大溪普濟堂關聖帝君聖誕無形文化資產調查及保存計畫》,桃園:財團法人綠色旅行文教基金會出版,2009 年。

8. 李普同等,《臺灣美術研究論文選集 2．「島嶼風情」──日治時期臺灣美術之研究》,台中市:臺灣美術館,2008 年。

9. 徐亞湘,《史實與詮釋:日治時期台灣報刊戲曲資料選讀》,國立傳統藝術中心,2006 年初版。

10. 徐亞湘,《日治時期臺灣戲曲史論:現代化作用下的劇種與劇場》,南天書局有限公司,2006 年初版。

11. 林敏雄、郭喜斌撰文,《麥寮拱範宮建築&裝飾藝術》,麥寮拱範宮第六屆委員會雲林麥寮拱範宮觀光文化發展協會,2006 年。

12. 江韶瑩、阮昌銳、莊伯和,《戲曲人物造形特展專輯》,國立傳統藝術中心,2005 年 6 月。

13. 邱士華，《木雕‧暢意‧李松林》，雄獅圖書股份有限公司，2005 年 7 月。

14. 管梅芬，《吉祥圖像故事全集》，文國書局，2005 年 7 月。

15. 程佳惠，《台灣史上第一大博覽會》，遠流出版事業有限公司，2004 年。

16. 李乾朗，《台灣古建築圖解事典》，遠流出版社，2003 年 7 月。

17. 成耆仁，《中國紋飾及其象徵意義》，國立歷史博物館，2003 年。

18. 盧秀華，《大溪鎮誌地理篇》，桃園：大溪鎮公所，2003 年。

19. 陳世榮，《大溪鎮誌歷史篇》，桃園：大溪鎮公所，2003 年。

20. 顏昌晶，《大溪鎮誌經濟篇》，桃園：大溪鎮公所，2003 年。

21. 吳鎮漢，《大溪鎮誌人物文化篇》，桃園：大溪鎮公所，2003 年。

22. 黃偉雯，《大溪鎮誌人物篇》，桃園：大溪鎮公所，2003 年。

23. 潘富俊，《楚辭植物圖鑑》，貓頭鷹出版，2002 年。

24. 黃淑芬，《2001 年大溪文化節「神恩‧豆香‧木器馨」～深度報導系列～》，大溪鎮歷史街坊再造協會，2001 年 8 月初版。

25. 劉慶茂，《崁津五十一》，著者未出版，2001 年。

26. 潘富俊，《詩經植物圖鑑》，貓頭鷹出版，2001 年。

27. 徐亞湘，《日治時期中國戲班在台灣》，南天書局有限公司，2000 年初版。

28. 簡榮聰，《臺灣傳統傢俱》，桃園縣文物協會，2000 年 8 月。

29. 呂錘寬，《北管音樂概論》，彰化市：彰縣文化局，2000 年。

30. 林一宏、張朝博、楊秋煜，《桃園縣大溪街的聚落與建築》，桃園市：桃縣文化，1999 年。

31. 莫光華，《臺灣各類型地方戲曲》，南天書局有限公司，1999 年初版。

32. 施鎮洋、李榮聰合著，《鹿港龍山寺天后宮木雕藝術概覽》，施鎮洋華泰文史工作室，1999 年六月。

33. 王世慶，《淡水河流域河港水運史》，北市：中央研究院中山人文社會科學研究所，1998 年。

34. 詹德筠，《大溪煤礦誌》，著者發行，1997 年，桃園。

35. 林滿紅，《茶、糖、樟腦業與臺灣之社會經濟變遷》，台灣：聯經出版社，1997 年。

36. 葉劉天增，《中國紋飾研究》，北市：南天書局有限公司，1997 年。

37. 王世慶，《淡水河流域河港水運史》，臺北市：中研院社科所，1996 年。

38. 林玉茹，《清代臺灣港口的空間結構》，臺北縣中和市：知書房出版，1996 年。

39. 洪帷助主持,《桃園縣本土戲曲音樂團體調查計畫報告書》,桃園縣立文化中心出版,桃園,1996 年。

40. 伊能嘉矩原著;楊南郡譯註,《台灣踏查日記》,臺北市:遠流,1996 年。

41. 邱坤良:《舊劇與新劇:日治時期臺灣戲劇之研究(一八九五～一九四五)》,自立晚報社文化出版部,1992 年第一版。

42. 王國璠,《板橋林本源家傳》,林本源祭祀公業,1985 年。

43. 戴寶村,《清季淡水開港之研究》,臺北:師大歷史研究所,1984 年。

44. 《板橋林本源園林研究與修復》,國立台灣大學土木工程學研究所都市計劃室規劃,1981 年。

45. 富永君,《大溪誌》,大溪郡役所發行,1944 年 4 月。

46. 陳培桂,《淡水廳志》,臺中市:臺灣省文獻委員會,1977 年。

47. 大溪鎮共義團恭祝 關聖帝君聖誕收支決算書,無著者。

48. 台灣省文獻會編印,桃園縣鄉土史料。

二、調查報告書

1. 吳敏惠,《大溪普濟堂關聖帝君聖誕 無形文化資源產調查與保存計畫成果報告書》,財團法人綠色旅行文教基金會,2009 年。

2. 李文良,《清末臺灣清賦事業與邊區社會的整編》,行政院國家科學委員會專題研究計畫成果報告,2005 年。

3. 徐亞湘,《大溪鎮參與廟宇慶典活動之社頭調查計畫報告書》,大料崁文化促進委員會委託,1995 年 6 月。

三、博碩士論文

1. 林君玲,《陣頭、文物與展演 論蘭陽地區北管陣頭文物的展演及其文化意涵》,國立臺北藝術大學傳統藝術研究所碩士論文,2006 年 2 月。

2. 杜雨蒨,《廟會與社團的社會網絡建構之研究——以大溪普濟堂與社頭爲例》,國立新竹教育大學區域人文社會學系碩士論文,2006 年。

3. 戴淑珍,新竹鸞堂善書《化民新新》研究,玄奘大學中國語文學系碩士班碩士論文,2004 年。

4. 梁顥曦,《日治時期大溪紳商之研究》,國立中央大學歷史研究所碩士論文,2004 年。

5. 毛玉華,《大溪的產業與變遷》,國立暨南大學歷史研究所碩士論文,2001 年。

6. 莊珮柔,《日治時期礦業發展與地方社會——以瑞芳地區爲例(1895～

1945)》，國立中央大學歷史研究所碩士論文，2000 年。

7. 張朝博，《1945 年以前大溪舊街區聚落空間之構成與發展》，私立中原大學建築系碩士論文，1999 年。

8. 李文良，《日治時期台灣林野整理事業之研究：以桃園大溪地區為中心》，國立台灣大學歷史學研究所碩士論文，1995 年。

四、期刊論文

1. 李宗信，〈大料崁溪中游漳州籍民優勢區域的形成〉，《台灣文獻》第 62 卷第 2 期，2011（6）：1～30。

2. 賴明珠，〈形式・變貌：大溪木器形式風格之探索〉，《民俗曲藝》第 166 期，2009（12）：185～314。

3. 紀淑芳，〈朱立倫外婆家盛產政治人物——大溪古蹟梅鶴山莊一頁繁華史〉，《財訊》第 323 期，2009（2）：270～273。

4. 施聖文，〈土牛、番界、隘勇線：劃界與劃線〉，《國家與社會》第 5 期，2008（12）：37～97。

5. 陳建宏，〈寺廟與地方菁英——以大溪普濟堂的興起為例（1902～1908）〉，《兩岸發展史研究》第 1 期，2006（8）：209～255。

6. 賴明珠，〈原型與變異——試論戰前大溪木器產業的源起與開展〉，《民俗曲藝》第 152 期，2006（6）：9～84。

7. 江裕民，〈大溪市街的發展與轉型〉，《嘉大史地》第 1 期，2006（6）：1～38。

8. 黃福森，〈追尋伊能嘉矩的足跡——邁向大料崁之路〉，《新活水》第 3 期，2005（11）：95～99。

9. 梁顥曦，〈日治時期大溪紳商社會網絡之研究〉，《史匯》第 9 期，2005（9）：159～186。

10. 李筱玫等，〈大溪市街的興衰〉，《地理教育》第 31 期，2005（5）：1～22。

11. 陳建宏，〈繞境與地方社會——以大溪普濟堂關帝誕辰慶典為例〉，《民俗曲藝》第 147 期，2005（3）：261～332。

12. 李曉喬；郭麗君，〈三峽・大溪　以河為貴〉，《中華文化雙周報》第 4 期，2005（2）：16～18。

13. 黃建義，〈關帝爺，生日快樂——大溪神恩遠境活動〉，《傳統藝術》第 32 期，2003（7）：40～42。

14. 陳世榮，〈近代大料崁的菁英家族與地方公廟：以李家與福仁宮為中心〉，《民俗曲藝》第 138 期，2002（12）：239～278。

15. 林偉盛，〈清代淡水廳的分類械鬥〉，《臺灣風物》第 52 卷第 2 期，2002（6）：17～56。

16. 藍植銓，〈大溪的詔安客——從福仁宮是公古佛談創廟的兩個家族〉，《客家文化研究通訊》第 2 期，1999（6）：59～73。

17. 陳世榮，〈近年來國內學者對「械鬥」問題之研究——兼論清代桃園地區械鬥與區域發展之關係〉，《史匯》第 3 期，1999（4）：1～34。

18. 林世山，〈大溪木器家具的過去、現在與未來〉，《木工家具雜誌》第 172 期，1998（11）：88～95。

19. 李文良，〈日治時期台灣林野經營之展開過程——以大嵙崁（桃園大溪）地區為中心〉，《臺灣史研究》第 3 卷第 1 期，1996（6）：143～171。

20. 黃富三，〈板橋林本源家與清代北台山區的發展〉，《臺灣史研究》第 2 卷第 1 期，1995（6）：5～49。

21. 楊南郡主講，〈台灣古道的性質與近況〉，《臺灣風物》第 44 卷第 4 期，1994（12）：181～210。

22. 施添福，〈紅線與藍線——清乾隆中葉台灣番界圖〉，《臺灣史田野研究通訊》第 19 期，1991（6）：46～50。

23. 施添福，〈清代臺灣竹塹地區的土牛溝和區域發展——一個歷史地理學的研究〉，《臺灣風物》第 40 卷第 4 期，1990（12）：1～68。

24. 鄭浩、石文珊、施添福，〈臺灣的漳州人上〉，《漢聲》第 21 期，1989（6）：15～95。

25. 吳晶晶，〈大溪今昔〉，《中大月刊》第 21 卷第 4 期，1988（4）：57～61。

26. 洪麗完，〈施添福著《清代在台漢人的祖籍分佈和原鄉生活方式》〉，《新史學》第 1 卷第 3 期，1990（9）：161～169。

27. 林原，〈古意盎然的大溪鎮〉，《臺灣月刊》第 36 期，1985（12）：19～24。

28. 張彬村，〈十六、七世紀中國的一個地權問題：福建省漳州的一田三主制〉，《食貨月刊》第 14 卷第 2 期，1984（5）：95～107。

29. 高美雅等，〈從清代台灣械鬥看台灣開墾社會之結構〉，《史繹》第 17 期，1881（5）：59～77。

30. 許雪姬，〈林本源及其花園之研究〉，《高雄文獻》第 3／4 期，1980（6）：35～168。

31. 黃秀政，〈清代台灣的分類械鬥事件〉，《文史學報、中興大學》第 9 期，1979（6）：117～153。

32. 林智隆，〈大溪鎮今昔〉，《台灣文獻直字》第 38 期，1976（12）：11～21。

33. 樊信源，〈清代臺灣民間械鬥歷史之研究〉，《臺灣文獻》第 25 卷第 4 期，1774（12）：90～111。

34. 黃師樵，〈台灣名勝大溪墾拓的史話〉，《台灣文獻》第 24 卷第 4 期，1973
（12）：39～60。

35. 賴明珠，〈日治時期台灣東洋畫壇的麒麟兒——大溪畫家呂鐵州〉，桃
園：桃園縣立文化中心出版，1998 年。

五、報章資料

1. 《臺灣日日新報》，臺北：臺灣日日新報。

六、網路資源

1. 中央研究院地理資訊科技研發與運用：中央研究院 GIS 團隊編製，〈台灣
新舊地圖比對——台灣堡圖（1989～1904）〉。
網址：gissrv5.sinica.edu.tw/GoogleApp/JM20K1904-1.htm，日期：2011 年
12 月 1 日。

2. 中華百科全書典藏版。
網址：http://ap6.pccu.edu.tw/Encyclopedia/copyright.asp，日期：2011 年
12 月 22 日。

3. 桃園旅遊網 emmm.tw 美美網。
網址：http://travel.etaoyuan.tw/index_m.php?ptype=map_main&id=478。

4. 第十一屆網界博覽會。網址：
http://library.taiwanschoolnet.org/cyberfair2004/trailblazer/framea.htm。

5. 數位典藏與數位學習，成果入口網。
網址：http://catalog.digitalarchives.tw。

6. 開放文學。網址：http://open-lit.com。

七、其他

1. 徐亞湘，〈日治時期台灣報刊戲曲資料檢索光碟〉，國立傳統藝術中心，
2004 年 9 月。

2. 〈桃園縣大溪鎮寺廟臺帳〉，中央研究院民族學研究所藏，無頁碼。

附錄一：與大溪社頭、北管、普濟堂遶境及酬神演戲相關之報刊資料

報刊版面及刊登日期	主標題	內　　　　容
台灣日日新報 n04 版（n 為夕版之意）1937.3.25	大溪街福仁宮例祭廟前賽豚觀客擁至	既報大溪郡大溪街福仁宮賽豚例祭。果於月二十三日。舊曆二月十一日舉行。是日膏雨初晴。觀客街路塞滿。不下萬餘人。午前十時起。在廟內舉行三獻禮。廟前演戲數臺。又廟庭高架巨大牲豚。凡數百頭。一時鼓樂聲喧。頗呈熱鬧。聞牲豚▲一等七百九十斤（飼育二年六個月）爲陳水性氏▲二等七百四十二斤陳進城氏▲三等六百七十九斤陳世淡、陳世善二氏▲四等六百六十七斤陳天求氏▲五等六百五十二斤陳永發氏▲六等六百四十五斤陳阿◎氏▲七六等（筆者按等六）百二十斤陳阿婦氏▲八等六百十三斤陳添春氏▲九等五百九十五斤陳世中氏▲十等五百九十斤陳春枝氏。以下省略。等皆爲實重云云。又聞陳姓代表者陳水性陳烏崙陳添春三氏提出私財二十圓爲國防費獻金。當日袖交郡當局。爲之手續云。
台灣日日新報 12 版 1937.3.23	賽豚例祭	大溪街福仁宮賽豚例祭。訂來二十三日舊曆二月十一日舉行。聞本年值東陳姓。牲体約近千斤者數頭。六百斤以上者不少。又桃園軌道擬自十日起三日間對桃園鶯歌兩□。增發臨時乘合車。及降減車資等。屆期必呈盛況。
台南新報 08 版 1936.10.27 第 12508 號	大溪神社祭典	大溪神社本年值鎮座第五週年、定來廿九、三十兩日間撲行盛大祭典、因期日迫於目睫。現由松田郡守乃郡街兩當局。以下係員。連日忙於籌備一切。屆時定有一番盛況可觀。但是日之催物及餘興如左。一、奉納生花展覽會。二、御神輿街內渡卸。三、提燈行列。四、武者行列。五、樽神輿練出。六、藝閣行列。七、變裝者探索。八、寶探索。九、奉祝臺灣劇。十、奉祝活動寫眞。十一、旗行列。十二、奉祝素人劇。十三、相撲。十四、煙火打揚。

台灣日日新報 n04 版 1936.8.13 第 13068 號	大溪迎神 異常熱鬧	既報大溪郡大溪街普濟堂文衡聖帝祭典。爲舊曆六月二十四日。是日午前九時起。神輿繞境。路關照例。由廟出發。經公園轉出新街。月眉。田心子。尾寮。頭寮。埔尾內柵。午後四時入街回廟。參加團體。凡二十餘團。有三層新勝社。共樂軒之什音及花籃。以少女多數肩挑行列。而大有社之洋樂隊三十餘卻。又有烏塗窟團之小兒獅陣。興安。同人協義。永安。樂安其他各社之音樂繡旗燦行。蜿蜒數里之途。上下兩街。各廟演戲。是日爲農村閑散期。觀眾比較例年倍加。街路擁擠不開。不下五萬餘人。聞恒例之披枷塗面諸惡習。本年得當街方面委員。溪聲俱樂部。青年團極力宣傳廢止。
台南新報 04 版 1936.8.12 第 12433 號	大溪文衡聖帝 祭典・一時極 呈鬧熱	既報大溪街普濟堂文衡聖帝祭典。去舊廿四日午前八時頃。各社團之新舊樂隊數十班。彩旗千餘旒。絡繹取齊於下街福仁宮前。而隨神輿行列之紅男綠女。不下千餘名。山鶯哥・桃園方面馳入街內自動車之外來遊客。殆告滿員。一時路爲之塞。若有人山人海之概。較諸去年。反見幾分熱鬧。至九時許。始鳴爆竹爲號出發繞境。其路徑由月眉而入下石屯。經三層。頭寮而折？內柵埔尾旋迂上田心子而歸街內。於是告終回鑾。就中如向來畫面披枷諸惡習。鑑及現代趨勢俱以自發的廢止。亦大溪文化躍進途上。可喜之現象也。是日廟前及通衢。有演梨園數臺。以助餘興。頗呈盛況云。
台灣日日新報 08 版 1936.8.7 第 13062 號	大溪普濟堂・ 盛行籌祭按廢 披枷塗面	大溪郡大溪街普濟堂例祭訂來舊曆六月二十四日。盛大舉行。聞本年爲保持街之面目。決定革除披枷塗面等陋習。而神輿鼓樂詩意陣頭及隨香其他。則照例。又路關。仍由下街新街。經月眉田心子。尾寮。於頭寮。小憩午餐。然後發頭寮。經埔尾。內柵。入街回廟。又聞桃園軌道。將臨時增發合車及降減車資。以圖香客之便云。
台灣日日新報 08 版 1936.7.21 第 13045 號	普濟堂祭典・ 開磋商會	大溪郡大溪街。來舊歷六月二十四日。普濟堂文衡帝君遶境例祭。爲當地年中唯一盛典。十八日午後七時。在福仁宮廟內開祭典磋商會。由值年爐主張賜氏。招集各保正及各社頭代表者八十餘名。協議祭典事宜。就中有街助役黃宗寬□參會。謂須順應時代之要求。如披枷塗面等諸陋習。徹底廢止。改良爲合理之迎神。聞一般頗理解。欲協力實行改良。又聞各社頭。極力鼓舞應時代之催物。如共義團。目下熱心練習什音其他諸樂器云。
台灣日日新報 08 版 1935.7.27 第 12688 號	大溪迎神雜觀	既報舊曆六月二十三、四日。二日間。大溪街。普濟堂。文衡聖帝例祭。月二十三日。豪雨初晴。觀客擁至。及至二十四日。天氣聞驟。桃園。中壢。鶯歌。龍潭。各乘合車。益告滿負。午前十時。陣頭香客。無慮數千人。行列之長。蜿蜒□十餘町。由當廟啓程。直向月眉。田心子。三層。頭寮。經埔尾。內柵。入街回廟。一時街路塞滿。紅男綠女凡數萬人。鼓樂喧天。聞觀眾。爲數日前。暴風雨比例年減少約三分一。
台灣日日新報 n04 版 1935.7.24 第 12685 號	演奏洋樂	大溪街大有社音樂團。□者番爲當街普濟堂。文衡聖帝例祭盛典。定來二十四日。午後七時起。在大溪公園見晴所。開洋樂演奏會。聞是日。有桃園□志會。中壢詠霓社。及得臺北音樂家後援。樂器齊備。約近六十租云。

台灣日日新報 08 版 1935.7.17 第 12678 號	大溪普濟堂· 祭典先聲	大溪郡大溪街普濟堂文衡聖帝祭典。訂來二十四日依例舉行。恭迎神輿遶境聞參加團體。有三層團。內柵團。烏塗窟團。月眉團。興安社。大有社。協議社。同人社。樂安社。慶義社。鰲龍社。共義團。永安社。其他二十餘團。爭奇鬪巧。屆期必有一番熱鬧云。
台灣日日新報 n04 版 1934.11.1	神社例祭	大溪街大溪神社例祭。去三十日午前十時。於神殿前。嚴肅舉行。是日官民。約數百名。齊集于公園內參拜。十一時。在公會堂飲□。而公園內有少年角力。及演戲。以為餘興。又街內各戶。高揭國旗。及御神燈等云。
台灣日日新報 n04 版 1933.11.4	神社例祭	大溪郡大溪街大溪神社例祭。去十月三十日午前十時起。揚煙火三發。有各官衙垈、職員、小公學校職員生徒。各公共團體及民間重要人士多參列。莊嚴執行。
台南新報 08 版 1932.3.20 第 10840 號	大溪開漳聖祭 典	是日觀眾人山人海。有一部分唱打倒陋俗大溪郡大溪街。於去舊十一日。舉行該街福仁宮開漳聖王祭典。是日午前八時起。該廟以及沿街。陳例牲豚？品。神豬約有一百五十隻。廟前二臺梨園？技。是日恰值天氣晴爽。觀眾人山人海。各要處幾至通行不得。極呈一時熱鬧。然一方面。由大溪革新會。以音樂隊。分散□傳單。打倒迎神陋習。喚起民眾覺醒云。
台灣新民報 08 版 1931.5.16 第 364 號	地方通信·大 溪·淫劇流 行·風紀大壞	久受各方面排斥為淫？惡劇的歌仔？、近來愈發揮奇怪腕、擴張其勢力到處大演特演。如最近大溪和桃園方面？園、天天繼續開演、聞有數十名的無恥婦女遭其毒牙、甚至效紅拂的故智、？手私逃者亦有數人、街民咸謂當局若不嚴重取締、將要大起攻擊云。
台灣新民報 08 版 1931.1.24 第 348 號	地方通信·大 溪·奇怪的學 校長率生徒觀 歌劇	大溪？園、這次公然開演歌仔？。其所演的劇目、不消說是敗壞風紀的。然當局依然不肯嚴禁、其居心何在、殊令人費解。豈料于去十五日午後一時頃、大溪某公學校校長和數名的教員、率三百餘名的生徒、往該？園觀演歌劇。後來被民眾黨大溪支部探悉。急派委員簡瑞鳳、江明標二君、即時到現場質問、該學校長雖一時面有慚色、終強辯是要使生徒們、消遣慰安的云云。
台灣日日新報 n04 版 1928.8.12 第 10069 號	大溪迎神誌 盛·兩夜行列 觀客殺到	如既報大溪街依例於舊六月二十三夜。迎普濟堂三聖恩主遶境。是夜天氣清朗。微風生涼。定刻一至陣頭整齊。由廟前起點。巡繞各街。旌旗轉折。火把輝輝。鼓樂喧天。行列亘一小時。綿延接數里。極一時之盛。忞念四日。觀者更繹絡不絕。桃鶯自動車。皆滿載觀客。比至定刻。各社團體踴躍爭先自普濟堂前起程。直透新街大路。行列通過。約二時間。踵事增華有以致之。就中如興安社洋樂隊同人協義樂安共義新勝正兒永安各社。均以優勝入賞。其餘團體。亦稱優秀。但可惜花臉之關將。及帶枷之俗未解。為觀者所顰蹙云。
台灣民報 04 版 1928.7.15 第 217 號	地方通信·大 溪·淫戲的惡 評當局大受非 難	大溪郡當局、向來對於傷風敗俗的淫戲、頗嚴禁其開演、但不知何故、近來卻取消前的方針了。如去三日竟許可了一班的淫戲、在街內開演、致惹了無知的男女、不分晝夜、擁滿戲園、敗壞地方的風俗、很是不少。像這樣的淫戲、聽說以前、就數

		次欲來開演、均被當局禁止、而這番竟得受了許可在當街開演、究其原因、聽說演此戲的主人、乃是當郡某刑事的兄哥、所以得容易受了許可云。故此現時有識者一邊、反對的聲浪頗高、議欲逐他出境、因怕了刑事大人的威風、故隱忍而不敢言、而郡當局對這淫戲的取締、未免過於無責任了。
台灣日日新報 4版 1927.8.5 第9796號	法主聖公繞境・製優勝牌彩牌金牌獎賞各音樂團藝閣	來十九日。即古曆七月二十二日。稻江人士。照年例恭迎法主聖公繞境。聞本年爐主。爲米商高調和號。現正極力鼓舞。勸誘各地音樂團參加。至日前聲明加入者。有板橋平安樂社。大安安樂軒。古亭市共進軒。士林集英社。大溪興安社等。而爐主爲獎勵各音樂團。詩意閣計特製彩牌一面。價格百二十圓。欲賞優勝音樂團。風帆大彩旗三旗。價格各八十圓。欲賞一二三等入賞音樂團。竝囑金銀細工商。特製金牌。大中小三面。欲賞入賞詩意閣。屆期欲聘請北署係員。暨關係者等。在審查所。詳爲審查。又聞基隆。淡水各音樂團中。亦有踴躍。欲出而參加者。由此觀之。當日熱鬧可想而知也云云。
台灣日日新報 n04版 1927.7.21 第9781號	大溪迎神遶境	來二十二日即舊六月二十四日。爲關帝聖誕。大溪街人。將於普濟堂舉祭。且迎神像繞境以祈人民安康。穀物豐收。又自二十夜起。三日暗訪。蓋年例也。大溪廟宇有三。例年遶境者。惟關帝爲然耳。
台灣日日新報 4版 1926.08.05 第9431號	大溪迎神盛況	既報大溪街事。去二日即舊六月二十四日自午前十時起。至午後五時。恭迎普濟堂文衡聖帝繞境。歷年最著名社頭。有大有社興安社協義社同人社。各具競爭優勝之勢。本年如三層之新勝社亦甚整頓。其餘十五六社。及其他樂隊十餘陣。頗見齊整。而興安社之繡旗。雖非新色而在遊庄之時。五花十色若大有社之旗幟。有模染萬國之符號。及繡緞縫錦色彩奪目。人多稱秀雅。□洋樂隊北管。及童男女之挑花藍舉花燈者。兩社均見良好。當日行扮神將者五六百人。隨香之信仰者。數千人。計約六千人之多。是地方稀有暑天之熱鬧云。
台灣日日新報 4版 1926.08.04 第9430號	竹邑城隍遶境先聲	新竹街城隍。例年古曆七月十五日。由竹邑及五十三庄住民。分團準備鼓樂詩意？種種餘興隊。恭迎繞境。兼行恤孤。本年早季南部多歉收。惟竹邑收成。與客歲無差。故紳商各界。無不努力鼓舞。現正籌備盛舉。由管理人及紳商。協定米穀商。材木商。獸肉商。藥種商。彩帛商。木匠土水匠金銀細工商銀紙店青果餅舖雜貨商阿片小賣島人州廳職員保甲、會社、街役場島人吏員島人信組銀行諸團體。分擔籌備樂隊及詩意。且聞屆期。臺北靈安社共樂軒桃園鈞天社大溪大有社諸弟子團亦將到竹參加廟之管爲獎勵起見。將購金牌大小三十餘面。分作一等至十等。贈呈優秀者云。
台灣日日新報 04版 1926.7.23 第9418號	大溪準備迎神	大溪郡大溪街普濟堂。例年於舊六月廿四日。恭迎三聖恩主。有各社團體爭奇鬥巧。本年較去年。頗見整頓。如大有社音樂團自去七月一日。特聘臺北音樂師吳本來溪。教授新色樂譜。又祭典當夜。欲在公學校前。由社員李詩斗李詩益演藝技術。以爲餘興。其他興安社協義社同人社樂安社外十二社。亦籌備。欲在普濟堂前。開演子弟劇。屆時定有一番之盛況也。

台灣日日新報 n04 版 1926.7.14 第 9409 號	大溪迎神先聲	大溪街。例於舊例六月二十四日。恭迎普濟堂文衡聖帝遶境。是為地方有數之盛典。本年正爐主江次全前爐主江健臣諸氏。去十日邀集祀內重要者。及各團體主腦者。以及保正等。協議行事。結局決定照常表行。唯演子弟班三大團。將注重於行列。而上臺演唱。欲有所託。現各準備一切云。
台灣日日新報 n04 版 1926.3.31	大溪平鎮 兩祭典	大溪郡大溪街福仁宮。係崇祀開漳聖王。而靈驗素著。每照例年古曆二月。舉行廟祭。因本年輪流王游兩姓值東去二十四日。羅列大豚三百餘隻。執行祭典。是夜施食。又開牲豚品評會。由當街官紳臨場。分二等公賞金牌。即特等五百九十六斤王石泉氏。一等五百九十斤游某。
台南新報 第 5 版 1925.09.10 第 8468 號	新竹特訊・城 隍遶境盛況	新竹威靈公爺。於古曆中元日。舉行賑孤遶境。至巳刻由廟口發三炮啓程。其隊伍齊整。蜿蜒擁途如長蛇。遙自臺中並州下各處之觀客。陸續而至者。。約有六萬餘人。至下午一時。人山人海幾為擁擠。而各戶大半裝飾萬國旗。宮燈。設備香案恭敬神輿。其隊伍次序。先由督隊路關登遠。次大鼓隊二十二陣。大溪街大有社音樂隊。新樂同文和樂振樂同樂集榮六子弟團。稻江音樂團次即諸藝關。其齣月係織女弄金梭綿布商團。水蛙記生魚商團。拖拐仙姑福生洋藥店。劉晨阮入天臺採藥自動機關藝閣。係溫杏春外八名漢藥商團。楊貴妃戲鸚鵡。恒安泰布商。黛玉葬花。管現人鄭肇基氏。麻姑擲米成珍珠新豐期米店。孫悟空偷桃。金萬興雜貨商。天女散花客雅第三保有志者一同次即舉枷隊。六眾爺。新竹音樂團。拈香信士。涼傘香擔。軍牢。神輿等。至下午五時。在北門外鄭氏家廟前屬壇賑孤。然後入廟。即寶位安座大吉。
台灣日日新報 n04 版 1925.8.16 第 9077 號	大溪迎神盛況	大溪街依例迎聖帝遶境。既如前報。舊六月二十四日午前九時。則見各陣頭。陸續聚於公園，迨鐘鳴十度。三發煙火為號。自普濟堂啓行。出新街尾。迂迴月眉。經田心子上三層。至頭寮。午食少憩。乃再整行旌。經內柵地方。歸街衢。遊行一匝。而後入廟。是日天氣晴朗。而帶微風。六千人之大行列。咸見平安。其鼓樂數十隊而大有社興安社協義社同人社。公賞與優勝旗。其他十二社各賞與特勝旗幟。而同人興安協義三社。連演定子弟戲三天。各賞金牌一面。皆形喜色云。
台灣日日新報 n04 版 1925.3.10	大溪聖王例祭 盛況	大溪街福仁宮崇祀開漳聖王。例年於舊二月十一日。舉行祭典。本年輪值呂建邦氏。總董其事。如例舉行。刪華就簡。事事都見幾分改良。惟飲宴。則依然極盛。初夜為十大姓股首各代表。次夜則招待官民來賓。皆管絃嘈雜。水陸兼陳又當日祭儀。豚之最大五百斤。賞至五等。皆係四百五斤以上。其一二等。皆居住蕃山之人所獻云。
台灣日日新報 04 版 1925.2.23 第 8903 號	大溪特訊・神 靈示儆	去十七日午後七時起。在大溪普濟堂外埕。有演歌仔戲。以作謝燈之餘興者。聲調卑鄙。舉動猥褻。固為有識者所□。無如無知之男女多愛玩之。當棚上棚下。興味方濃之際。而戲棚忽傾倒。□板□椅。各有損壞。幸不傷人。然人咸目謂神靈示儆。又是夜謝燈諸有志一團四十九名。假該堂為會場。大張筵席。延同街草店尾某野娼侑酒。席散歸家。旋被所妒者。興師問罪。身受暗傷哀哭終夜。人亦多以為猥褻神聖而受罰云。

台灣日日新報 n04 版 1924.7.31 第 8696 號	祭典記盛	大溪祭典當日。依例行列繞街庄一匝。比去年為盛者。塗面神將及隨香男女。各倍於前。而社頭各團體。唯興安社添製繡旗數十面。餘概平常。且行列缺次序。演子弟戲三臺。連續三天。所費亦鉅而中臺協義社築二層樓棚左右同人社興安社。則平屋形而已。中間裝飾相為伯仲。演藝亦難分甲乙。至於當局警備亦甚團全。不生竊取。爭鬥事件。
台灣日日新報 n04 版 1924.7.18 第 8683 號	桃園特訊・迎神準備	大溪街。例於舊曆六月二十四日。恭迎普濟堂文衡聖帝遶境。年盛一年。雖財界不況。略無減色。就中最活躍者。雜商之興安社。工匠之協義社。金山客之同人社。鼎足競勝。本年當事者。及各團體種種準備云。
台灣日日新報 n04 版 1924.7.1 第 8666 號	準備祭典	來舊曆六月廿四日為大溪郡大溪街普濟堂關帝祭典之期。本年爐主為江次云氏。訂於舊曆六月一日。邀集當地保正及關係者。暨音樂社團體主腦者計數十人。在於其宅。磋商一切事宜。諒屆期當有一番盛況。
台灣日日新報 04 版 1924.6.19 第 8654 號	無腔笛・稻江城隍遶境	路關順序。半由於年例。半由于祭典委員之折衷。而行列每每不實行。如路關定于保安宮口取齊。而到者十無一二。音樂團僅靈安社、德樂軒、大溪音□□等。餘皆不到。而詩意閣竟絕無？跡。又路中因小雨。而行列自由解散。僅數團遊□□町。曩時城隍神輿。各街皆遊遍。本年□□然。沒卻遊境意味。一樣熱誠敬神。而□□如彼。實行如此。主催缺鼓無歇。□□□□不能指揮歟。既往不諫。來者可追□□之□境。一一層奮勵。以不負此全□之大□□。
台灣日日新報 06 版 1923.3.22	開漳聖王例祭	大溪郡大溪街福仁宮開漳聖王例祭。每年係舊曆二月十一日。來三月廿七日。恰當此期。值年張廖二姓。現正準備。正爐主張瓊若副爐主廖正龍及其他有力者。廿六、七、八等日。福仁宮內結壇電燈點綴。大豬有五百餘隻。極大者重六百餘斤。羊則角長者有一尺七寸云。
台灣日日新報 06 版 1922.7.9 第 7943 號	潮戲到大溪街	今回大溪街特聘潮州老源正興班。前來開演。一時觀之者眾。
台灣日日新報 06 版 1922.3.6 第 7818 號	大溪街之祭典	大溪郡大溪街福仁宮開漳聖王。來舊曆二月十一日。恒例舉行聖誕祝典。本年簡姓一宗值東。簡阿牛被推舉為代表。該式典之計畫方法。舊例行三獻禮。此次順時勢之潮流。改為參拜焚香。東邀各界官紳有力者參式。其他之計畫。該廟內裝飾各種電燈。古董古字畫。廟前創一綠門。每日演梨園四五臺。續演三天。當日將屠宰豚羊六百餘頭。陳列廟前。自午前七時至正午。對陳祭之大豚。秤其最大者公賞。其特等賞金員紗燈等品。其次分一、二、三、四、五等。各有獎賞。其中舉其最重者有六百五十斤以上。大體如斯。雖曰山陬。當極一時之盛云。
台灣日日新報 06 版 1921.12.16 第 7738 號	羅東特訊・女優開幕	桃園永樂社。新永樂社。大溪郡大雅園。臺北鳳舞社四社女伶。者番聯合名曰天樂社。去十一日。由臺中到嘉。在南座開演。其做工服飾。雖屬平凡。然班中好腳色。故為當地顧曲家所歡迎云。

台灣日日新報 6版 1921.3.20	祭典及豚品評會	新竹州下大溪郡大溪街福仁宮內。奉祀開漳聖王。逐年舊曆二月十一日。均以李、江、林、簡、張廖、董、呂、王游、陳姚、雜姓。十大團輪流。舉行祭典本年值東即金福昌林家一派。現下期日將屆。所有諸般設備。亦甚忙碌。聞本年豚數。約近四五百頭。當日祭典時。例年元桃廳農會。均有派員臨場。依重量為分級。授與獎勵金。並錄其豚產地。及年齡斤量。以及畜主氏名等也。
台灣日日新報 6版 1921.3.3	年首樂事	新竹州下大溪郡大溪街。自前清時代。歷年俱有燈市之舉。本年如例亦以元宵夜起。同廿版止。六日間。以上街新南及下街新街。分組鬥勝。每夜裝成種種妙趣之詩意藝閣。竝用貨荷車結成。泉人嗜好車鼓弄。奧人之探茶相褒歌。漳人之歌子戲。數十餘臺。旋迴市內。遠近騷人逸士。遊春婦女。紛紛載道。喝采聲音。不絕於耳。現有擬定來月乘北港媽祖遶境之日。以供觀眾之耳目云。
台灣日日新報 6版 1921.3.3	大溪社團招宴	該地數樂班之興安社。義樂軒。者番合併。欲再組成一劇。以供娛樂機關。並請大有社。問（同）人社。樂安社。協議（義）社。慶安社。慶義社。問（同）樂軒。臥龍社。宣爐（和）會者社頭。及有關者有力者數十人。為援助云。
台灣日日新報 6版 1920.8.11	崁津迎神誌盛	去八日大料崁迎神事如所予報。是早天氣晴朗。各地觀客。紛至踏來。至午前九時。始由普濟堂起程遶境。但見鼓樂喧天。旌旗蔽日。大有社、同人社、興安社、義樂軒、協義社、慶安社、樂安社、慶義社、宣和會、同樂軒、鰲龍社、諸團體。俱見熱誠踊躍。隨香士女如雲。以數千計。沿途旌旗掩映。迤邐相望。延長五臺里。極一時之盛況也。
台灣日日新報 4版 1920.7.31 第 7335 號	崁津短訊・崁津準備迎神	普濟堂者。崁之聖廟。建自明治年間內祀三聖恩主及諸真君。逐年舊曆六月二十四日聖誕之期。由各當事者恭迎繞境。本年如例。目下由當地大有、同人、義樂、協義、興安、鰲龍、慶義、樂安、慶安、同樂、暨其他諸團體。種種準備。頗見忙碌。務期屆日臻於盛況云。
台灣日日新報 6版 1919.7.23	崁津迎神誌盛	大料崁普濟堂南天文衡聖帝例年於舊曆六月二十四日遶境。本年衣冠鼓樂到堂口取齊後。路關先由下街巷街。抵月眉。上下石墩。經田心庄。尾藔。三層頭藔。至埔尾角午餐下午由內柵下崁經醮藔埔。上田心仔。上街新南街。然後回堂。是日行列清音洋樂、南北梨園、詩意閣而外。有大有、同人、義樂同樂、興安、協義、慶義、樂安諸團體及假裝行列。頗受一般喝采。神輿後之善男信女。不下數千人。信乎鄉村人士信仰之美風猶存也。
台灣日日新報 6版 1918.8.6	崁津迎神狀況	大料崁街。例年舊曆六月廿四日。恭迎當地普濟堂三恩主遶境。是日餘興詩意。藝閣獅陣。難以悉數聞有福州人迎招財王。衣裳雖屬時派。然樂器板調些少不整。最趣味者。有黃宗求發起同人社員。服色一致。隊伍亦整。崁津之青年樂隊。若不再加整頓。則瞠乎人後矣。

台灣日日新報 6版 1918.7.27	崁津迎神	大嵙崁訂於七月31日。即曆曆六月廿四日。照例年迎三聖帝君繞境。因得富紳簡阿牛氏出爲提唱。將招桃園永樂社女優及諸多珍趣。以爲餘興。聞其陣頭有遠自桃園各地來者。想屆時必有一番熱鬧也。
台灣日日新報 6版 1916.7.14	崁津迎神豫報	桃園廳下大嵙崁街例年舊曆六月廿四日。爲恭迎普濟堂三聖恩主。前由經理人發柬招待各界紳董。磋商議決轄下十九保。聯庄恭迎。是日遶境神輿鑾駕。暨諸神將鼓樂。詩意閣等。一齊要到該堂口集齊。路關定由下街新街。經田心仔。登尾蓁。三層到頭蓁庄在城仔內午餐。下由由埔尾角。經內柵下崁觀音亭腳。醮蓁埔而就歸途。聞值年爐主簡阿牛氏。頗熱心出爲鼓舞。諒屆期定有一番盛況可觀也。
台灣日日新報 6版 1915.8.1	桃園賽會	桃園廳下大嵙崁街。逐年舊曆六月二十四日。恭迎山西夫子繞境。□年之計劃。□當年欲十分整頓。目前當街重要紳商。協議已定。市街全部裝飾。又雇藝閣五十餘閣。梨園二十餘臺。鼓樂百數十陣。其他種種餘興。難以枚舉。是日到崁參觀者。必人山人海。此乃領臺後崁津未曾有之盛況也。
台灣日日新報 3版 1910.12.9	崁津近事	校田好況崁津鴨母坪學校田，茲因晚季大獲豐收，故莊民去二十七日酬神演戲，以答神庥，況早季亦頗占大有而山埔地瓜亦收穫不少，是以農民鼓腹之慶而凍餒之憂。
台灣日日新報 4版 1908.4.5	大嵙崁近事／開祖餞會之盛況	開祖餞會之盛況 大嵙崁去月三十日下午四時。 爲該支廳長井阪氏盛開餞別會。借公學校爲場式。粧飾雅致。外綴綠門一座。國旗交叉。演唱梨園。內庭體操地肆筵設席。分列兩行。延長各十餘丈。各會員絡繹赴會列坐。繼而爆竹聲響。正賓井阪氏就席。是日除隘地防禦不到外。綜計會員二百五十八名。入席已定。隨即攝影爲紀念。未幾開會。先是警部日永氏爲該廳警吏總代餞辭。並敘開會式詞。次則公學校長爲內地紳商總代餞詞。又次則桃廳參事呂鷹揚氏爲該地紳民總代餞詞。朗讀頌德文一篇。酒過三巡。井阪氏起立場中。謙辭稱謝。曰余自明治三十八年四月蒞任崁廳。屈指三載。計一千數十日。譬如幼穉□孩。無甚經營。今蒙諸君爲余設此盛會。抱歉殊深。本月二十四日膺上命轉任鹽水港廳警部。言念崁隘進紮。是役犧牲者。實繁有徒。至今令人傷感。涕泗滂沱。佛經云殺人多者。其人必墜地獄。余猶拳拳服膺。崁津隘線已經紮定。此後必有數年休息。崁民靜坐以待。三五載間。當必繁盛。余此次與諸君話別。終不忘諸君之盛意云云。眾皆鼓掌。迨鐘鳴六下。主賓盡醉而散。
台灣日日新報 3版 1906.2.27	拾碎錦囊（百七十八）	昨有崁津人士來城，據稱陰曆二月十一日，爲當地福仁宮，開漳聖王誕辰，舊例分姓輪祭，今歲輪值王游二姓合辦，屆期宰豬約三百餘頭，於廟口高搭戲檯五座，分股招僱梨園五班，同伸祝賀，極爲熱鬧云云……
台灣日日新報 4版 1905.12.13	民迎凱歸	民迎凱歸 桃園廳大嵙崁支廳長井阪仁太郎 氏。自去月十二日。親率其屬員隘勇民夫等。到白石山方。重

		擴新隘。計畫種切。預定地點。數與蕃人衝突。晝夜勤勞。幾廢交睫。者番生蕃始終窺擊。頑抗無間。每每於風雨晦明之中。潛擊前進。隱伏於菁林茅草之處。伺圖鹹首。故隘勇民夫。時懷憂懼。井阪君以勇敢之銳志。慰勵交滋。身先其屬。勉於彈雨叢注之間。躬臨於寂險偵探之地。是以始終前進。毫不稍屈。建築工役。無煩兼顧。茲已告厥完成。擴線紮定。於本月四日。率其屬員警部補巡查隘勇六七十名。凱旋歸廳是日參事呂鷹揚。公醫木村君。暨區長保正有志者。感前進諸君之勞瘁。爲民謀益。早備八音鼓樂數陣。街庄紳士壯丁有志者數百名。由田心仔之新路雁行至苗圃慰連。麋集於山排。幾無隙地。迨至午後鐘鳴五下。始接到。眾皆脫帽行禮。井阪氏以謙辭敍謝。時而鼓樂齊鳴。歡聲載途。猗歟一時之盛事也。說者謂井阪氏初蒞崁廳。民畏若夏日。邇來屢施公益。民又頌其冬日可愛。是亦居民上者經權之特達也。
台灣日日新報 6版 1899.3.5 第250號	昇平樂事	訪得大科崁上下兩街因舊曆上元演迎花燈，兩街百姓竟有好事者起而招鬥勝負，自上元演迎直至於今尚不肯罷手，或粧藝或弄龍或唱南調或吹北管，惹得每夜熱到三更，男男女女還是絡繹不絕，雖日用財過於奢華，然亦昇平樂事也。
台灣日日新報 1版 1898.5.12 第6號	招魂盛典	本月六日、七日大料崁守備隊舉行招魂祭典，先數日文武官紳協議籌捐共襄盛舉，即在於守備門前當中架造神壇兩間，左右各搭休憩所及戲檯諸要用，屆其則將校軍隊及憲兵支部長、屯所長、辦務署長、撫墾長、郵便局長國語教師生徒，甘園、龍潭坡警察長各衛官員暨當地紳士、赤十字社員、一般人民蹌蹌濟濟整肅衣冠集列祭場順序參拜……祭畢後營外則跑馬擊劍角力演戲種種雜踏，營內則整頓往古往今來故事，許放街庄人民遊覽以擴眼界而倡心胸。夜間軍隊放起煙火，上下街商民粧飾藝妓蜈蚣閣二、鐵枝閣三，沿街彈唱偏巷迎遊，時來觀者人山人海異常熱鬧甚盛事也……

附錄二：與彩牌相關之報刊資料

報刊版面及刊登日期	主標題	內　　　　容
台灣日日新報 8 版 1935.6.15 第 12646 號	義和堂遊街	九份義和堂。此番受大同促進會後援。來此參加城隍繞境。入夜。在該會本部演奏。因受陳天來。靈安社。大世界旅館。高天乞諸氏外數名。各贈與金牌。祭典委員長高地龍氏贈大風帆金蔥旗一旒。彩秀鞋店。贈彩牌一面。大世界美術館贈木製三角旗一。翌早。乃放炮遊街云。
台灣日日新報 4 版 1930.7.18 第 10868 號	新竹兩子弟團行事	新竹同樂軒子弟團。自創立以來。閱二十星霜。訂十八日。在北門小世界旗亭。開團員總會。併懇親宴會。十九日值西秦莊府王爺誕辰。備祭品舉祭。又同市北門新樂軒子弟團員。亦訂十九日午前九時在蕭里氏之處。舉行十九週年紀念祝賀會。併對功勞者。舉表彰式。自午後一時。舉西秦莊府王爺祭典。下午三時。備出繡旗彩牌洋樂隊。子弟樂隊之陣頭。异出神輿繞境。入夜開團員大會。併啓祝宴。入夜欲連放煙火。併團員登臺演劇。以爲餘興云。
台灣日日新報 4 版 1930.2.13 第 10714 號	宜蘭・演藝受賞	宜蘭街。總蘭社演藝部。自古曆正月九十、十一、十二日、四日間。開演改良素人劇。頗博好評。受各地音樂團諸商店。各團體個人。賞與現金約二千圓。金牌約百個。其他鏡牌、彩聯、彩牌、酒煙草等多數。該社爲對此贈賞者表敬起見。訂舊曆正月十五日。以音樂繞街云。
台灣日日新報 4 版 1928.11.19 第 10267 號	宜蘭奉祝・各音樂團參加・特等賞總蘭社	既報宜蘭街奉祝御大祭。本島人音樂團繞街。去十五日。午後一時期。以煙火爲號。各團陣頭。彩旗樂隊。齊集公園。□□出發。其順序。由公學校前出北門。直行郡役所前。過街役場。進南門街。繡旗。鼓樂彩牌等。皆裝飾美麗。共十餘團。千餘名蜿蜒若長蛇陣。每團均以繡旗先導。漢洋樂之聲。雜然？作。行列過處。頓覺十花五色。頗呈美觀。遊行全市。午後恰值午晴不暑。附近之男婦老幼。成群結伴。粉集塞途。至三時半。

		在宜蘭街南門。特設審查所。請各審查員出席定等級投票結果如左。▲特等總蘭社一等敬樂軒。▲二等復蘭社▲三等集和堂。以上三大音樂團。各得入賞。由岡村街長授與各等紀念賞旗。歡聲四起。共慶大典。至午時頃。各盡歡解散云。
台灣日日新報 4版 1925.9.3 第9095號	新竹特訊・籌備迎神	新竹街威靈公。賑孤繞境日。定於中元日舉行。現已出賞。即特等一二等公賞金牌。計共三十餘面。又公賞繡旗十支。現分爲米商團。藥種商團。本島人州廳團。青果團阿片小賣團。布商團。飲食商團。獸肉商團。金銀細工團木匠團。蔬菜商團外四十一團。各子弟班。又增造彩牌。添設西洋樂隊。如新樂軒子弟班有巧造二千餘圓之鼓架。?裝藝閣八攔云。
台南新報 5版 1925.9.1 第8459號	新竹特訊・準備迎神	新竹城隍繞境日。迫在目前。本年因枷局已出賞格。故各團體甚然踴躍籌備。是日欲裝機關活動藝閣。即溫昌成氏外八名。且各子弟班增造彩牌。添設洋樂隊不鮮屆時有一番盛況也。此……。
台南新報 5版 1925.4.1 第8306號	蘭陽通信・遶境盛況	羅東奠安里祭典一節慶登前報。去三月初三日舉行。竟呈意外之鬧熱。……諸行列團体愈見熱心準備。一時半起由玄武社爲先導。次郎松山永樂軒之和洋音樂團。以羅東聯合運送店所贈之優勝旗導於前。和洋音樂團子弟團列於中。謝范二將軍隨其後。其行列之特色深。爲一般之賞讚。其次即溫和社之大行列。以刺繡之彩牌導前。南牌鼓樂配其中特色藝閣及溫元帥隨其後就中特聘臺北藝家。飾補一□兩天子。水淹金山寺觀音收水母之諸藝閣。堪稱出類拔萃……。
台灣日日新報 4版 1925.3.3 第8938號	蘭陽特訊・遶境狀況	羅東奠安宮之帝爺。昨舊三月初三日午後一時。依年例遶境。其熱鬧竟成意外盛況。……一時半起由玄武社先導遶境。次郎松山永樂軒和洋音樂團。以羅東聯合運送店所贈之優勝旗導於前和洋音樂列中。謝范二將軍隨後。其行列之長。爲一般賞讚。其次即溫和社之大行列。以刺繡之彩牌導前。南牌鼓樂十餘陣配中。特色藝閣及溫元帥隨後。……。
台南新報 5版 1924.6.17 第8018號	臺北通信・城隍遶境狀況	臺北大稻埕霞海城隍。昨舊五月十三日午後一時。依年例遶。……故午後一時起遶境。竟較例年更爲熱鬧。其行列近二萬人。通過時間約二點鐘。由香廈神郊金同順。以青花造成之路關大鼓吹彩牌大燈先導。次神龍獻瑞。宮前及大龍峒獅及外十餘陣。次音樂團。及特色藝閣十餘臺連續而進。就中詩意閣如猿公授劍。攏翠庵品茶。蔡蕙織錦迴文。梁惠王移粟於河東。元霜夜搗。秦淮夜泊。中華曲藝。黛玉葬花惠比壽。……而音樂團如靈安社。共樂軒。德樂軒。義安社。義英社。新安樂社。逐華團。興義團。集英群。慶安社及外十餘團。階見旗幟新鮮。服色統一。……靈安社之盛裝音樂團靈安社。乃稻江最古參之音樂團。例年行列均得優勝。本年更推陳出新。凡有舊用之繡旗及服色。一概不用。特投萬金。新調中國式美麗繡旗二十對。洋式優良繡旗二十對。上等洋樂全付。鼓架彩牌新調工整。子弟員則白洋服。紅皮鞋。白洋帽之齊備。且以男女兒童二十餘名。裝飾四季花神。馬匹洋樂導於前。各種盛裝列於中。范謝文武諸神隨於後。其優秀深爲一般之賞讚。

台南新報 5版 1922.9.10 第7372號	新竹通信・落雨掃興	舊曆七月十五日。新竹城隍遶境一事。屢登前報。是日各商店人家。張燈結彩。排設香案。午后一時。煙火三發整隊列行鼓樂獅陣。龍棚。藝閣爭奇鬥巧。觀者無不嘖嘖。街衢導路幾無立錐之所。新竹同樂軒。同文軒。新樂軒。和樂軒。振樂軒各子弟音樂團。新製繡旗數十對。赤金製彩牌。白花墜花轎。一時鼓角齊鳴。旗幟□颺。觀者無不震耳炫目。誠亦一大盛況也。詎料午後四時半頃。忽然濃雲密布。天降數點無情雨。一時陣頭散亂。各自抱頭鼠竄而歸。迨至翌日。各音樂團方异請城隍大少爺。補遊市街云。

附錄三：與大溪詩會相關之《臺灣日日新報》報刊資料

報刊版面及刊登日期	主標題	內　　　　容
4版 1926.3.4	大溪燈謎	大溪郡大溪街江序傑氏店前。於古曆去十四夜。開設元宵燈謎。主催者爲崁津吟社諸社員。主稿者則呂傳琪。黃師樵兩氏。前後凡一禮拜間。每夜猜客極多而贈品亦豐。允推盛況。
3版 1911.10.23	秋螢限歌韻	秋螢限歌韻／右翰呂鷹揚 左右宗詞鄭香秋簡若川同閱 點點如星逐眼過。忽明忽滅入幃羅。休將小扇輕爲撲。囊與貧儒勵學多。
3版 1911.10.19	桃園吟社大會盛況	桃園吟社大會盛況 桃園吟社詞人簡若川、林國賓、鄭永南、黃純青、葉連三、簡朗山等。倡開秋季大會及擊缽吟。柬邀各地詞人。已如既報。於去十七日午前十時。開於該街之公會堂。瀛社員赴會者十八名。竹社員五名。其他贊成員計有二十餘名。重要者即謝鵬搏、呂鷹揚、李夢庚、黃玉麟、趙耀堂、林瑞仁、陳水生、簡阿牛諸氏及該會員二十餘名。抵定刻。簡朗山氏先報告開會。次簡若川氏爲該社代表。起讀式詞又次瀛社代表洪以南氏。竹社代表戴珠光氏繼述祝詞。式終。投票選舉擊缽吟左右詞宗。竹社戴珠光、瀛社謝雪漁、及該社鄭馨秋、簡若川四氏中選。遂即拈題。首唱爲葉聲。二唱秋螢。因時已正午。將開筵宴。暫止拈韻。嗣若川氏延西廳長及各課長赴席。酒酣。朗山氏請廳長拈韻。首唱拈得七虞。二唱拈得五歌。旋掣福引籤。以文句暗切該物。較爲有趣。西廳長掣得一籤。句爲牛拭啼痕牛酒痕廳長得之。即知爲手巾。索之果然。一座大劇其他類此者頗多。迨宴畢。諸詞客据案吟哦。各竭其長。兩唱得詩二百餘章。所取錄者別刊爲桃園吟社詩壇。茲不及贅。是日賞品甚豐悉爲簡

		阿牛氏所寄附。其熱心提倡風雅。殊爲難得。而公學校教諭蔡式穀氏。受該社託邀竹社友。竭力爲慇慇勸駕。開會之初。爲之接待諸詩人。尤極懇切。以及該社員之準備周至。均足令赴會者盡其歡。將來社運。當必蒸蒸日上也。
2版 1911.08.30	桃園近事／吟社大會	吟社大會 桃園吟社詩人簡若川。鄭永南及簡朗山諸氏。倡開秋季大會及擊缽吟會。諸會員全部贊成。豫定舊曆中秋節前後開會。 該廳參事及鄭香秋諸氏均擬出席。而贊助員簡阿牛氏。欲寄附金三十元。以充購買賞品之用云。
4版 1911.07.13	恭祝臺灣日日新報達四千號	恭祝臺灣日日新報達四千號／桃園廳參事呂鷹揚 島俗文明貢獻誰。朝朝報帙示箴規。風追史筆嚴褒貶。化感茅簷愼守爲。二七年來增見識。四千數滿博聞知。祝今社界重繁盛。美合椿齡應後期。
2版 1911.01.06	恭詠御題寒月照梅花	呂鷹揚 爛縵春光幾樹梅。一年又占眾芳魁。月涵雪蕊寒威護。花襯冰輪瑞色開。暗動冷香薰柏酒。斜移疏影映椒杯。天家應有和羹兆。故遣嫦娥撮相來。
1版 1911.01.03	恭祝新年	恭祝新年／呂鷹揚 御極維新冊四年。天皇福祚頌無邊。龍光入覲三韓改。虎拜修□儀□鎭聯。萬國和親敦玉□。五方寧靜化歌聲。寒儒未得隨班賀。也學椒花賦一篇。
1版 1910.08.10	祝呂鷹揚君令堂七秩逾——壽辰次韵	祝呂鷹揚君令堂七秩逾一壽辰次韵／雪漁） 稱覽堂蹟巢許傳。遐齡福自數生修。瑤池鸞馭降王母。邀宴蟠桃上界游。 草心暉得報三春。深羨堂前舞綵人。七秩古稀今竟過。題詞喜爲祝佳晨。
1版 1910.07.17	祝家慈古稀逾——喜作即請和聲	祝家慈古稀逾一喜作即請和聲／呂鷹揚 生平無好告朋儔。惟幸慈親福壽修。七十年來春健在。承歡膝下也優游。 爲祝慈齡七一春。堂開薄酌會同人。舉杯盡獻延年頌。好作萱韓紀念辰。
3版 1909.12.25	崁津園即景	崁津園即景／步呂釣磻先生芳韻／樹林／黃純青 清溪一曲抱江亭。入耳春潮帶雨聽。翹首插天雲樹紗。蠻煙起處數峰青。插天山一帶青蕃之巢穴銀河耿耿挂秋天。點點流燭落水邊。江上清風山上月。任從取用不償錢。名區勝地足清娛。找亦偷閒攜杖趨。樵子行歌漁唱晚。天然一幅輞川圖。相思樹下置藤床。夢到梅花俗慮忘。虛枕溪聲頻納耳。綠陰滿地午風涼。一溪綠水繞青山。花木成蹊碧一灣。指點逆峰藏佛寺。鐘聲時送白雲還。高築吟壇集小園。文風未墜□風存。騷人管領湖山趣。月夕花晨笑語溫。呂君提倡詩社，每當月夕化晨、集於小園淘文人樂事也江山相識舊知名。策杖尋詩得得行。一片夕陽斜照處。清風習習晚涼生。

4 版 1909.12.19	崁津園即景	崁津園即景步呂釣磻先生原韻／黃守謙 曾傅覽勝快哉亭。韻事猶然側耳聽。況復崁津成妙趣。一溪綠繞數峰青。 新報艷稱小洞天。招來避暑樂無邊。茅亭竹逕頻行止。一味清風值萬錢。 無事閒將弋釣娛。香魚下餌喜同趨。遠山近水天然畫。不羨輞川散綺圖。 春鶯破夢早離床。對盡名花百慮忘。桃李梅□能解語。何關世態有炎涼。 夏日迎風上假山。眺臨蓮座一鉤彎。清涼佳景多牽掣。不到黃昏不放還。 秋光爛熳好亭園。三徑未荒松菊存。地勝更兼花映座。遊人藉此敘寒溫。 多青松柏最揚名。避卻寒風任意行。能付精神瀟灑處。攝生於此快長生。
3 版 1909.12.07	崁津園即景呂釣磻先生瑤韻	崁津園即景步呂釣磻先生瑤韻／桃園林子純 小園對峙白蓮亭。十里漢聲側耳聽。地勢生成弓半面。石門環拱數峰青。 別拓園亭小洞天。名流詩酒樂無邊。醉餘眞寫琳琅句。領略清風不用錢。 半園詩酒足相娛。愧我未曾杖履趨。勝地欲描誰得似。韓家筆記鄭家圖。 滿天星月落吟床。對酒高歌俗慮忘。時有溪風來座右。不須扇扇亦清涼。 何須攜謝東山。笠履同遊月半彎。步向涼亭觀動植。花能解語鳥知還。 櫻花開放滿亭園園中植山花二株仙種移來色澤存。特爲騷壇添雅興。詩成不數八叉溫。 鮎魚此地擅芳名。垂釣溪灘三五行。薄暮攜籃歸緩緩。驕陽西匿晚涼生。
1 版 1907.07.06	送木村公醫東歸	送木村公醫東歸先生任大嵙崁公醫五年設崁風吟社茲富亂職還鄉同人惜別賦此以送 民慶生全藥一囊。五年施德遍崁疆。孰知憶到蓴鱸美。六月薰風返故鄉。呂釣磻 渺渺長江水闊茫。歸心似箭向扶桑。同人愧乏攀留策。一路薰風入帝鄉。江鐵餘 數年翰墨喜同群。偶爾睽違兩地分。此別何時還再會。暮雲春樹獨思君。黃令昌 騷壇結契五年期忍聽驪歌賦別詩。揮手自茲雲樹感。□來話舊待何時。洪波臣 詩卷百篇藥一囊。壽人壽世到臺疆。而今欲返南來駕。令我□歧幾斷腸。廖希珍 吟詩隱寓濟時方。度我金針引興長。豈料天公偏妬忌。大風吹散斷離腸。江健臣 藥囊滿貯太和春施篇街莊遠近人。今日挂冠歸梓里。長留德澤大嵙津。洪子欣

		攜得青囊到崁津滿腔慈愛術行仁。今朝忽作高人計。聽罷驪歌淚溼巾。王碧玉 一囊調製四時春。又得蘇韓氣脈勻。忍向長亭分手去。騷壇繼後屬何人。黃玉麟 滿腔仁術展青囊。數載勞心救病瘡。贏得他年恩德在。杏林人比召公棠。葉連三 刀圭餘暇。倡設騷壇崁地文人。振興詩學宜乎送行諸作。皆有無限惜別之情。植亭漫評
5版 1907.06.26	崁津近況／餞舊迎新之準備	崁津近況（六月廿四日） 餞舊迎新之準備 大料崁街公醫木村武次郎。數日前由大甲轉住崁津。履任以來。納交多人。得民心。今將辭職歸里。紳民之受其惠者。有攀轅莫釋之態。而爲其□任者。則原三角湧公醫今□義正氏。二君竝爲該處詩社之會友。故該社擬乘此機。開送迎會。主其事者。爲呂鷹揚氏。欲設筵送矙。以爲記念云
5版 1907.2.17	開餞別會	開餞別會 崁津於本月十一日在新南街參事呂鷹揚接客所開餞行詩會。是日紳商畢臨。會友咸至。依戀狀況。殊異尋常。木村氏起立代齋藤君演述其住崁趣旨。入會注意。溯自明治二十七年約七月結詩社之奧義在於研究詩學。而聯同志。藉資團結日臺之士心。若水乳之交融。無隔膜之異致。雖無十分之銳意。而身膺巡查。時間難越。幸而每月朔星期聚會一次。蒙以智識交換。詩酒言歡。以盡忘年交誼。兹□任□東歸。猶蒙特開餞筵。鳴謝奚似云云。斯時社友肅立。特製記念品銀杯一個致贈。時值午後二鐘。握別散會
1版 1907.06.17	遇雨嘆／復龍橋飛魚崁津八景之一	遇雨嘆／桃澗葉連三 海雲鬱鬱西北起。大雨欲來風至止。行人對此忽咨嗟。農人對此輒狂喜。彼蒼一雨無兩股。底事世人遇之有悲歡。吁嗟、人心似此各異致。畢竟爲天不容易。 復龍橋飛魚崁津八景之一 復龍橋外山崔巍。復龍橋下水侵磯。行人三兩持節過。驚起游魚跋浪飛。 遇雨嘆一首。眼前景皆見道語。未結戲易以換彼作天也爾之如何。飛龍一首。著墨無多。而古音合拍。原作作破浪。于橋下之水似稍未妥。
1版 1907.06.13	西京丸船中吟／抵京都／抵名古屋／抵東京	西京丸船中吟／江健臣 一聲汽笛快輪飛。瞬息臺山入望微。最喜風濤還靜滅。載安魂夢到神畿。 抵京都 東京未上抵西京。眼界初開一巨明。借問都城何盛大。古來桓武帝經營。 抵名古屋 不資火力電行車。勝地遊觀興有餘。何處雉城推聖蹟。惟名古屋兩金魚。 抵東京

		纔經富士又新橋。一路觀光樂竟饒。六月都門風景好。滿身衣帶御香飄。 名區勝地。到處留題。沿道風光。收入眼底。自能洋洋灑灑。落筆成詩。 植亭漫評
1 版 1907.03.19	桃花源限先韻龍潭吟社第二回課題	桃花源限先韻龍潭吟社第二回課題大嵙崁黃令昌九武陵溪外碧山前別有人間小洞天。十里桃花榮夾岸。一村源水混清泉。桑麻自樂妻和子。邑舍交通陌與阡。除卻陶公留記事。此中眞景少稱傳。爽氣迎人。清光溢目。如見桃源風景。
1 版 1907.03.19	桃花源限先韻龍潭吟社第二回課題	同題崁津雪峰十一 聞說桃源事果然。偏來秦客獨居先。洞中老少不知漢。世外妻孥別有天。處處勤耕無稅地。家家笑讀示焚篇。此間佳趣誰能識。晉代漁人一到船。 筆無俗氣。如寫桃源圖。處處有著。
1 版 1907.03.19	桃花源限先韻龍潭吟社第二回課題	同題崁津釣磺十 桃源勝地亦宜仙。信是人寰一洞天。長讀古書無焰燼。自耕僻地免徵錢。有時春至霞堆岸。晝日花殘錦漲川。寄語漁郎休再到。前番誤入實奇緣。 詮發桃花源佳景。面面俱到。筆氣亦清腴。
7 版 1906.05.24	詩會繁興	崁津詩會。自去年有志十餘名議擇地建築一亭於思仔山。其地高爽。遠眺豁然。離街約半清里程。山腰聳立。府瞰山麓。苗圃在焉。阡陌蒼鬱。遙看崁溪。景色迎眸。啣尾之小舟梭織。或順流而下。或泝灘而上。夜有漁歌。悠韻喋揚。曉有樵斧。伐木丁丁。誠一段之佳趣也。去冬葭月每阻於風雨。輸流各家頗厭跼促。茲因長夏消閒。重議開第一回詩會於該亭。增募會員。定此後每日午後四時。會員隨意到亭研究。邇來報名入會頻頻。有志者咸萃會焉。
1 版 1906.04.27	大嵙崁竹枝	窮谷田園人力耕。市街千戶爲誰成。高山流水乾坤別。今日空留樟腦名。 豐富曾誇樟樹精。比年蕃界易傷情。酒樓餘妓今無幾。慣聽前山警筑聲。 一片清機。好句可拾。末首轉結。寫景入妙。語亦悠揚。想見崁津近況也。植亭漫評
5 版 1905.10.01	詩社新設	大嵙崁街新設詩會一所。在舊昭忠祠內。蓋肇自內地人公醫木村武次郎氏。壽山氏。長岡氏。繼而崁地紳士呂鷹揚。王式璋。廖希珍。暨江建臣。洪子欣。黃玉鱗。洪鏡堂等十餘名。每星期聚會一次。悉在下午二時間即題賦詠。然後公評點數。而分甲乙。續出課題二。限每星期拜六交卷。其課題。是日由郵分達四方。如三角公醫等。龍澤坡。八塊厝。桃園。已歷約三十星期矣。茲於陰曆八月中該社重捐資金。公築一亭於田心仔庄之山半。俯視崁津。景色映目。顏其名日風咏亭。行落成式之日。遠近臨席者數十名。濟濟多士。醉詠而歸。又得籤贈物品。邇來日興月盛。幾遍桃屬。每至詠期。由四方郵送者日益多。其中品評佳句。亦有人在。是亦文風之盛也。

4版 1905.07.05	拾碎錦囊 （三）	拾碎錦囊（三） 予友呂希姜氏。大料崁人。生平少作詩。然偶有所作。輒流麗清新。神行一片。近有詠梅雨題云。東風乍過又南風。北望狼氛感慨中。一派西來梅雨裏。聞雷失箸是英雄。又詠山行遇雨題云。群山起伏勢如飛。步步松濤悟化機。一陣狂風催驟雨。滿襟瀟灑踏雲歸。 此兩作乃係闈韻課題。而信筆寫來。似不經意。故聲調略同。自覺行所無事。（植亭） 施澐舫內翰士洁。我臺之鉅子也。年少登弟。工詩古文詞。性摯孝。北堂侍養。不肯出山。掌教海東書院歷有年所。後進多所造就。改隸以前。掣眷渡江。僑寓鯉城。無心進取。暇時輒以嘯歌自樂。文采風流。視昔不少減。近作如泉南新樂府等篇。可□者甚多。□□ 其口號代柬鄭毓臣上舍四首之一云。君□是我昔□扮。可奈逢君又別君。君以東瀛酬壯志。我□南浦送吟魂。撙無□酒尋新約。鼎有梅□箓舊亂。一笑匡時好身手。生涯且逐□牢盆。吉光片羽。窺見一班。內翰近日曾有寄懷裕相國陳漕帥兩同年七律。惜記憶不清。因以前者代之耳（蕉麓）

附錄四：「普濟堂神轎捐題牌記」之造轎緣起及捐題情形

（請參見圖 3-2）

　　今般花轎之製造，原為敬神起見，非為徒博雅觀也。蓋普濟堂內祀　神聖至尊也，間雖有備，品未設乘輿；南因倡首募諸善心，聘請良工，購超美木製造此花轎也。生花鳥之精、人物之雅，亦可謂神手技。然而，所費此頗繁，而所募此有限，恐有不敷之處。於是南之四男及長孫出首負擔，綜包金額而勸贊玉成，爰議立一社名，曰「同人社」，蓋所以存念、誌同心也。云爾。　黃丙南敬撰

　　基隆堡管內：林士景、盧有福、黃氏色、陳阿盛、賴阿盛、賴老先、邱闊嘴、朱阿傳、黃再喜、陳阿才、李阿在、沈氏養，以上一分。桃園廳管內：黃丙南一分，黃石發一分、黃石永十分，黃宗求十分，廖心德六分，蘇祖霖、歐榮文、林維揚、張瓊若、黃丹青、江氏伴，以上二分。陳新發、呂東利、鄭源記、李仁義、蘇乞食、黃阿港、黃阿隆、黃媽和、姚士朝、鄭近土，以上一分。桃園廳：鄭龍玉、林士興、簡文瑞、游昂捎、游乞食、林先輝、林先木、呂勝龍、江阿妹、李永荣、黃秋琳、許水順、林開滄、陳茂雲、簡阿羅、游金隆、黃義妙、呂玉友、黃阿登、許士母、簡振魁、游阿愛、蕭火旺、張金全、溫士儀、林萬成、簡士蔭、陳海瑞、李春荣、簡登位、曾阿昧、陳昂番、黃得財，以上一分。桃園廳：呂士矮、黃水乞、許水圳、林傳民、林士元、翁正忠、陳坤英、江阿九、黃成水、邱阿婦、邱玉順、盧勝中、李有土、吳士石、簡丹桂、簡振斗、陳朝枝、李傳杭、林文益、黃清泉、李火傳、邱金國、姚阿匏、黃宗振、黃宗水、黃宗英、黃宗耀、黃金水、潘士郭、張

士得、黃士執、黃才秀，以上一分。簡清石、黃振玉，石星五。　大正六年丁巳年吉旦拜立